古代歷史文化研究輯刊

五 編

王 明 蓀 主編

第32冊

董其昌之逸品觀

毛 文 芳 著

國家圖書館出版品預行編目資料

董其昌之逸品觀／毛文芳 著 — 初版 — 新北市：花木蘭文化
出版社，2011〔民100〕
序 4+ 目 2+272 面；19×26 公分
（古代歷史文化研究輯刊 五編：第 32 冊）
ISBN：978-986-254-445-7（精裝）
1.（明）董其昌 2.文人畫 3.繪畫美學 4.畫論
618   100000602

古代歷史文化研究輯刊
五 編 第三二冊   ISBN：978-986-254-445-7

董其昌之逸品觀

作 者 毛文芳
主 編 王明蓀
總 編 輯 杜潔祥
印 刷 普羅文化出版廣告事業
出 版 花木蘭文化出版社
發 行 所 花木蘭文化出版社
發 行 人 高小娟
聯絡地址 新北市永和區中正路五九五號七樓之三
        電話：02-2923-1455／傳眞：02-2923-1452
電子信箱 sut81518@gmail.com
初 版 2011 年 3 月
定 價 五編 32 冊（精裝）新台幣 56,000 元

董其昌之逸品觀

毛文芳　著

作者簡介

毛文芳，祖籍江蘇常州，生於臺灣桃園。臺灣師範大學國文博士（1997）。曾任彰化師大國文系助理教授（1997-1999）、中正大學中文系助理教授（1999-2002）、副教授（2002-2008），現為中正大學中文系教授（2008-）。研究興趣為明清文學、題畫文學、女性文學。曾獲行政院國家科學委員會專題研究計畫多年補助。著有專書：《新讀百喻經》（漢藝色研，1993）、《晚明閒賞美學》（臺灣學生書局，2000）、《物・性別・觀看——明末清初文化書寫新探》（臺灣學生書局，2001）、《圖成行樂－明清文人畫像題詠析論》（臺灣學生書局，2008），以及學術論文四十餘篇。曾編寫廣播短劇、教學影帶腳本，至今偶有零星創作。目前定居於臺灣嘉義。

提　　要

　　「文人畫」的理論與創作，充分展現了中國文化的超逸精神。欲明瞭中國「文人畫」興起與傳承之來龍去脈，晚明文人董其昌之「逸品觀」是一個十分值得關注的切點。本書正文共有四章，前二章探討「逸品」在歷代繪畫品目之變衍史，及其攸關南北宗畫史整建之畫學背景，後二章則考察董其昌「逸品觀」之畫學特性及其作品實踐，以及「逸品觀」所蘊含之晚明文化精神。本書為董其昌之「逸品觀」鋪設了一個涵括繪畫史與觀念史兩大範疇的詮釋架構，一方面既要溯探「逸品」於繪畫品目理論形成與發展的意義脈絡，另一方面又要兼顧這個意義脈絡背後畫史演變的痕跡；一方面為了具體理解「逸品觀」而嘗試對相關畫作進行形式分析以相印證，另一方面又要旁及文學理論而作融攝性闡釋。種種分析導向董其昌「逸品觀」所映射出來的時代特性，用以觸探晚明的文化氛圍，本書採取了一種具有歷史文化意識與聯貫文藝美學的文化史進路。「文人畫」隨著「逸品觀」的曲折發展，匯萃於晚明的董其昌，締建成為畫史正統。支撐董其昌之「逸品觀」有兩大理論支柱——「離合說」與「主淡說」，前者呼應了晚明文人普遍參禪體驗的精神義蘊，後者強調追求創作主體與藝術作品平淡天真的境界，則是晚明文人在雜揉的多元社會中據以對抗虛偽、鄙俗與混淆價值所堅執之終極理想。

目次

轉彎・起點
（代序）

這部拙著標幟著筆者人生道路的一個轉彎，以及幾個起點。

　　×　　　　×　　　　×　　　　×　　　　×　　　　×

大學畢業後，分發在臺北市景美區一所中學服務。初執教鞭的我，鎮日周旋在形形色色的青少年之間，驕傲有之，歡喜有之，憂煩亦有之。中學教職生涯自有值得挑戰之處，只是不太適合當時喜歡求新求變的我。我開始摸索其他的可能性。

　　×　　　　×　　　　×　　　　×　　　　×　　　　×

多方嘗試後，逐漸聚焦於中國藝術的喜好。教書課餘，我曾以一隻鈍筆師從林韻琪老師學習書畫，並利用晚上在師大美術系夜間部旁聽中西美術史課程。一個夏日午后，偶然得知淡江大學剛以中國美學為方向成立中文研究所，遂在不及充分準備的狀況下孤注一擲報考，僥倖得以上榜。僅管教學服務期限未滿，我毫不猶豫地賠償了尚欠臺灣師大的兩年公費，揮別景美。瞬間由老師身份轉回學生，我的人生在這個時候轉了個彎。負笈淡水後，展開筆者向王文進、王邦雄、李瑞騰、竺家寧、周志文、高柏園、莊雅州、曹淑娟、陳韻、曾昭旭、顏崑陽、龔鵬程等諸位名師叩問知識的生涯。

辭去教職前兩年，我已與外子結婚。爾後，我先進入研究所讀書，外子亦積極準備碩班考試，如願進入臺大電機研究所就讀，倆人同步邁向求取知識的道路。靠著存款與兼差度日的我們，業無定業，居無定所，卻總要在平

凡無奇的日子裡創造各種歡慶名目，舉凡民俗節日、生日、結婚日、定情日、報告完成日……，或相偕騎機車兜風，或於夕暉中漫步，或觀賞一場免費電影，或飽餐一頓平價美食……。物質誠然艱辛，精神卻無比豐足。動輒徹夜長談的我們，緊密相依，成爲另一半的知己。

×   ×   ×   ×   ×   ×

龔師鵬程「中國美學史專題」課程帶領著懵懂的我，藉由西方美學的對照框架一窺李澤厚、劉剛紀、宗白華等先生建構的中國美學體系。顏師崑陽「中國藝術史專題」課程，著重將藝術的理解由實踐層向上提昇，與徐復觀、牟宗三等先生的哲學論說連結對話，探索中國藝術的形而上精神原理。因受這兩門課的啓引，加以自己不成熟的學畫經歷，遂興起赴台大藝術史研究所旁聽的念頭。搬回臺北市賃居泰順街後，騎著自行車往返穿梭於泰順街、蒲城街、辛亥路、新生南路的兩年裡，我從未間斷地旁聽了藝研所石守謙教授開設之：「中國古畫鑑賞研究」、「元畫專題研究」、「中國古代畫論要籍」、「明畫專題研究」等四門課。石教授抽絲剝繭層層叩問畫史論題的功力深深撞擊著我初出茅廬的思維空間，並產生巨大的內在震撼，我的中國畫史認知體系由此逐漸建構，亦形塑了我未來剖析學術論題的綿密模式。那個座落在文學院一隅的藝術史資料室，斗方中散發著魅魔之力，驅使著數倍於修課學生人數之旁聽生相與擁坐，在動輒六個鐘點的課程中，一次次接受繃緊思緒的畫史洗禮。極幸運的是，我的碩士論文得到石教授多次慷慨賜教，並出借 1992 年 4 月他參加美國堪薩斯城舉行的一場董其昌會議論文集：*"Proceedings of the Tung Ch'i-Ch'ang international Symposium"*（Editor: Wai-ching Ho, Coeditor: Wai-kam Ho, Hin-cheung Lovell, *The Nelson-Atkins Museum of Art Kansas City, Missouri, 1992*），從中得到許多寶貴的文獻與觀點，對筆者的論述形成影響重大。

拙著《董其昌之逸品觀》一書，可以說就是筆者碩士就讀期間，於淡水美學與台大藝術史雙重課程修習的綜合產物。

×   ×   ×   ×   ×   ×

長女恰在此際報到。即將爲母的我，每日帶著腹中女兒步行至師大總圖書館閱讀思考，間或定時馳赴台大聽課。肚子餓了，便在師大路覓食；倦累

了，便回到泰順街寢屋中，看著貼滿嬰兒畫片的牆壁，聽著海頓、莫札特流洩的胎教音樂。身兼論文及嬰兒「生產」者之研究生／母親雙重身份，我的喜悅與憂慮總是摻半相隨而生。

身為女人的我，嫁為人妻、初為人母，在婚姻與教養的路途中，當時正站在一個起跑點上；而重拾學生身份的我，深愛探掘學問、叩敲知識門牆，當時正揭開了學術研究的序幕。這些皆是我人生的初體驗與重要的起點。

    ×　　　　×　　　　×　　　　×　　　　×　　　　×

這部書的撰寫，距今竟已忽忽二十個年頭。花木蘭出版社發大宏願，讓許多像筆者慧光一現的少作得以付梓，令人無比感激。為求慎重出版，筆者蒐查每幅圖版並一一重新攝製數位檔，論文亦一字一句仔細閱讀、校勘與改訂。修改文稿的過程，彷彿是今日的我與二十年前的我重逢，今我與昔我相互斟酌商議。今日回望二十年前筆者之少作，不免生澀稚嫩而完熟不足，唯令我驚訝的是，洋洋灑灑三十萬字的論述架構與思維脈絡中，往往充塞著彼時青年的我對知識渴望深掘的虎虎力量穿透紙背，朝著此刻中年的我頻頻示威。

    ×　　　　×　　　　×　　　　×　　　　×　　　　×

那個人曾經是我嗎？若果是，那麼，二十年前那場人生的轉彎，應該劃出的是一道美麗的弧線吧！？此刻回首二十年前的生涯起點，依稀看得到閃礫的光芒點點，照亮我至今走來的人生路。

筆者將這些對自己意義重大的私人密碼織縫在本書的研究理路中，願與有緣的讀者分享，且讓我誠摯地邀請您揭開本書扉頁。

第一章　緒　論

一、前人研究概況與本文論題的成立

　　「董其昌」在近代中國藝術史研究中是個極受矚目的主題，關於他的研究史，雖起落曲折，總環繞著他著名的「南北宗」說〔註1〕為中心而展開探討。近代凡欲治中國藝術的史學者，莫不先持之以掀發畫史的祕密。清初，由於畫壇上狹隘的宗派紛爭與文人畫筆力羸弱的流弊，已有人對董其昌的「南北宗」說提出了質疑。〔註2〕民國初年以來，疑古考據之風興盛，藝術研究者對

〔註1〕「南北宗說」並未見於明代之前。唐朝張彥遠《歷代名畫記》中所敘師資傳授南北時代：「衣服車輿，土風人物，年代各異，南北有殊。」「生長南朝，不見北朝人物，習熟塞北，不識江南山川，游處江東，不知京洛之盛。」多言南北地理風物的差異，所論亦皆王維、李思訓以前之晉唐人，宋元畫論中，難免偶有述及南北山川景物者，也與分宗說無關。

〔註2〕清代即有人對南北宗說之所以會揚南抑北的主因，在畫法上給予文人畫不重功力的重擊，如：「士大夫恥言北宗，馬、夏諸公不振久矣，余嘗欲振起北宗，惜力不逮也，有志者不當以寫意了事，刮垢磨光，存乎其人耳。」（戴熙《習苦齋畫絮》）又如：「筆墨一道，各有所長，不必重南宗輕北宗也。……墨色濃淡可依於法，穎悟者會於臨摹，此南宗之所以易於合度。若論筆意，則雖研煉畢生，或姿秀而力不到，或力到而法不精，此北宗之所以難於專長。」（邵梅臣《畫耕偶錄》）再如：「或問均是筆墨，而士人作畫，必推尊南宗，何也？余曰：北宗一舉手即有法律，稍覺疏忽，不免遺譏，故重南宗者，非輕北宗也，正畏其難也。約略舉之，如山無險境，樹無節疤，皴無斧劈，人無眉目，由淡及濃，可改可救，赭石螺青，只稍輕用，枝尖而不勁，水平而不波，云漬而不鉤，屋朴而不革，用筆貴藏而不貴露，皆南宗之較便也。」（李修易《小蓬萊閣畫鑑》）李修易以南宗不重法度，在畫面上專挑容易簡便的表現，陳重南輕北，並非真的輕視北宗，而是畏懼北宗畫法之難也。此外，對於董其昌

該說形成的偽畫史面貌，大加撻伐。〔註3〕前者是以影響說來定其功過，後者是以信史的眼光批判其不符史實。這些負面評斷的研究，從對「南北宗」說到對董人格的否定，〔註4〕連帶著影響了學者對董其昌研究的興趣，使得與董

所提南北宗學說所造成的習畫者在畫法上的拘限，李修易又說：「山水之有醞釀，南宗固勝於北宗。……然今之學南宗者，不過大癡一家。大癡實無奇不有，而學者又僅得其門，蓋耳目爲董尚書、王奉常所囿，故筆墨束縛，不能出其藩籬。」（《小蓬萊閣畫鑑》）至於由此說引發出來的宗派之爭，以及所造成的深遠流弊，在清人的眼中看來，是顯而易見的，尤以王石谷的話最爲懇切：「近世論畫，必嚴宗派，如黃王倪吳知爲南宗，而於奇峰絕壁，即定爲北宗，且若斥爲異端。……如營邱、河陽諸公，豈可以南北宗限之？」（《小蓬萊閣畫鑑》）又曰：「嗟乎，畫道至今日而衰矣，其衰也，自晚近支派之流弊起也。顧陸張吳，邈哉遠矣。大小李以降，洪谷，右丞，逮於李范董巨元四大家，皆代爲師承，各標高譽，未聞衍其餘緒，沿其波流，如子久之蒼渾、雲林之澹寂、仲圭之淵勁、叔明之深秀，雖同趨北苑，而變化懸殊，此所以百世之宗而無弊也。洎乎近世，風趨益下，習俗愈卑，而支派之說起，文進小僊以來，而浙派不可易矣。文沈而後，吳門之派興焉。董文敏起一代之衰，抉董巨之精，後學風靡，妄以雲間爲口實，瑯琊太原兩先生源本宋元，媲美前哲，遠邇爭相倣效，而婁東之派又開。其他旁流末緒，人自爲家者未易指數。要之，承訛藉舛，風流都盡。」（王石谷〈山水圖跋〉）

〔註 3〕這些研究包括滕固、俞劍華有關繪畫史方面的著作，以及啓功〈山水畫南北宗說考〉、童書業〈中國山水畫南北分宗說新考〉等重要論文。請詳參本論文〈附錄一〉的綜合整理。

〔註 4〕關於董其昌人品的觀點，可以徐復觀先生的意見作爲理論的高潮。參見徐復觀著〈環繞南北宗的諸問題〉第七節「結論」部分，該文收入《中國藝術精神》（學生，1973）。徐先生以爲董其昌「南北宗說」在藝術中對剛勁一派的排斥，深刻地看，與知識分子的墮落傾向，以及晚年的富貴壽考有其關聯。徐先生對董晚年富貴壽考的指謫，隱然是與「民抄董宦」的事實互爲因果。關於此一董其昌家族所激起民變的事件，筆者以爲此乃晚明仕宦官紳家族與相鄰百姓之間利益衝突極爲激化的例子，家僕的惡行，作爲族長的董其昌當然應該負責，但此事件是否足證董氏人品的低劣，還有可議處。董其昌一生仕宦僅達致神宗實錄的翰林編修，此官位清貴而不具實權，加上其傾注畢生心力於書畫蹟的鑑定、搜尋與創作，皆可看出其對於藝術創作的熱愛，遠超過對利祿的營求。董的仕宦生涯，雖然不同於隱居的生活型態，但某種程度上，其在理論與繪畫平淡境界的提倡，未嘗不可視爲隱逸超俗理想的慕求。此外，對於剛勁一派的排斥，徐先生的論述邏輯如下，董其昌反對劉、李、馬、夏，由於四家所代表者爲剛勁的畫風，所以反南宋劉李馬夏，就是反對剛勁，故其主張的平淡，實指較陰柔的一面。徐先生的說法，頗有值得商榷處。董其昌所反對劉李馬夏者，實爲反對南宋畫院所代表的職業俗匠品味，如浙派運用斧劈皴所表現出來的雄放粗率作風，爲畫面力量的外露，這與董所欲提倡文人以沈斂表達平淡的韻致相違背，董反對馬夏，是反對運用馬夏筆法所表現出來的狂放與粗率，並非反對剛勁一語所可道盡。即使從氣的一

相關的研究沈寂了好長一段時日。

　　直到近數十年來，學者對晚明藝術史上的「董其昌」與「南北宗」說，逐漸從許多不同的新角度進行研究，或對舊日僞畫史說的再批判，或從哲學、社會學和文化學的角度，爲此說釐出思想文化的環境背景，或結合文學理論以相互詮，或揚棄畫史的觀點，改以美學立場，深入理解之。這段時期的研究，累積了頗爲可觀的成果。〔註5〕晚近，以「董其昌」爲主題所舉辦的兩次大型國際性學術會議，〔註6〕更廣角地對董所處的時代環境、個人生平經歷、美學建樹、鑑賞批評，以及他傳世豐富的作品風格，甚至旁及於與董相關當代文人的理論與作品等等，進行不同面向的探討，這些研究者集合的心力，再度活絡了今人對董其昌的研究興趣，並提供了豐實的研究基礎。

　　今人對於「逸品」以及與董其昌「逸品觀」直接相關的重要論文有四篇：
※島田修二郎著〈逸品畫風〉（日本《美術研究》161 期，1951 年）〔註7〕
※徐復觀著〈逸格地位的奠定──益州名畫錄的一研究〉（收於徐著《中

面而言，董其昌的畫作，亦莫不強調山水内蘊活躍的生機，並以畫面構圖的動勢來表現這股生氣，實不如徐先生所指其僅有韻而無氣的評斷。關於董其昌藝術結合人品的理論，以及他所反對外放張露的畫風，而強調内蘊的動勢等種種理論與創作的分析，筆者將於本論文的正文處，逐一探討。

〔註5〕自民國初年以迄晚近，有關中外學者對於南北宗說各個面向的研究與詮釋，請參見本論文〈附錄一〉的綜合整理。

〔註6〕第一次學術會議於 1989 年 9 月在上海松江博物館，即董其昌華亭的故鄉召開，會中宣讀的論文，由主辦單位──上海書畫出版社選錄刊於《朵雲》第 23、24 期，配合此次會議還出版了兩本論著，其一爲鄭威的《董其昌年譜》（上海書畫出版社，1989），其二爲張連與古原宏伸合編的《文人畫與南北宗論文匯編》（出版資料同上）。論題分類參見本論文〈附錄二〉。第二次學術會議於三年後，即 1992 年 4 月，在美國堪薩斯城舉行，會議論文結集於議程内："Proceedings of the Tung Ch'i-Ch' ang International Symposium"（Editor: Wai-ching Ho, Coeditor: Wai-kam Ho, Hin-cheung Lovell, the Nelson-Atkins Museum of Art Kansas City, Missouri, 1992）此次亦有許多寶貴的董其昌畫蹟配合展出。論題分類參見本論文〈附錄三〉。

〔註7〕島田修二郎之文，已由林保堯先生中譯，登載於《藝術學》第 5 期，1991 年 3 月。島田修二郎，於 1906 年生於日本神戶，1931 年畢業於京都帝國大學文學部哲學科，專攻美學美術史。畢業後曾任東京國立文化財研所研究員、京都國立博物館美術室長。1964 年赴美，任普林斯敦大學考古系教授，至 1965 年退休，爲普林斯敦大學名譽教授及紐約大都會美術館顧問。1966 年歸居日本京都。島田氏一生從事中國及日本繪畫史之研究，貢獻良多，在美術史學界具有崇高之地位。關於島田修二郎先生的簡介，參見石守謙先生所撰文，引自《藝術學》第 5 期，頁 268。

國藝術精神》，學生書局出版，前有徐復觀先生於 1965 年的自敍）

※何惠鑑著〈董其昌的新正統與南宗理論〉（收於美國普林斯敦大學 1965
　年出版《藝術家與藝術》）〔註8〕

※嚴善錞著〈從「逸品」看文人畫運動〉（上海《朵雲》總第 18 期，1988
　年）

以下擬對四篇論文作提要與檢討。

1. 關於徐復觀之文

徐復觀該文共有八節，前四節爲黃休復《益州名畫錄》成書的外緣交待，
包括成此論著的畫史背景——「宋初山水畫的完成」、黃休復之前唐季山水畫
論——「〈山水松石格〉的問題」、蜀人的黃休復與成書年代的推定——「《益
州名畫錄》的若干問題」，之後舉出張彥遠爲「逸格的最先推重者」，而黃休
復確立逸格在繪畫中的崇高地位，對後世影響最大。

接下來的兩節，則針對黃休復《益州名畫錄》的四品架構作深入剖析，
包括「所謂逸格」與「從能格到神格」，逸格除黃休復所定義的「筆簡形具，
得之自然」，以畫家孫位爲例，補充以蘇東坡的「變」與「活」，蘇子由的「奇」，
以及董其昌肯定黃休復所強調，先達到神之工力，再進而爲逸。至於能、妙、
神三品爲畫家技術到精神層次的同質序列，能格是指形似的精能，重視客觀
物的描寫，仍在有心於技巧的階段，神格是指繪畫傳達氣韻，創作活動已達
主客合一的精神境界，妙格則介乎二者之間，忘技巧而尚未能忘物之形似。
此一序列，即心由專注於技巧到與物之精神相合的超昇次第，能格與神格，
處於形神顯相對照的地位，須以妙格爲其間的轉換點。

然而逸既爲神的極致，二者如何劃清界線呢？徐先生於第七節「逸的把
握」中，舉出逸的文化根源意義在於孔子所首先提出逸民的生活形態價值，
此生活形態價值在後來史書的逸民傳中確立了歷史的肯定地位，繪畫由人物

〔註8〕何惠鑑先生該文，原爲英文著作，題名與出版資料如下：Ho Wai-Kam, "Tung
　　　Ch'i-Ch'ang's New Orthodoxy and the Southern School Theory", in Artist and Art,
　　　Mass.: Princeton University Press, pp.113-129, 1975. 目前已有石奇峰先生的中
　　　譯文〈董其昌的新正統觀念及其南宗理論〉，收於同註6，張連與古原宏伸合
　　　編《文人畫與南北宗論文匯編》。何惠鑑先生這篇文章，堪稱爲研究董其昌乃
　　　至晚明藝術理論領域上的經典之作（石守謙先生語），其另一篇重要論述〈元
　　　代文人畫序說〉（《新亞學術集刊》第 4 期，1983），亦爲研究元代畫史之一不
　　　可錯過的佳作。

轉向山水，本由隱逸情懷所締造，因此逸格最基本的條件，應在於畫家本身
生活形態的逸上。而從思想方面來看，逸的生活形態價值，即是莊子哲思的
發揚，亦可說是魏晉的時代精神，一部《世說新語》可作見證。人倫品藻中，
由形而見神，而神昇華得最高者爲逸，由人物品藻到人物畫上的傳神氣韻，
到富於隱逸性格的山水畫之逸，是一個很自然的推展。逸與神的最大分野，
是在逸將自然「簡」到近乎玄微之際，故可以「簡」爲其特定性格。因此若
以顧（愷之）、陸（探微）之密體爲神，而張（僧繇）、吳（道子）之疏體爲
逸，並無不妥，這是徐先生在末節「由人之逸向畫之逸」的觀點。

　　徐復觀此文對於黃休復《益州名畫錄》中逸神妙能四格所作的解析，以
及對於繪畫上「逸格」之在文化根源意義──逸民生活形態價值──的探索，
均極具參考性。然該文有一疏誤之處特別值得提出，關於逸品之最先提出者，
徐先生依據朱景玄的序文以爲是張懷瓘（參見該文註六云），此乃徐先生誤讀
該序文所致，朱景玄的序曰：

> 景玄竊好斯藝，尋其縱跡，不見者不錄，見者必書推之，至心不愧。
> 拙目以張懷瓘畫品斷神妙能三品定其等格，上中下又分爲三，其格
> 外有不拘常法，又有逸品，以表其優劣也。（《唐朝名畫錄》原序）

「拙目以張懷瓘……定其等格」，除此句明說其神妙能的架構來自張懷瓘之
外，至於將神妙能又分爲上中下三等以及另立逸品兩點，乃景玄所作，與張
懷瓘並無關係。又根據畫史的進展來說，朱景玄所謂「格外有不拘常法」，並
另立王墨、張志和、李靈省三人爲逸品，在唐代畫史上，如朱景玄對王、張、
李三人所描述的那種潑墨放縱的畫風，大致在中唐之後才誕生，豈是身處盛
唐時期的張懷瓘所能想見？朱景玄的確切年代並不清楚，但由所記張志和與
顏眞卿任吳興太守時（大約代宗大歷年間，即西元 666～669 年間），兩人詩
畫唱和的一段交誼判定，朱景玄的著書應不早於中唐。因此「逸品」其實是
當時的新興畫風，朱景玄設立新品目的動機即因應此「格外有不拘常法」的
新畫風而來，這個畫史意義也必須由朱景玄的書中才能見到，在張的書論畫
論文字裡皆無消息。

　　由此看來，徐復觀先生之所以誤讀朱景玄的序文，概係對於唐代畫史上
這股新興畫風之誕生不明瞭所致。由於這個誤解，遂使得徐先生在張懷瓘（實
應爲朱景玄）首先提出的逸品中，無法聯繫畫風內涵，因而看不出任何畫史
的意義，然而逸品畫風在畫史的地位非常重要，少了這個開端，五代、北宋

的水墨山水畫幾乎要失去了一個重要的源頭。

2. 關於島田修二郎之文

徐先生的疏漏之處，島田修二郎〈逸品畫風〉一文適可補足。島田氏這篇經典之作的主要論點簡述如下。

逸品雖可能是在人物品評中，關於隱逸此一概念相對應而來的名詞，但就美術評論史而言，確為全新見地。由朱景玄所提出的這個事實來看，具有畫史上重大的意義。因為朱的時代的確曾興起一股有如異端般的新奇畫風，此為中國繪畫史發展的重大階段，瞭解它，便可掌握晚唐至北宋期間的畫史。因此本文的討論重心乃放在逸品作為一種畫風之出現、來源、發展等課題。

以王墨、張志和、李靈省為中心具有狂顛的作畫過程、沒有筆法以及形像偶成等為逸品畫風的特質，在盛唐之前，孫尚子的戰筆、張孝師的粗放筆法，以及吳道子簡潔素樸之體，則可視作逸品畫風的前驅發展。逸品畫風擺脫了六法中的「應物象形」與「骨法用筆」，結合了脫胎自「隨類賦彩」的水墨畫，這兩股新動力，蘊育了山水畫的成長。而花鳥畫中，在南唐與「黃（荃）家富貴」對壘的野逸派徐熙，其快速落墨的沒骨畫法，未嘗不可視為類似畫法，因此五代時期的山水與花鳥畫，可說就是中唐逸品畫風的繼承。

島田氏在剖析逸品畫風的畫史發展時，富有啟發性，他一方面解釋中唐潑墨性質的逸品畫風，何以到了五代、北宋後，幾乎消聲匿跡？乃由於這種不具固定性畫法的自律性弱，遂化身為水墨因子，潛藏入五代至北宋荊、關、董、巨、李、范等水墨大家的山水畫中。另一方面，在北宋仍以吳道子人物畫為主流的狀況下，逸品形成一股革新的制衡力量，尤其神宗元豐、元祐年間的文人畫思潮，基本上便是承繼著這種精神而高漲，再將人品的因素導入，明顯地將逸品畫風的優劣取決於畫家的人品氣韻，遂劃清了與狂縱粗放一途的界線。

島田氏該文為逸品的出現與發展，抽繹出畫史的根源意識，深具典範意義。逸品由於是立於正統神妙能同質序列的對立面而產生，由這個意義來說，逸品又成為一種替代性的畫風概念，它提供了畫家不滿正統畫風時一個創新的可能出路，當它從中唐的潑墨性畫風升高為一概念意識時，由於正統畫風隨著時代而異，它也就因制衡對象的變異而有不同的面貌，「逸品」給予中國畫史曲折複雜的發展，它從脫離正統並與之對抗中誕生，之後又反過來使正統豐碩不已。

　　儘管礙於傳世畫蹟寥寥無幾，而可資印證的材料則幾乎向隅，使得島田氏逸品畫風的研究難免有紙上談兵之嫌，然而島田氏對唐宋時期逸品畫風發展的推敲，以及將「逸品」提昇為抗衡正統的畫風概念意識這兩方面著力的研究，對於後來尤其是治五代至北宋時期畫史的學者，貢獻良多。然誠如作者所言，「逸品的概念，在朱景玄之後，雖為多人所承繼，而且它的名目在明、清也盛行使用，但是所意指的內容已不同了，尤在明代之後，有時也成為一種美的類型之意。」（頁 250）對於逸品的後續發展，尤其是評論史的角度，為該文所略去不談，使得想要深究逸品在畫論中的來龍去脈，以及其可能具有文化史意義的學者來說，後學者若不再予以深究，無疑是一項莫大的遺憾。

3. 關於嚴善錞之文

　　至於嚴善錞所著〈從「逸品」看文人畫運動〉一文，有三個論點值得提出。首先是作者以為在元代之前，「逸品」所指為不拘常格、逸出一般繪畫規範的畫法，它的出現為文人參與繪畫活動製造了特定的文化氛圍。此論點乃是將島田氏的觀察縮小至文人領域中。其次指出宋元明以來，詩論講究神韻，畫論強調逸品，皆可說是從宋代文人重「韻」的風氣而來，而神韻詩的藝術境界，其實與逸品畫相近，甚至可說在董其昌的時代，畫中的逸品無疑就是詩中的神韻。關於這個說法，應是得自錢鍾書〈中國詩與中國畫〉一文的靈感而來。

　　此外在論及董其昌時，他舉出董的畫學策略，其一，建立南宗體系，其實就是倡導那種類似南禪意蘊、具有淡雅簡遠品味、可與神韻詩風相聯繫的逸品畫風，對倪瓚推崇備至；其二，為了擺脫仇英式精工刻苦之習，因而標舉極端對立的米芾畫風；其三，為了不讓護短者竄入其中，因而又對米氏雲山、王洽潑墨保持高度警覺，逸品必須在神品的基礎上超越，該文的詮釋大抵不錯。

　　然而嚴文仍有值得商榷處，他認為董其昌雖與公安派袁中郎等具有革新精神的人物有過密切交往，然而從文化史的角度而言，董其昌並沒有成為繪畫中的袁中郎，相反的，董其昌一直在選擇一種帶有名士色彩的新傳統，這恰好是袁中郎等人所反對者。從文人畫運動的角度而言，董其昌是在悍衛和淨化高雅的文化精神，而袁中郎則是全面地破壞整個文人文化的傳統，為市民文化搖旗吶喊。因此慧能南禪若是代表平民色彩的思想，那麼修復高雅文化的董其昌，其「禪悅」只不過是一重煙霧罷了（頁 68）。

　　筆者對於這點有所質疑，公安派因爲講求獨抒性靈，故能對民間文學給予同情，而董其昌所標舉的逸品畫，所強調的亦是抒寫胸中意氣，在畫中顯示出模擬無可達致的本我面貌，這種精神皆可謂來自融合南禪的陽明心學而來，本無衝突，公安派雖推崇民間文學，卻並不排斥文人出於性靈的作品，袁中郎等人同樣對於俗不可耐的作風，給予極烈的撻擊，這與董其昌避開一味摹擬的俗匠作手，而推崇古雅品味的態度，何嘗違背？嚴文不從二者所執的精神根源處予以客觀比較，僅以片面的現象妄加斷定在董其昌的畫學中，禪學只是一重煙霧而已，有失學術立場的客觀性與公允。若欲進一步從公安支流導致文學鄙俚逼仄的一面，與董其昌之後，把持了畫壇的正統性二者兩相對照，由於夾雜了許多支持者各種理解能力與運用方式的差異，已超越了董其昌與袁氏兄弟當初思想一致的限度，呈現紛歧的發展，此則更非禪學如此單一的因素所可道盡。

4. 關於何惠鑑之文

　　何惠鑑著〈董其昌的新正統與南宗理論〉一文，將董其昌的南宗論視爲一種新正統觀在十七世紀初提出的理論背景，並探索其如何在藝術領域中成功的誕生。此文的主旨並非以逸品爲討論中心，然其中所涉的部分內容，亦對董其昌的逸品理解具啓迪之功。何文的重點，願在此提出。明人由於結束外族統治與重建漢室的政治感受，以及當時面臨禪宗教義的傳授，與新儒家思想體系內部的競爭，使得正統問題的爭論愈加擴大而尖銳。前後七子首先倡導秦漢文、盛唐詩作爲正統文學的典型，王世貞則依據相同的理念，視宋畫爲畫史的正統。七子們復古主義的背後，乃是向外找尋到了事物內在的邏輯性（法）、合理性（理），他們知識概念的形成和最終的解悟，均須建立在對事物窮究（格物）的基礎上，以這樣的思潮相配合的美學觀，以爲藝術品的至高標準，或是基於形似，或是基於古代典範，必然可依循某一最佳典型。經由模仿（遵從客觀的法度），藝術家的靈感可從中被激發出來而與所謂的「法」相迎而和諧，由這種深具二元論色彩思惟所定的最高典型是神品，不是不受束縛的「逸品」。董其昌南北宗論之前驅爲宋元畫的對舉，宋畫隱含了程朱理學的二元世界觀，元畫隱含了突破一切藩籬之陽明心學的一元世界觀，宋元畫的對立，透顯了這兩股新儒學意識的對立。

　　原來在十六世紀沈周、文徵明的手裡，元畫只不過是藝術傳統中爲其所接受利用並發展的一個主要資源，他們借以要求獨立眞誠地表現自我，以求

個人想像力充分的解放，並無歷史觀的成分在內。而在十七世紀弘揚者的手中，元畫則成了反正統的利器，他們通過對元畫形式的變化，實現復興，並通過同化、異化的過程，創造出新正統的觀念基礎，這樣的基礎，深植在對禪宗、陽明心學（尤其泰州學派）與自由主義者李贄的共同興趣上。一個藝術家要避免沿製任何的固定程式，要完全忠實於其心靈，縱然以天地為師，而天地萬物實即存於心靈之中。董其昌所以復古、師自然、終究是師心，以自己的意願自由重構或改變自然或古代大師的法則，這與主張模擬復古的七子們的二元論思想大異其趣。何惠鑑先生此文探討董其昌南宗論的新正統觀，恰為我們提示了逸品觀在明代特殊的發展，及其形成的哲學基礎。

　　中國文化向來不講叛逆，而鼓勵超越，前者是一種斬斷根源的背棄，後者則是以傳統為資糧，要青出於藍，更勝於藍，這種面對傳統的超越精神可以「逸」字作概括。若以藝術史的角度而言，「逸品」便是一個遊移於傳統與新變之間極好的觀察點。經由前人研究成果的探討可知，欲明瞭中國繪畫自晉唐如何轉向五代北宋，形成光輝燦爛、水墨暈章的世界，非由「逸品」畫風入手不可；欲明瞭宋元以來建立的文人畫理論，如何對抗畫壇的主流，逐漸成為畫史上一股足以制衡的力量，若不由「逸品」的精神去思索亦不能透徹。集理論、鑑賞、創作於一身的董其昌，便是站在這樣的基礎上，接續文人畫理論與實踐的傳承，並在晚明特定的時空意義下，逐步強化其為一新的正統觀，並高昇其為一文化理想，他面對畫史傳統而提出南宗畫的最高極致──「逸品」，其具有的超越精神，既是畫學的，也是藝術史的，更是文化史上的重要課題。

二、本論文的研究進路

　　本論文所處理的雖是董其昌之逸品觀，實際涵攝了此一美學觀念史的範疇，因此對該美學觀念形成與發展之漫長歷程必須詳加探討。為了達到這一觀念在陳述與理解上的清晰與具體，以畫史的主體──繪畫作品──的形式分析作為輔助說明，將無可避免。本論由於研究題旨與研究範圍的關係，其性質雖同於一般觀念史的論述，又因為有繪畫作品的形式分析與畫史演變的探討，而略具藝術史面貌。本論文既具有藝術史與觀念史兩方面的研究性質，包括了逸品觀念特質的歸納與演繹兩方面相互穿插的詮釋。其間又為晚明四家「南北宗」說的譜系，作成性質個殊的分類表格，並為該項表格作成量化

統計與分析，以作為逸品特質更為客觀化的詮釋背景。此外還為董其昌的繪畫作品，進行形式分析，以其實際創作印證董其昌的逸品理論。

本文的研究進路，一方面既要掌握觀念史發展的意義絡脈，另一方面又要兼顧這個意義背景形成之繪畫史演變的痕跡；一方面既要以繪畫作品印證理論，另一方面又要旁及文學理論（如詩論）的融通說明，而以上種種的分析，終究要導向董其昌逸品所反映出來的時代獨特性，而成為一個視野放大了的文化氣圍的探討。文藝理論必然關聯著文化發展及該文化所呈現的審美意識，從事文藝理論的研究者，必須經由歷史文化意識去理解、感知文藝的流變與內涵，也必須透過文學藝術來省察審美意識的底蘊，才能通貫古今，甚至融攝中西。因此以一種具有歷史文化意識、以及聯貫文藝美學的文化史觀，〔註9〕乃是本論文所亟欲嘗試的研究方向。

三、本論文的撰寫架構

經由以上種種分析與闡釋，本論文的撰寫架構已呼之欲出。

「逸品」所具有的原始藝評與畫風意涵，在六朝九品的品第架構，經由傳神論，到唐代神妙能三品建立的過程中，其形成之初以及與水墨畫兩相結合之後，為畫史帶來之重大意義如何？由朱景玄的「格外不拘常法」，到黃休復的逸格首位，之間的演變又具有怎樣的意義？逸品在北宋畫史的發展上，可說是相對於寫實正統畫風，一股求新求變的動力，與文人畫理論意識的高漲，以及如李公麟的高古、蘇米的墨戲等文人畫圖式，具有如何的關係？有涉於繪畫品目的建立，與逸品在唐宋元明歷朝畫史中漫長的發展，這個觀念史的探索，為本論文第二章所將處理的問題。

在進入董其昌逸品核心的探討之前，必須對畫史逐步整建完成的畫學背

〔註 9〕 以一種具有歷史文化意識的文學研究，與聯貫文學與美學的文化史觀，為筆者指導教授龔師鵬程一直孜孜矻矻，以及對於學子殷切企盼的一種學術徑路，詳參龔師所著《文化、文學與美學》（時報，1977）自序。透過這樣的文化觀去從事學術研究，歷史不再是一具木乃伊，只提供我們審美式的懷念與心理上的滿足，它不再是堆置在那兒，靜待後人去繼承的遺產，而是活的生命，不斷開展著，在每一個時代，與詮釋者交談，因而迸發出新的光芒。董其昌與歷史互動，透過對歷史的新詮釋與新解說，他締造了一個藝術史的新紀元，同樣地，當我們探索著董其昌對歷史的探索時，董其昌是不是真正復活了？這並不最重要，重要的是，吾人透過對董其昌逸品的理解，其實真正在進行的，確是在理解自己。

景作一番釐析。宋代以來漸次形成的文人畫論，由「詩言志」系統所移借過來的抒情寫意特質，在繪畫的書法性筆墨中充分發揮。明代畫學的整建，形成宋畫與元畫對舉的局面，推導著由王世貞到董其昌繪畫新舊正統——南北宗理論的建立，對於晚明諸家南北宗的細密分析，有助於更具體掌握董其昌逸品觀的畫學特質。此外，在深入分析南北宗理論時，將帶出另一重要的畫史問題，亦即代表南宗的董巨畫風與代表北宗的李郭畫風，在元明兩代早已呈現畫風勢力消長的狀況，此中實隱含著兩大文化集團品味的分歧。以上則是本論文第三章所欲探索的重點。

　　第四章就董其昌逸品觀之畫學特質進行不同面向的詮釋。首先從董對前代畫家的評賞，歸納逸品所具有的幾項特質，並以此特質重新找出逸品畫家的譜系。其次則針對董其昌逸品觀中所呈現出來的辯證性創作過程及其理想境界，與王漁洋的神韻詩理論作相應的探討，以證晚明時期，詩書之逸品／神韻二者的融通，為從事詩畫創作的文人共有的美學理想。最後，則直接對董其昌的畫作進行形式分析，並與其逸品理論相互印證。

　　本論文正文部分的末章，試圖將董其昌的逸品觀投射到晚明文化環境中，以探索這一美學觀與時代精神的互動如何？由明初的大一統，到晚明的多元化價值，這種文化精神的演變如何？以李贄為中心，包括董其昌、湯顯祖以及袁氏兄弟等人在內，這群人物在北京因緣際會而成的文化圈，思想彼此形塑而成萬曆年間的新思潮為何？這是董其昌逸品觀乃至整個晚明文化之所以形成的思想基礎。由董的逸品觀所釐析出來的兩項特質——「離合說」、「主淡說」，前者與晚明文人禪悟體驗的關係如何？後者在晚明日漸虛假庸俗化的社會現象裡，所呈現出對抗的文化精神又如何？這些皆將透過董的逸品特質，給予一個宏觀角度的探討。

　　本論文的撰寫架構，簡而言之，除了在董其昌逸品觀的理論內部，作點的深入剖析外，又結合了縱向觀念史與橫向晚明文化，以兩條經緯網絡試圖還原這個看似孤立存在的文藝觀念，探觸其涵攝深遠而廣闊的豐富面向。

第二章　繪畫品目之建立與逸品觀之
　　　　　進展

　　六朝時期由九品中正制度而來的文藝品評基構，自盛唐以下，逐漸衰微，而由人倫識鑑注重人物風神的觀念，移入繪畫中，則由為人物傳神到為山水傳神，總結到謝赫六法首重的「氣韻」，到唐代終於發展出為後世書畫批評奠下基礎的「神妙能」品評架構。這個依於六法而來的「神妙能」理論架構的成立，同時宣告了畫史正統的建立，而另一股由朱景玄所率先肯定其存在價值的新興畫風——具有顛狂快速的作畫過程，畫面物象因潑墨偶成而簡率，名之為「逸品」，被定義為「格外不拘常法」，在此遂成為一種與正統畫法相抗衡的新興畫風。此畫風如何促成五代、北宋水墨山水畫臻於成熟，在黃休復《益州名畫錄》中略見端倪，黃的逸格乃將吳道子以來簡潔素樸的白描法，納入中唐逸品畫風狂縱的潑墨印象，成為一種由神品釐析出來的新逸格觀，黃休復以逸格為首位的見解，成為後世文人遵效的典範。由逸品畫風所啟發之與正統畫風相抗衡、創新變革的精神，與黃休復所隱含創作主體精神自由的逸格觀相結合，成為驅動北宋文人畫思潮的主力。朱景玄、黃休復之後，以蘇（軾）、黃（山谷）、米（芾）、郭（若虛）、鄧（椿）、湯（垕）等文人所主導的畫論發展，皆強調人品氣韻與超越精神，「逸品」無疑地已由原始畫風概念躍昇文人畫極致的美學理想，此乃董其昌所倡導之逸品觀其畫史傳承的來源，本章將針對以上的論點展開探討。

第一節　六朝時期：九品基構與傳神觀

一、九品的基構

　　六朝以前，嚴格說起來，並沒有品畫的著作，惟有一些論畫〔註1〕或以畫比譬說理〔註2〕的零散文字。第一篇完整評述畫作的文獻，爲東晉顧愷之的〈論畫〉，〔註3〕針對十九幅畫作的內容或形式深入描述，並提出了優劣評騭的意見，〔註4〕此外並遺有關於摹揭要法的〈魏晉勝流畫贊〉，以及爲創作所預先

〔註1〕如《考工記》紀錄畫繢設色之工：「畫繢之事，雜五色：東方謂之青，南方謂之赤，西方謂之白，北方謂之黑，天謂之玄，地謂之黃。青與白相次也，赤與黑相次也，玄與黃相次也。青與赤謂之文，赤與白謂之章，白與黑謂之黼，黑與青謂之黻，五采備謂之繡。」《考工記》載今《周禮》第六篇，是春秋年間齊國之官書，上文乃專言畫工設色、配色之事。另外如韓非子外儲篇：「客有爲齊王畫者。齊王問曰：『畫孰最難者？』曰：『犬馬最難。』『孰易者？』曰：『鬼魅最易。夫犬馬人所知也，旦暮罄于前，不可類之，故難。鬼魅無形者，不罄于前，故易之也。』」說明在圖畫以寫實爲本質的前提下，描畫有形之犬馬難，而畫無形之鬼魅易。同韓非子上述意見的淮南王劉安亦云：「今夫圖工好畫鬼魅而憎圖狗馬者何也？鬼魅不世出而狗馬可日見也。」此外他還說：「畫者謹毛而失貌」，所指大幅畫必需注意全體，不能謹細微毛而失其大貌。這三則文字，前者附於禮書中，言百工中之畫工事，其次爲闡明法術學的韓非，無意觸及繪畫本質的說法，其次雜家劉安點到創作全體與細節的關係，都不是專門，而是零散附載的論畫文字。

〔註2〕魏晉之前，以畫比譬說理的記載不少，如論語中孔子以「繪事後素」喻禮以啓發子夏。《莊子・外篇・田子方》有段記載：「宋元君將畫圖，眾史皆至，受揖而立，舐筆和墨，在外者半。有一史後至者，儃儃然不趨，受揖不立，因之舍。公使人視之，則解衣盤礴，臝。君曰：是眞畫者矣。」莊子乃藉此畫史解衣盤礴的行徑，宣揚心爲主宰，精神解放，不受拘縛，胸儲造化的哲理。東漢張衡云：「譬猶畫工惡圖犬馬而好作鬼魅，誠以實事難形而虛僞不窮也。」（《後漢書・張衡傳》）以此觀點上疏，論圖緯虛妄非聖人之法。以上三則文字，亦附載於他書中，以畫事比譬說理。

〔註3〕〈論畫〉與顧愷之另兩篇論文——〈魏晉勝流畫贊〉及〈畫雲台山記〉，皆存錄於唐代張彥遠《歷代名畫記》卷5顧愷之傳後。俞劍華在《中國畫論類編》（華正，1984）中，將原張彥遠所錄〈論畫〉（內容爲針對十九篇畫作評論優劣得失）與〈魏晉勝流畫贊〉（內容敘述摹揭要法）兩篇題文互換。陳傳席以爲「贊」本是一種文體，〈魏晉勝流畫贊〉原文應是作者見到魏晉名臣的畫像後，再以贊語稱許畫像人物的行徑品格，乃贊人非贊畫，正如〈東方朔畫贊〉未涉一語繪畫般。張彥遠在收錄該文時，刪去了與繪畫無關的贊語，只留下贊語後有關如何摹揭的方法，即現今吾人所見到的文字面貌。對此問題，陳傳席有精到的駁正，詳見陳著《六朝畫論研究》（學生，1991）第一章〈重評顧愷之及其畫論〉。

〔註4〕關於〈論畫〉所涉及的艱澀內容與文字，請參閱同註3陳書第二章『論畫』

構思假擬的〈畫雲台山記〉，〔註5〕由此三篇論畫文字的深入性而言，顧愷之實當爲中國繪畫理論的奠基者。

　　至於最先以品畫的觀點──「夫畫品者，蓋眾畫之優劣也」──爲著作旨趣，並有一套品評架構者是南齊謝赫的《古畫品錄》，其品評架構分爲第一品至第六品六個等級，所評的對象早自三國吳的曹不興，晚至南朝梁的陸杲，大部分爲與謝同時代的宋、齊人，共二十七人。《古畫品錄》所採取的批評模式，在六朝文藝評論中並非孤立的存在，實有其產生的歷史因緣。〔註6〕

　　所謂歷史因緣是指東漢末年，經學崩潰，政治腐爛，社會動亂，魏氏政權而有因應措施：

　　　魏氏承顛覆之運，起喪亂之後，人士流移，考詳無地，故立九品中

　　　正制度（《晉書》〈衛瓘傳〉）

由於戰亂引起的動盪不安，使得人口四處流散，在漢代原本需要以戶籍地政穩定爲基礎的重要制度──「鄉舉里選」，此官僚選拔制度陷於癱瘓，魏氏便新立「九品中正制度」以取代之。這個新的政治制度乃沿自班固《漢書》第二十卷〈古今人表〉而來，〈古今人表〉是以上中下三級九品的架構，將上古到秦末、漢初爲止的歷史人物分屬九等，以衡量其人品。所謂的「九品中正制度」是由每州的「大中正主簿」和每郡的「中正功曹」來主時當地人物的

點校注譯〉。

〔註5〕　由〈畫雲台山記〉中多「可令」、「當使」、「宜」、「欲使」等用語看來，可推測出該文應爲顧愷之創作前所預作的構思，全文內容請參閱同註3，陳書第四章〈『畫雲台山記』點校注譯〉，與鈴木敬著，魏美月譯《中國繪畫史（上）》（故宮，1987）註釋第二十一條。又此文乃欲以繪畫的形式圖解東晉時期道教人物葛洪所著的〈神仙傳〉張道陵傳中的仙山（據李霖燦先生的說法）。李霖燦先生曾指導沈以正依照該篇文意製成〈雲台山圖復原圖〉，該圖請參見李著《中國名畫研究》（藝文印書館，1973）所附圖。

〔註6〕　品評人物風氣大盛的歷史因緣，緣於東漢末年的察舉制度與社會風氣，請參閱牟宗三著《歷史哲學》（學生，1976）第五部〈東漢二百年：理性之內在表現時期〉第三章「理性的與非理性的間之鬥爭」第四節『黨錮之禍』。九品中正制度的產生，由於漢末大亂，衣冠士族，多離本土，人無定居，兩漢所行察舉之制，已難於施行，因爲察舉德行需向被察舉者作鄉里調查，但大亂所造成的戶口流徙，使得調查工作無法進行，故魏初陳羣主張行九品中正之制。九品是人才評定的等級，中正是主理評定人才的官名，中正所評定的人才分成九級，便以此作爲人才選用的參考。此制自曹魏創立，歷兩晉南北朝皆沿用之，直至隋文帝統一中國，改用考試取士，中正之制然後廢除。詳參黎傑編著《魏晉南北朝史》（九思，1978）第二篇第三節「九品中正」。

評選，同樣是依「上上、上中、上下、中上、中中、中下、下上、下中、下下」九個等級來評定人物，以供政府選用。政治上拔擢人才的制度後來幾經稍改，但對人物品評議論的傳統則漢魏晉一脈相傳。漢代政府通過鄉里薦舉以徵辟取士的方式，早已開始了社會上人物品鑑的風氣，士大夫之間甚至和合結黨，產生了清議，如史書云：

> 匹夫抗憤，處士橫議，遂乃激揚名聲，互相題拂，品覈公卿，裁量執政，倖直之風，於斯行矣。(《後漢書》〈黨錮列傳〉)

這股社會上由來已久對人物的評議風潮，以及後來政壇的九品用人制度，兩相配合而成的品評風氣，亦帶動了文藝界品評之風的盛行。當時論詩有南朝梁鍾嶸的《詩品》，論評漢魏至南梁一百二十一位詩人及其詩，論書則有南朝梁庾肩吾的《書品》，記載漢至齊梁能寫真書草書者一百二十八人，各繫以論評。此外，即連遊戲性質的棋藝亦有棋品之論，九品基構亦被這些藝評家所廣泛地運用著，他們同樣是將評騭對象分為上中下三級，每級再細分為上中下，共分三等九品，予以分類。

　　雖然謝赫所進行批評的對象只有二十七人，遠不如《詩品》及《書品》所評的人數，將上中下三級九品的架構簡化為六品，實質上，依藝術家的成就高下，裁成等第序列的方式則無不同，仍屬為九品的基構。

　　較謝赫《古畫品錄》至多晚二十年，有南朝陳姚最的《續畫品》，〔註7〕接續謝赫的論旨，補其遺漏，因「人數既少」，且「以赫所品，高下多失其實」(《四庫提要》云)，「蓋即不滿謝氏之品第也」(余紹宋《書畫書錄解題》云)，故刪除了謝赫的六品架構，雖名為《續畫品》，實只以時代為次，不復區別品目。後又有唐代彥悰的《帝京寺錄》(據《四庫提要》云)與竇蒙的《畫錄拾遺》(據《佩文齋書畫譜》所徵引書目)二書，前者就所見長安名畫系以品題，後者則多作反駁彥悰之評，二書皆同姚最有評意而無品目之品題著作。〔註8〕

　　由以上的論述看來，在九品中正模式影響下的品畫架構──《古畫品錄》，經過姚最對其過於主觀判斷的質疑，入唐，以此架構論畫，似有消沈的

〔註7〕《古畫品錄》據同註3陳傳席所考訂，約成書於西元532年，而《續畫品》據《四庫提要》云：「今考書中稱梁元帝為湘東殿下，則作是書時，猶在江陵即位(西元552)之前。」故知此二書相距最多不超過20年。

〔註8〕彥悰的《帝京寺錄》與竇蒙的《畫錄拾遺》在唐代早已亡佚，幸賴張彥遠《歷代名畫記》零散輯錄而保留了一部分文字，請參閱同註3，《中國畫論類編》第三編〈品評〉，彥悰與竇蒙的作者傳略。

跡象，唯一繼承謝赫規模者，大概只有李嗣眞一家了。〔註9〕

關於以九品基構品畫的盛況與消沈的現象，在中國第一部系統的畫史著作──《歷代名畫記》中，可看出一些端倪。該書所紀錄依時代自史皇至唐武宗會昌元年止，共計三百七十餘人，由彥遠按語夾註前人畫評著作中上中下品第的畫家有一百一十餘人，〔註10〕第一位夾註品第的畫家爲東漢的蔡邕，夾註文爲：「裴孝源（按裴爲唐中書舍人）所定品第云，伯喈在下品」，此後則只註品第，均不標明品第的出處。最後夾註有品第者爲唐朝楊須跋（中品）、趙武端（下品）、范龍樹（下品）、周烏孫（下品）、楊德紹（下品），列爲同條，以上五人爲唐初擅名的畫家，此後未再見夾註有品第的文字。由東漢至唐初，夾註品第的畫家數目較集中在晉朝至唐初間，〔註11〕而由張彥遠所援引品第出處的畫品著述，亦應該集中在南朝至初唐之間，顯示張彥遠所賴以編纂的資料中，自盛唐以下，不再流行以九品的基構來論畫了。這種現象正反映出畫品舊有批評架構的限制，以及新的品目規模逐漸蘊釀興起。

二、傳神說

（一）「神」的掌握

上文已述及人倫識鑑之風在漢末盛行的狀況，當時仍不脫漢儒思想的籠

〔註 9〕李嗣眞除了《後書品》一卷保存在《法書要錄》中，所載八十一人分爲十等，各有敘錄，又有評贊（據《四庫提要》云）。此外，尚有零星保留在《歷代名畫記》、《續畫品》的文字，存於此書者，唯錄上品畫家十九人而已。另被朱景玄批評爲「空錄人名」（朱著《唐朝名畫錄》序言）的傳作〈畫人名〉一卷（據晁公武《郡齋讀書志》云），列上中下三品，共一百二十三人，未加一字說明，附於通行本之《續畫品》後。以上三書，皆用九品等級品評書畫家，明顯沿用自南朝以來盛行的品評架構。

〔註10〕張彥遠加註品第，並非出於己意，自序云：「彥遠……聊因暇日編爲此記，且撮諸評品，用明乎所業，亦探於史傳，以廣其所知。」張書採擬了前人相當多的品評意見，因而保留了唐朝前許多論畫的文字，免於散佚失傳。

〔註11〕以下爲《歷代名畫記》張彥遠所錄，各朝畫家有夾註品第者與各朝總數的統計表，由表中可明顯發現自晉至唐的比數呈拋物線的狀況，顯示品第的著作集中在這段時期。值得注意的是，唐12人均爲初唐畫家，盛唐後，未見夾註品第的文字。

朝代	東漢	魏	吳	晉	宋	齊	梁	陳	北	隋	唐
夾註	1	2	1	12	24	23	17	0	5	15	12
總數	6	4	2	23	28	28	20	1	10	21	206

罩，重視氣節、道德與操守。至曹魏時期，儒學失勢，品評的重心，有了很大的轉變，由原先著重在外在行為節操的表現，轉而偏重人內在精神風度的蘊涵，魏初有劉劭《人物志》以言人才性名理之著作產生。由於品評人物，不重道德善惡一面，而特重人才性風姿的展現，不僅促成時人風流清談的生活情調，更為魏晉之後的中國，開出了美學境界。〔註12〕

對於人內在才性，與自然流露的風貌姿容之品覈，瀰漫成整個時代「重神」的風氣。在探討重神的畫論之前，擬先將前期哲學的發展過程，簡要敘述。

漢魏間政論家沿東漢末年因察舉而重名實，故有對於人物之品鑑，品鑑有兩個指向──實際外在的政治實用（外在之利用）與內在人格純美的欣賞（內在之興趣），然此二者並非一定平行，蓋於人格美之欣賞上最有風致者，不必能滿足實用上的需要，而政治上能符合現實需要者，也許為品鑑上之最俗者。魏初的品鑑人物，即由外在之利用轉為內在之興趣，演而為才性名理，此才性名理並非先秦名家所談之形名、名實是否對應、是否能盡的問題，名家是肯定名言必需指實且盡實，而才性名理既是品鑑人內在的人品、才性，「名」非指謂的名言，為欣趣的名言；「實」亦非外在的形物，為生命的姿態。此種品鑑名言即無一定之形物為其對應之實，可指點而透露出生命姿態之內容，但此內容永不能為名言所盡。於是，由品鑑才性，必然有「言不盡意」觀念的出現，這便是「言意之辨」興起的直接理由。

這還可由面對經典的角度來說，漢代經學雖樸實說理，然依於文句不免拘泥，於是如荀粲所謂「六籍雖存，固聖人之糠秕」，認為典籍不過是文字的紀錄，死守章句不足以應付時移世異的變局，於是魏晉玄學家對於經典，多求會通其義而不拘拘於文句上以辭害意，所根據的，乃是當時解經者對外在語言保持高度警覺所提出的「言不盡意」、「寄言出意」、「得意忘言」的精神。

魏晉玄學在抽象地談論天道與人事中，首先遇到的難題，即是對於言與意糾葛關係的釐清。此中論辯並不是普通生活上的感觸，而是一種把握真理的方法，以此思維擴及於一切論理，遂有以「言意之辨」為方法基底之玄學

〔註12〕 由於對人之情性生命所呈現的神采與風姿，大不同於先秦時期之於道德主體所給予的關注，使得魏晉時期社會普遍對美產生自覺，各類藝術如詩文書畫均有長足的發展。此乃牟宗三先生所謂由才性名理之論而開出美學境界的說法，請詳參牟宗三《才性與玄理》（學生，1989）第二章〈『人物志』之系統的解析〉。又詳參徐復觀著《中國藝術精神》（學生，1973）第三章〈釋氣韻生動〉第三節「玄學的推演及人倫鑑識的轉換」，頁 150～156。

系統的建立。〔註13〕

　　由社會政治層面的品鑑人物，以及哲學上「言意之辨」所導出的思辨方法，爲魏晉及其後的美學史開創出一系列的思想範疇，〔註14〕若結合人物識鑑風氣而言，則以形神問題最具代表性。

（二）傳人物之神

　　重神的觀念，在人物品鑑上，如劉劭的《人物志》已經有了先驅的發展，劉義慶紀錄東漢末到東晉間事的《世說新語》，更注重人物的風神，所使用的名詞如：神氣、神色、神情、神姿、神雋、神懷、神明、風神、風韻、風骨、風標、風儀等，以之作爲品評人物的美語，人倫識鑑由漢魏政治上的實用性轉變到晉朝成爲對人神情風姿的欣賞，在《世說新語》中，昭昭可鑑。作爲一名中國畫論奠基者的顧愷之，就是處在這樣的一種時代風氣裡。顧氏家族累世任官職，自己又身居政要名流，與當時的文士往來密切，更直接參與評論人物，例如他留世的一篇〈魏晉勝流畫贊〉，便是對魏晉時期的名臣所作的評贊。〔註15〕

　　對於繪畫，顧氏便是移借品人風神的理論，具體落實到當時流行的畫科——人物畫——的品評上，以「傳神」作爲其畫論的中心。他對古代人物畫作，以是否傳神作爲批評的依據，例如：

　　　　〈伏羲・神農〉雖不似今世人，有奇骨而兼美好，神屬冥芒，居然

〔註13〕關於「言意之辨」在魏晉興起的因緣，參見同註12，牟宗三《才性與玄理》第七章〈魏晉名理正名〉。又關於以「言意之辨」作爲玄學系統方法論之基底，請詳參毛文芳〈魏晉玄學的方法論及其解析〉，《孔孟月刊》第30卷第6期，1992。

〔註14〕曾祖蔭說：「範疇是人們的思維對客觀事物的本質聯繫的概括和反映，是各個知識領域裡的基本概念。……人們對世界的認識，是一個歷史的發展過程，範疇則是這個過程中的一些小階段，人們就是通過這樣一個又一個小階段，使認識深化。」文藝理論家通過一系列範疇，表達自己對文學藝術現象的根本看法，文藝理論上不少的爭論也往往是通過對範疇的不同解釋而展開。魏晉由先秦兩漢哲學轉折發展而來的審美自覺意識，可表現在對言／意、情／理、虛／實、形／神等幾對美學範疇中。請參見曾祖蔭《中國古代美學範疇》（丹青，1987）一書。

〔註15〕顧愷之〈魏晉勝流畫贊〉原應是一篇對魏晉時期的名臣所作的贊語，由於畫贊的文體通常贊的是畫中人物，並不對畫有評論，故張彥遠在收錄顧的著作時，可能已刪去了與畫無關的贊語，僅留下後附摹搨的方法。請參見同註3，陳傳席一文。然由文題上可想見這是一篇對人物評論的贊文。

有得一之想。

　　〈醉客〉作人，形、骨成，而制衣服慢之，亦以助醉耳。（〈論畫〉）

畫古代神話中的神農、伏羲，雖不似今世人，而其神視有深邃幽遠之感，確實有古代侯王的神氣。至於他可能係描繪嗜酒成風的士人——〈醉客〉一圖，人物在形象和骨法都具備了之後，又在身上隨意的畫上了醉漢式的衣服，漫而亂之，頗能加強醉態。神要如何傳呢？

　　若長短、剛軟、深淺、廣狹與點睛之節，上下、大小、釀薄，有一
　　毫小失，則神氣與之俱變矣。（〈魏晉勝流畫贊〉）

傳神要以形似作爲基礎，無論是人體型上的長短、大小、胖瘦，或衣服的深淺、配置的上下，以及作爲「傳神寫照」最重要的點睛細節，均不能有一毫失誤，否則神氣將無由得傳。他又說：

　　凡生人亡有手揖眼視而前亡所對者，以形寫神而空其實對，荃生之
　　用乖，傳神之趨失矣。空其實對則大失，對而不正則小失，不可不
　　察也。一像之明昧，不若悟對之通神也。（〈魏晉勝流畫贊〉）

這段是說，沒有一位畫人，其手中專一地描畫而眼中茫然沒有一個對象，若想要以外形來傳達內在的神氣，卻沒有一個對象物，好像還未捕得魚，就把荃籠先拋掉一樣，根本達不到傳神的目的，進此再說，即使有了個對象物在眼前，又不能準確地掌握，還是會有小缺陷，一幅畫的優劣得失，就在領悟由準確地掌握對象物的外形，以便能傳神這個道理了。〔註16〕「實對」其實就是要求畫家在實際中觀察對象，只有對所畫對象仔細地體會觀察，下筆才能肖似，也才有可能達到傳神的目的，否則「空其實對」，則連形都不似，遑論傳神了。

　　「寫形」雖是「傳神」的必要條件，但並不充分，因爲除了形體之外，尚有其他因素，有助於傳神的達成，如：骨法、用筆、墨彩、臨見妙裁、置陳布勢等方法，或以體態、動勢、人物環境的襯托（按以上名詞見於顧愷之〈論畫〉與〈魏晉勝流畫贊〉二文）等服飾、用筆、動勢、位置各種畫面上綜合的安排，才能真正完成傳神的任務。顧愷之認爲以傳神爲主的人物畫最難：

　　凡畫，人最難，次山水，次狗馬。台榭，一定器耳，難成而易好，
　　不待遷想妙得也。（〈論畫〉）

顧發現繪畫的本質在傳神，畫傳神的人物與畫固定形體的台榭不同，後者以

─────────────

〔註16〕關於《論畫》深奧文義的疏通，皆得自於同註3，陳傳席書第二章〈『論畫』
　　　　點校注譯〉文。

寫形為目的，不賴畫家「遷想妙得」心的作用。所謂「遷想妙得」，是指畫家的心要隨著對象物的變化而變動不居，從各個不同面向反覆觀察、思索與聯想，以得到對象物精彩之神，建築物為固定之器，難於完備而易於見好，因為不需要畫家多作「遷想妙得」的工夫。

（三）傳山水之神

　　與顧愷之（345～406）同屬六朝時期而略晚的兩位畫論家——宗炳（365～443）與王微（415～453），分別為中國山水畫提出了兩篇重要的論文——〈畫山水序〉與〈敘畫〉。顧愷之的「傳神」論只限於人物，而宗、王兩家則將之應用到山水畫中。如人物的風姿給人的印象類似，山水的神則指自然景物予人的整體美感。山水之神要如何傳呢？宗炳說：

> 夫以應目會心為理者，類之成巧，則目亦同應，心亦俱會，應會感
> 神，神超理得。（〈畫山水序〉）

山水的形象，通過吾人眼睛觀看和心靈體會，便能得到蘊含其間的神理。同樣地，如果畫家畫得很巧妙，那麼觀畫者在畫面上看到和體會的，就可以與得山水之神的畫家相應合，因為二者所目會心而得的，皆感通於山水顯現的神理。故寫山水，其實就是要傳達山水之神。但是「神本亡端」，（同上）山水之神無形無質，要如何傳呢？宗炳說「棲形感類」（同上），意指山水之神必須依託在山水的形體上，才能依同類相感〔註17〕的原則而顯現出來。進此又說：「山水以形媚道」，即是肯定山水形質的美好，可以更集中地體現天地之道。因此傳山水之神，需要對「身所盤桓，目所綢繆」的山水，「以形寫形

〔註17〕宗炳的「感類」有可能沿自中國早期文化中「物類相感」的觀念而來。據淮南子云：「物類相感，本標相應，故陽燧見日則燃而為火，方諸見月則津而為水，虎嘯而谷風至，龍舉而景雲屬。」（《淮南子》〈天文訓〉）這種對宇宙現象的解釋可用來了解古代宗教儀式的運作原理，如祈雨的宗教儀式上，則與雨同樣屬陰性的道具必須置放一起，並由屬性的女巫擔任主要角色，才能收得同類互相感動，而達降雨的效果。宗炳的「感類」極可能是類似觀念的傳承，其所指的山水，是藐姑射之類的仙山，由於年老體衰，無法親身遊歷靈山之境，以體認天道，只好以繪畫的方式，「披圖幽對，坐究四方。」希望透過山水藝術的靈媒與天地之道相交通。由此一來，以山水畫抓住自然的神理非常重要，而要真正取得神理，便要畫出同於真山水的形質，以期在自己「閒居理氣，拂觴鳴琴」這種和諧的心境下，披圖坐究，能與同類屬性的天地之道相感應。關於繪畫上「同類相感」與古代宗教儀式之間的關係，請參見石守謙〈賦彩製形——傳統美學思想與藝術批評〉，收於《中國文化新論》（聯經，1982）「藝術篇」，『美感與造形』冊。

（按以真山水之形寫成畫上之形）、以色貌色（按以真山水之色填成畫上之色）」，即使以「崑崙之大，瞳子之小，迫目以寸，則其形莫睹」，仍可以「張絹素以遠映。……豎畫三寸，當千仞之高，橫墨數尺，體百里之迴」的方法，將嵩華靈山造化之奇，收於尺幅之中。

把山水畫與地圖「案城域，辯方州，標鎮阜，劃浸流」（王微〈敘畫〉）分開來的王微，認為山水的形與神是密合分不開的一體，他說：

> 本乎形者融靈，而動變者心也，靈亡所見，故所託不動。（同上）

山水的神靈雖無由見得，但寄託在不動的形質內，「動變者心也」，其意指山水「本乎形者融靈（按指形神為一體）」，和死板的地圖不同，而畫山水如何在不動的形中表現山水的神靈呢？這就要靠創作者「心」的作用了，此外，由於山水形靈的融合，其中必有與死板地圖不同的動變之勢，這也要靠觀畫者「心」的體會。王微似乎比宗炳強調畫家「心」的作用：

> 望秋雲，神飛揚，臨春風，思浩蕩，雖有金石之樂，珪璋之琛，豈
> 能彷彿之哉？披圖按牒，效異《山海》，綠林揚風，白水激澗。嗚呼，
> 豈獨運諸指掌，亦以明神降之，此畫之情也。（同上）

望著畫上的秋雲，面臨畫上的春風，綠樹揚起林濤，白水激成山澗，均使得觀畫者神思嚮往，即使有仙樂與寶玉，豈能比得上繪畫之萬一？難道僅是運用指掌的工夫，這更是畫家微妙的心思傾注成畫上真情的結果。

「明神」即「神明」，乃六朝時期的慣用語，舉凡人的智慧、天賦、精神、情感、思想、想像、穎悟等優異的才質，皆屬「神明」的範疇，〔註18〕此處所指就是前述「動變者心也」的心的作用。不論是創作者也好，觀畫者也好，一幅山水畫呈現的成就，不只是指掌的工夫而已，宗炳要排除一切世俗塵囂的干擾，使山水的靈氣與人的精神相融洽，而王微則進一步要求以人的「神明」去捕捉山水之神。他們二者以山水畫所共同要追求的，應是「聖賢映於絕代（儘管古聖賢的思想照耀久遠的年代），萬趣融其神思（但吾人觀看畫中山水的無限景致，其中的靈氣和人的精神相融洽，使人從中便得古奧的聖賢之道），余復何為哉？暢神而已。」（〈畫山水序〉）從山水畫中，體悟聖賢之道，進一步契知天地之道，若能使人降於畫上的「神明」與為自然傳達的山水神靈合而為一，對創作者來說，便能得到自己與山水二者之神的最大調暢。

宗、王二人繼承了顧愷之為人物傳神的思想，為當時正處在萌芽時期的

〔註18〕參見同註3，陳書第七章〈王微『敘畫』研究〉「明神降之」一節。

山水畫，〔註19〕奠下了傳神理論的基礎。

（四）由「傳神」到「氣韻」

繼顧愷之後，中國最早的畫品作者謝赫為繪畫提出了「六法」，其中的「骨法」與「氣韻」可說是繼「傳神」說之又一發展。「骨法」說可推源至漢朝的相人術：漢人樸茂，晉人超脫，樸茂者尚實際，故漢代觀人之方根本為相法，由外貌差別，推知其體內五行之不同。至漢末魏初，猶有此風。其後識鑑乃漸重神氣，所謂漢代相人以筋骨，魏晉識鑑在神明。〔註20〕漢代相士察看人的骨相特徵以定人的尊卑貴賤，如蒯通對韓信說：「貴賤在於骨法，憂喜在於容色，成敗在於決斷，以此參之，萬不失一。」（《史記》〈淮陰侯列傳〉）後代仍沿此說：「上每謂綽曰：『朕於卿無所愛惜，但卿骨相不當貴耳』。」（《北史》〈趙綽傳〉）由此皆知當時人的尊卑榮敗，可從人的骨骼結構中觀察出來。然而繪畫上的骨法，是否僅與外現的形象結構相關涉呢？似乎並不盡然。顧愷之〈論畫〉中，亦相當重視骨法，如評〈周本紀〉畫：「重疊彌綸有骨法」，評〈伏羲・神農〉畫：「有奇骨」，評〈孫武〉畫：「骨趣甚奇」，評〈三馬〉畫：「雋骨天奇」……等。如此看來，這些傳神的畫像還須以骨法作基礎，骨法的好壞，直接影響到人物畫的傳神與否。顧似乎在文字中，並未明指骨法與用筆的關係，到了謝赫的六法中，則明確定義為「骨法，用筆是也」。〔註21〕

漢代相人術，是觀看人的骨骼結構，而畫上的人物形象，主要是由輪廓線條所達成，六法中，象形、賦彩已明指為形體，皆獨立為一法，故知骨法並不再指形象，也不指用色，而是持指毛筆的運用效果，骨法便是指以毛筆所造成畫面上人體形象的線條而言。有了用筆、形象、上色的原則之後，用生動來解

〔註19〕魏晉至初唐時期的山水畫發展未臻成熟，當時的表現手法仍顯得拙稚，如張彥遠所說：「魏晉已降，……其畫山水，則群峰之勢，若鈿飾犀櫛，或水不容泛，或人大於山，率皆附以樹石，映帶其地，列植之狀，則若伸臂布指。……國（唐）初，……尚猶狀石則務於雕透，如冰澌斧刃；繪樹則刷脈鏤葉，多栖梧菀柳。」（《歷代名畫記》卷1〈論畫山水樹石〉）。

〔註20〕漢人重骨法，晉人重神氣的說法，引自湯用彤語，轉引自同註14，曾祖蔭書第二章〈形神論〉。

〔註21〕本處關於六法的斷句，係根據同註3陳書第九章〈謝赫與『古畫品錄』的幾個問題〉中「六法句讀標點問題」，又參同註17石守謙文。將謝赫論畫的六個原則：「氣韻生動是也，骨法用筆是也，應物象形是也，……」等四字一組的語句分讀成為：「氣韻，生動是也。骨法，用筆是也。應物，象形是也。……」各項前兩字為六個法則，後二字則用以解釋前二字。

釋氣韻，無非是指要求當時的人物畫表現應栩栩如生。謝赫曾說「雖畫有六法，罕能盡該。」(《古畫品錄》) 一個好的畫家，其實不一定，也不容易六法兼備，但必需特重氣韻，以及與氣韻關係密切的骨法。第一品中的衛協，在序文中已說明其六法兼備，但在實際批評上，又說他「雖不該備形妙，頗得壯氣」，仍重在標贊其氣韻，同列首品的曹不興，也以龍兼具「風（氣韻）骨（骨法）」擅名，張墨、荀助則韻勝骨法，作品應屬陰柔一類，其他各品中，除了第二品顧駿之「賦彩製形，皆創新意」、第三品吳暕「製（製形）置（位置）才巧」、第四品蘧道愍、章繼伯畫人馬毫氂不失（屬象形）、第五品劉紹祖「善於傳寫」等五人外，其餘二十多人，莫不環繞在氣韻與骨法的重點上，定其優劣。〔註22〕由漢人的「骨相說」到顧愷之融合骨法的「傳神說」，再到謝赫六法中更具體的指示了「氣韻」與「骨法」作為人物畫在精神表現與線條運用的兩個重要法則，謝赫可說是六朝人物畫「傳神」理論的總結者。

六朝繪畫品評架構源自政治上九品中正制度，而為人物畫品評的內涵上，「傳神」論實續承著人物識鑑風氣而來〔註23〕這個強大的傳統，早已意味著「神」的概念在畫上的優越地位。以「神」為第一，序列而下有等級的差別，而後有唐朝之後畫品「神妙能」架構的出現，這個進展，可說是奠立在六朝時期品畫意識的基礎上。

〔註22〕《古畫品錄》中涉及氣韻生動的用語頗不一致，本處所指的較為寬泛，如「神韻」、「體韻」、「情韻」、「神氣」等，而骨法所涉如「風骨」、「動筆」、「筆力」、「用筆骨梗」、「筆跡」等。

〔註23〕龔師鵬程以為六朝文藝批評從人物品鑑而來的論斷大有問題，理由有二：1. 六朝流行與才性無關的文體論，2. 書法繪畫無才性氣性之說，還強調「應物象形」、「書象萬類」。所以風骨體勢觀，可能是由對這門藝術的美學思考而來，借物象比擬的，不只是風格，而涉及每筆線條的造型，故不可能是從人物品評中借來的辦法，跟才性論無甚關係。這個推斷，針對書勢的起源而言，應無異議。至於書論後來所採的骨、肉、血、筋等用語，仍不可否認其與月旦人物的風氣有關。然而龔師同意「文論、書論、畫論在六朝的發展，並不如一般人所想像那樣，具有可以相互印證或解釋的同一性。它們幾乎都是在各自發展其藝術性格，其關聯性既少，又因藝術媒介、對象、目的之不同，形成了頗不一致的藝術傳統。」結合以上的論點，筆者以為在畫論方面，由於六朝是以人物畫為主，又未發展出書畫同源的觀念，書與畫原本為兩門性質不很相同的藝術，故在畫論文獻中，既無類似〈書勢〉的擬象批評，對畫面上線條的觀看，亦尚未抽象化，仍維持在表達形體及人物精神的層面而言，故筆者以為此與漢末魏晉以來品鑑風氣的關係極為密切。龔師之論，詳參其著〈張懷瓘書論研究〉(《漢學研究》第 6 卷第 2 期，1989)。

第二節 唐五代時期：「神妙能」架構與「逸品」的成立

一、「神妙能」品第的建立

南朝梁庾肩吾《書品》將漢以來擅眞書草書的一百二十三人，分上、中、下三級九等，他推崇張芝爲上上品的書聖：「帶字欲飛，疑神化之所爲，非世人之所學。」以此高懸的標準，爲書法世界建立了階序關係。繼承這個架構者，爲唐朝李嗣眞的《書後品》，在九品之上，加上了一個「逸品」，張懷瓘則作了較多的修正。

唐天寶年間的書法家竇蒙爲其弟竇息〈述書賦〉作注之後，又附上一份〈述書賦語例字格〉，以補其注釋之所未盡。這份文件，是爲一百二十個書法審美上的名詞精要解說，他自云：「且褒且貶，還同讜法。」這樣一份字詞解釋清單，似乎告訴我們唐人已經開始注意到書法術語的運用了，並嘗試建立一套明確的批評語言。比竇氏兄弟稍早的張懷瓘，即以神妙能三個名詞取代了前人上、中、下三品的等第名詞，應該就是這種意識的發端。不過竇蒙對神妙能的詮釋，並不含高下優劣的判斷，[註24] 無法解釋張懷瓘神妙能的品目意義。

張懷瓘爲書法所作的《書斷》，將原來上、中、下或是第一、第二、第三的品目次第予以概念化，並且不再如前人以書家爲主的方式，而將作品獨立起來，最上等爲神品，其次爲妙品，其次爲能品。究竟張神妙能的念義爲何呢？其《書斷》序云：

> 包羅古今，不越三品，工拙倫次，殆無數百。且妙之企神，非徒步驟，能之仰妙，又甚規隨。……考上所列諸類，雖妙品尚不多得，況神？又上下差降，昭然可悉也。……較其優劣之差，爲神妙能三品。

此處明確指出能品仰望妙，妙品希企神品，由神至妙至能，是上下差降的序列。以下將張懷瓘有關神妙能三品的描述列出：

1. 神 品

> 以風神骨氣者居上，妍美功用者居下。(《書議》)

[註24] 竇蒙云：「神，非意所到，可以識知。」「妙，百般滋味。」「能，千種風流。」
　　　參見竇蒙〈述書賦語例字格〉，收入《歷代書法論文選》，華正，1984。

索靖乃越制特立，風神凜然。(《書斷》)

史籀……考其遺法，肅若神明，故可特居神品。(同上)

王羲之……備精諸體，自成一家法，千變萬化，得之神功，自非造化發靈，豈能登峰造極。(同上)

獻之……欲奪龍蛇之飛動，掩鍾張之神氣。(同上)

2. 妙 品

逸少……雖圓豐妍美，乃乏神氣……是以劣於諸子。(《書議》)〔註25〕

張昶……至如筋骨天姿，實所未逮（伯英）。(《書斷》)

梁鵠……用筆盡熟也。(同上)

邯鄲淳……應規入矩，方圓乃成。(同上)

梁蕭子雲……但少飲古風，抑司妙品。(同上)

阮研……其行草……甚精熟，其隸……風神稍怯。(同上)

3. 能 品

衛覬……草體傷瘦，筆跡精絕。(《書斷》)

蕭思話工書，學於羊欣，得其體法，……行草……雖無奇峰壁立之秀，亦可謂有功矣。(同上)

齊高帝……草書，稍乏風骨。(同上)

庾肩吾……手不稱性，乏於筋力。(同上)

高正臣……脂肉頗多，骨氣微少。(同上)

由以上各品的描述得知，「神」除了指與神明造化有關之「靈感神遇」、「天資偶發」的神祕創作過程外，最普遍的意義是指整個書法體勢所表現出來的精神如「風神」、「神氣」等，這又是以書法線條呈現出來的筋骨、筋力來判定。至於「妙品」與「能品」，既為同一序列，則同樣是對於「神品」標準的「風」、「骨」所力猶未逮者，「妙品」在用筆方面尚稱精熟，而「能品」甚至只能在

〔註25〕在《書議》一編中，張將王羲之的草書排名第八，次於嵇康、鍾會（草書皆列妙品）後，又見其評語云云，可知逸少之草書亦應列為妙品，此與《書斷》將之與張芝同列神品有出入。由於張曾云：「人之材能各有短長，……（逸少）得重名者，以真行故也。舉世莫之能曉，悉以為真草一概，若所見與諸子雷同，則何煩有論？」故應以《書議》的說法為準。

書家因循法度、精勤學習之用功上，獲得讚揚而已，一般總還有「手不稱情」的窘態發生。

張懷瓘所建立的「神妙能」架構，指的是技法純熟後，要超越能的層次，才能入妙，再超越，才能通神。而神的境界是「不可以智識，不可以勤求」的。他所強調的「深識書者，唯觀神彩，不見字形」，其是遠紹六朝的形神之辨而來，批評家要欣賞的，並非字形結構或人物形象上的巧似，以及用筆設色的精妙，而是要欣賞字或人物的「神」。

張懷瓘另一著作《畫斷》已亡佚，今無從考察其原文用意如何。據朱景玄所言，《畫斷》亦採與《書斷》相同的品評架構，〔註26〕吾人可推知其評畫的標準應與論書的原則相去不遠。今再以零散留存於《歷代名畫記》中《畫斷》的四條文獻來說，顧愷之、陸探微、張僧繇、吳道子四人皆以人物畫見長，張在分判其特色時：「象人之美，張得其肉，陸得其骨，顧得其神」，又「神妙無方，以顧為最」，「吳道子，下筆有神」。我們可以推測，《畫斷》仍是沿承著六朝以來以人物畫傳神論為傳統的批評準據，無可避免地，這與其所處時代的畫壇有關，初唐時期仍籠罩在以人物畫為中心，青綠山水畫逐漸萌芽發展的階段，〔註 27〕張懷瓘整理了六朝畫論，而更清晰地加入了次等的妙與能，以「神妙能」具體概念評論書畫優劣，在繪畫品目的建立上，向前跨了一大步，成為後世品評架構的濫觴。

二、朱景玄的「逸品」觀

（一）書論中的「超然逸品」

在六朝時期，對逸字的使用非常寬泛，即謝赫的《古畫品錄》，就出現了「畫有逸方」、「最為高逸」、「縱橫逸筆」、「意思橫逸」等褒義形容詞。書論

〔註26〕朱景玄云：「以張懷瓘畫品斷神妙能三品定其等格，上中下又分為三。」（《唐朝名畫錄》）

〔註27〕張懷瓘處初盛唐時代的畫史，仍籠罩在前朝以來，人物畫為主流的局面。當時如閻立本的〈帝王圖卷〉、〈職貢圖卷〉等，以及以佛像為主的寺壁畫、男女像為主的墓室壁畫皆屬之。此時山水畫仍在萌芽，用筆還停留在線描階段。而始自顧愷之〈畫雲台山記〉的山水畫概念，原是青綠著色的型式，至隋代展子虔的〈遊春圖〉，李思訓、昭道的金碧山水，皆以青、綠、褐等色彩構成極富裝飾性的山水畫，這是發展至初唐而籠罩畫壇的山水型式。詳參同註5，鈴木敬《中國繪畫史（上）》四〈唐代繪畫〉。

文獻上「逸品」以批評概念的名詞出現，首見於唐李嗣真的《書後品》，乃因書法上「議論品藻，自王愔以下，王僧虔、袁（昂）、庾（肩吾）諸公，已言之矣」（《書後品》序），故名《書後品》也。其批評架構是將秦代到唐世之間八十一人（按今本有八十二人），分為十等，依上中下三級九等的序次排列，上上品之上，更列一「超然逸品」。此「超然逸品」的位置意義，其實與謝赫在《古畫品錄》中對陸探微的安置相近，謝云：「亦要躋之於上上品之上，而謂無他寄言，故居標第一等」。李嗣真所推「超然逸品」的書家有張芝（草書）、鍾繇（正書）、王羲之（三體及飛白）、王獻之（草、行、半草行）。這四位大家的成就，在袁昂《古今書評》中云：「張芝驚奇，鍾繇特絕，逸少鼎能，獻之冠世，四賢共類，洪芳不滅。」給予四人總體成就極高的評價。在庾肩吾《書品》中，列鍾、張、羲三人為最高等的上上品，亦未嘗分體而言。到了張懷瓘不以書家，而以書體究其臧否的《書斷》，在首級「神品」的九類書體中，「鍾繇得其二（隸、行），張芝得其三（行、章、草），逸少父子並各得其五（隸、行、章、飛白、草）。」然而鍾的八分及草書、張芝的隸書與逸少的八分書，則僅入次等的妙品。

由以上四家書品來看，袁昂、庾肩吾是以書家的總體成就來評定，李嗣真、張懷瓘則依不同的書體來評定書家的成就。由於李嗣真所列「超然逸品」四人所擅書體各不相同，不同書風的審美要求必然不盡相同，誠如張懷瓘所言：「草與真有異，真則字終意亦終，草則行盡勢未盡。」（〈書議〉）既然如此，而李將相異的書藝成就同列的「逸品」品目，顯然並不指涉書體風格的內涵。至於除三級九等的框架沿自庾肩吾的《書品》之外，考察其進行的品評工作，對伯英章草的評論，言其「似春虹飲澗，落霞浮浦」，彷彿袁昂評索靖書「如飄風忽舉，驚鳥乍飛」一般，實與袁昂《古今書評》中擬象批評的方式無異。另外在「超然逸品」之列所運用的描述詞語如：「鍾張筋骨有餘，膚肉未贍」、「子敬草書逸氣過父」，庾翼見逸少與亮書乃曰：「煥若神明」、「數公皆有神助」以及「（子敬）神妙無方」等等，這些對神、氣、骨的提示，不免令我們想到張懷瓘繼承傳神論的「神品」說。如此看來，李嗣真與袁昂、庾肩吾或是張懷瓘的評論方式用意皆極相近，「超然逸品」所具有的意義，一則在品第框架九品之上再立一品，不過是謝赫品畫「居標第一等」，對書藝極致讚歎最高級形容詞用法。另一方面，對書藝的評論，又與稍後張懷瓘「神品」意識並無二致，李所評曰：「神合契道，冥運天矩，皆可稱曠代絕作也。」

又曰：「若超吾逸品之才者，亦當敻絕千古，無復繼作也。」這樣的「逸品」觀，若以宋代朱長文《續書斷》中對「神品」的定義：「傑立特出謂之神」以詮釋之，似乎非常恰當。

（二）畫論中的「逸品」

在留存的畫論文獻中，最早出現以「逸品」作爲品評詞彙者，是唐代朱景玄的《唐朝名畫錄》（按朱的確切生卒年代並不清楚，但由所記張志和與顏眞卿任吳興太守時（約代宗大曆年間，即西元 666～669 年間），兩人詩畫唱和的一段交誼判定，朱景玄的著書應不早於中唐）。他以張懷瓘《畫品斷》神妙能三品評定畫家的成就，獨創的是，在這三品之外，尙有一類畫家作品不拘常法，他爲之另立一「逸品」。〔註28〕朱在其序文中曾經貶抑李嗣眞的《畫品錄》：「空錄人名，而不論其善惡，無品格高下，俾後之觀者，何所考焉。」可見其作該書，意欲爲畫家評定高下的用意。朱既能提出對李《畫品錄》之不滿意見，相信他必看過李之另書《書後品》（關於此書已如上述），然而朱在舉出「逸品」的品目時，未嘗提及李嗣眞《書後品》中的「超然逸品」作爲其批評詞彙的來源，最大的原因，應是李「逸品」概念意識的運用，對朱所面對的品評狀況，無所裨益。

如前文所述，儘管李嗣眞率先提出「逸品」新詞彙作爲書法批評的品目，但在其使用的內涵意義上，其實與後來張懷瓘「神品」無差，二者同指書法家登峰造極的傑出成就。而朱景玄面對的問題顯然並不單純，他將九十四位畫家的作品分爲兩類，「夫畫者以人物居先，禽獸次之，山水次之，樓殿屋木次之」（〈唐朝名畫錄序〉），爲何呢？「人物禽獸移生動質，變態不窮，凝神

〔註28〕徐復觀先生說：「『張懷瓘畫品斷神妙能三品，……其格外有不拘常法，又有逸品，以表賢愚優劣也。』按最後一句，乃總結上之神妙能三品及逸品而言，非僅指逸品，……神妙能三品外，又標逸品，朱景玄明謂始於張懷瓘的畫品，並非始於朱景玄本人」云云。詳見同註12，徐著《中國藝術精神》第七章〈逸格地位的奠定──益州名畫錄的一研究〉註釋第六，頁322。徐以張爲「逸品」首先提出者，其實是誤讀了朱景玄〈唐朝名畫錄序〉所致。按畫史的演進看來，「逸品」其實是當時的新興畫風，朱景玄設立新品目的動機即因應此「格外有不拘常法」的新畫風而來，這個畫史的意義必須由朱的書中才能見到，在張的書論畫論文字裡，皆無消息。南宋鄧椿《畫繼》云：「自昔鑑賞家分品有三，曰神、曰妙、曰能，獨唐朱景眞（按即朱景玄）譔《唐賢畫錄》，三品之外，更增逸品。」（《畫繼》〈論遠〉）並不如徐先生所言爲鄧的誤解，逸品首創者實爲朱景玄，並非張懷瓘。

定照，固爲難也，……至於山川草木，粗成而已。」（同上）

　　這類畫作採傳統的格法，固可依照傳統的標準——張懷瓘神妙能的序列定出高下。另一類三人的作品，則無法與前者同列入三品九等的序列中，因爲此三人採「格外不拘常法」之「非畫之本法」作畫，乃「前古所未有」者，故另立一「逸品」。

　　由上述可得知，朱景玄之所以立「逸品」的最大用意，乃針對當時嶄新的畫風而來，究竟這股新興的畫風爲何？它的誕生於繪畫史的意義如何？此乃下文所亟待解決者。

　　朱景玄所看到的新畫風爲何？他爲逸品類畫家李靈省所作的描述如下：

> 李靈省，落托不拘檢，長愛畫山水，每圖一幛，非其所欲，不即強爲也。但以酒生思，傲然自得，不知王公之尊貴。若畫山水竹樹，皆一點一抹，便得其象，物勢皆出自然，或爲峰岑雲際，或爲島嶼江邊，得非常之體，符造化之功，不拘於品格，自得其趣爾。

這段描述，包含了畫家率性任眞的性情，以及特別的繪畫過程。先以酒生思，作畫時，顯然不遵守正規的畫法，而是隨意點抹自然形象，「得非常之體」，似乎意味著由如此方法畫出的，並不同於一般的自然物象，這便是其不拘常格的解釋。李靈省在畫法上，儘管有超出前人之處，而另一位逸品畫家，則表現得更爲特異了，朱景玄對他的描述如下：

> 王墨者……不知其名，善潑墨畫山水，時人故謂之王墨。多遊江湖間，常畫山水松石雜樹，性多疏野，好酒。凡欲畫圖幛，先飲醺酣之後，即以墨潑，或笑或吟，腳蹙手抹，或揮或掃，或淡或濃，隨其形狀，爲山爲石，爲雲爲水，應手隨意，倏若造化，圖出雲霞，染成風雨，宛若神巧，俯觀不見其墨污之跡。

這段記載，後來亦被收入《宣和畫譜》中：

> 王洽……善能潑墨成畫，時人皆號爲王潑墨。性嗜酒，疏逸多放傲於江湖間。每欲作圖畫之時，必待沈酣之後，解衣盤礴，吟嘯鼓躍，先以墨潑圖幛之上，乃因似其形像，或爲山，或爲石，或爲林，或爲泉者，自然天成，倏若造化。已而雲霞卷舒，煙雨慘淡，不見其墨污之跡，非畫史之筆墨所能到也。（《宣和畫譜》卷 10）

《宣和畫譜》的編者簡約地說：「先潑墨於縑素之上，然後取其高低上下自然之勢而爲之。」（同上）他們均紀錄了王潑墨特殊的作畫過程。他先飲酒蘊釀

畫興，並藉酒力，或是解衣盤礴，或是吟嘯鼓躍，脫去一切束縛，作好畫前
準備。接著便是將墨潑灑於圖幛上，隨著墨汁濃淡大小偶成的形狀，由畫家
依其個人的想像，手腳推抹成山石林泉、風雨雲霞等自然景象，再不見原先
圖幛上的墨污之跡。王墨的作畫過程，顯然比李靈省更具有戲劇性。至於第
三位逸品畫家如何呢？

> 張志和，或號曰煙波子，常漁釣於洞庭湖。初顏魯公典吳興，知其
> 高節，以漁歌五首贈之。張乃爲卷軸，隨句賦象，人物、舟船、鳥
> 獸、煙波、風月，皆依其文，曲盡其妙。

朱景玄在此處並未對張志和的作畫過程或畫面效果予以描述，只記錄一段其
與顏魯公兩人詩畫互相唱和出來的漁釣高情。張志和被列爲「逸品」，在繪畫
上的意義應不僅於此，畫風如何呢？顏魯公（眞卿）有段精彩描述：

> 性好畫山水，皆因酒酣乘興，擊鼓吹笛，或閉目、或背面，舞筆飛
> 墨，應節而成。大歷九年秋八月，訊眞卿于湖州，前御史李崿以縑
> 帳請焉，俄揮灑橫抹而纖纊霏拂，亂槍而攢毫雷馳，須臾之間，千
> 變萬化，蓬壺彷彿而隱見，天水微茫而昭合。觀者如堵，轟然愕貽，
> 在坐六十餘，玄眞命各言爵里、紀年、名字、第行于其下。……以
> 蕉葉書之，援翰立成，潛皆屬對，舉席駭驚。（顏眞卿《文忠集》卷
> 九〈浪跡先生玄眞子張志和碑銘〉）〔註29〕

這段張志和當場揮毫的表演，爲顏眞卿所親身經歷後的追憶。觀眾如堵，並
有笛鼓伴響的大型場景，完全爲酒酣幾近顛狂的張志和個人魅力所吸引，他
一忽兒閉目，一忽兒背面，飛舞著筆墨，在縑幛上，橫掃揮灑，其速度之快，
如亂槍馳雷，在須臾之間，便能現出千變萬化之形，末了還用蕉葉落款，在
當時人的眼中，簡直是無比神奇。由此可知，張志和與王墨的畫法，幾乎完
全一致。當時還有另一位畫家，也有類似張志和的畫風：

> 大歷中吳士姓顧，以畫山水歷抵諸侯之門。每畫先帖絹數十幅于地，
> 乃研墨汁及調諸彩色，各貯一器，使數十人吹角擊鼓，百人齊聲噉
> 叫。顧子著錦襖，錦纏頭，飲酒半酣，遶絹帖走十餘匝，取墨汁灘
> 寫于絹上，次寫諸色，乃以長巾一一覆于所寫之處，使人坐壓，己
> 執巾角而曳之，回環既遍，然後以筆墨隨勢開決，爲峰巒島嶼之狀。

〔註29〕《文忠集》收於《叢書集成新編》（台北：新文豐，1985），第 59 冊。

（唐封演撰《封氏見聞記》卷 5）〔註30〕

顧生除了要有助興的鼓號樂隊外，還須製造震耳的人聲巨響，作好畫前的預備動作——飲酒，並巡遶鋪於地上的大型畫布十幾圈，便開始灑灑墨汁於其上。之後，將纏繞於頭上的錦帶長巾解下覆於彩墨上，令人坐壓，顧則執著巾角，隨意拖曳，使彩墨暈散，而成各種物象。

由以上李靈省、王墨、張志和、顧生等人，尤其是後三人的繪畫方式，大致可歸納出兩點特色：

1. 顛狂快速的作畫過程。
2. 因潑墨偶成的物象，簡略而可能變形。

前者暗示了一種精神上的自由解放，後者則可說是對正統畫法的脫離。

所謂正統畫法，是以謝赫爲繪畫所總結出的六個法則爲基準，「隨類」（賦彩）與「傳移」（模寫）爲落實到繪畫上最基層的工夫，特別是指宗教人物畫上的敷色與由粉本模寫成巨幅的技巧。「經營」（位置）則如今日所言的畫面結構，講求局部在畫面整體上的安排。「骨法」（用筆）爲線條力量的要求，「應物」（象形）是要求繪畫對象的姿態等形式要應合物象。「氣韻」（生動）則是畫面整體效果所呈現的精神。〔註31〕這樣一組針對人物畫由六朝發展而成的批評概念，已成爲入唐以後畫家所奉的圭臬。

朱景玄的逸品畫風，如何脫離了正統畫法的規範？若暫且接受「墨分五彩」的觀念，以及肯定畫家獨到的意匠，逸品尚保留了若干「隨類賦彩」與「經營位置」的法度。此外，在以顧愷之所代表「緊勁聯綿，循環超忽」（《歷代名畫記》〈論顧陸張吳用筆〉）所強調的「骨法用筆」上，逸品畫家無論是李靈省、王墨或張志和、顧生等人粗放作風所顯示的，絕對是兩種截然不同的作風，而以「骨法用筆」所要求達到「應物象形」的寫實程度，也在李、王、張、顧等人因潑墨而隨機點抹可能產生簡略的變形中，遭到瓦解。這種完全取決於水墨效果，連畫家自己都無法再次複製的作法，使得六朝以來製作宗教壁畫的基本匠技——「傳移模寫」成爲完全不可能的事。

〔註30〕《封氏見聞記》收於同上註，《叢書集成新編》第 11 冊。

〔註31〕謝赫的六法爲六個獨立的標準，一個好畫家鮮能該備，若能掌握第一法——氣韻，亦可稱得上是個好畫家了。至於以後五法的實際技術層面，作爲第一法精神的必要條件，此觀點乃是唐代張彥遠之後對六法的新理解，關於張彥遠對六法的新詮釋，詳參同註 17，石守謙著〈賦彩製形——傳統美學思想與藝術批評〉一文。

　　至於「氣韻生動」的認可，則必須取決於批評家對於此種新興畫風的態度
而定。上文曾經提及對吳士顧姓作畫過程詳細描述的封演，他是玄宗天寶末年
進士，在紀錄了顧生的作畫情況之後，他對此畫法提出了個人質疑的意見：

> 夫畫者，澹雅之事，今顧子瞑目鼓噪有戟之象，其畫之妙者乎？（《封
> 氏見聞記》卷5）

封演若不是親眼目睹，也應係根據相當可靠的傳播所作的記錄，對於這種不
但違反了正統作畫方式，也把原來屬於淡雅的繪事，變成當場聚眾鼓噪的表
演，封氏表面上疑問的語氣，實際已否定了這種畫風，豈會認肯其畫具「氣
韻生動」呢？代表有唐一代主流畫評家的張彥遠，亦曾記載了王墨的畫法：

> 王默……風顛酒狂，畫松石山水，雖乏高奇，流俗亦好。醉後以頭
> 髻取墨，抵於絹畫。……貞元末，於潤州歿，舉柩若空，時人皆云
> 化去。平生大有奇事，顧著作知新亭監時，默請為海中都巡，問其
> 意，云：要見海中山水耳。為職半年，解去。爾後落筆有奇趣，顧
> 生乃其弟子耳。彥遠從兄監察御史厚，與余具道此事，然余不其覺
> 默畫有奇。（《歷代名畫記》卷10）

顧生應即為封演所謂的「吳士顧姓」，張指出了其與王墨的師承關係。當時王
墨神奇的作畫方式，竟已擴大成詭異的人物傳奇，廣為流行。張彥遠對於這
股風潮，並不以為然，最主要的原因還是在他對於此種畫風所持的保留態度
上。張彥遠品畫的原則釐析於傳統並加以更新為：「象物必在形似，形似須全
其骨氣，骨氣形似，皆本於立意，而歸乎用筆。」（同上卷1）這種重視象形
骨法、立意與用筆的觀念，當然使他不能接受逸品之類的作風，所以說：

> 古人畫雲，未為臻妙，若能沾溼絹素，點綴輕粉，縱口吹之，謂之
> 吹雲。此得天理，雖曰妙解，不見筆縱，故不謂之畫。如山水家有
> 潑墨，亦不謂之畫，不堪傚效。（同上卷2）

對於不見筆縱的「吹雲」與「潑墨」，儘管有妙處，但畢竟不同於正規的畫法，
故不能承認其為畫。張彥遠對於逸品畫法的負面意見，具有唐代後期文化重
要的畫史意義。

　　唐代後期在文化上最活躍而具影響力的，要算在政治上沒落下來的世族
子弟，〔註32〕他們在文化界的興起，所提出嚴肅理性的藝評意識，逐漸陶汰

〔註32〕大約可以安史之亂為界，此後所謂「衣冠貴胄」、「逸士高人」的類型畫家數
　　　　量大增，可由《歷代名畫記》所載畫人身分與數量統計出來，這與前此畫壇

了由來已久具有神祕傾向、強調「感神通靈」的藝術觀，如上所述，張彥遠（按張所著書序於宣宗大中元年（西元 846 年），並於僖宗乾符年間（西元 864～869）官至大理寺卿。張爲明皇宰相嘉貞之玄孫，至其父曾遭權臣排擠出鎮幽州，遇亂，家中富藏書畫，迭遭墜失。張以博學文詞及閱歷之便，並及身世感受，撮諸評品，編爲畫史。此外從張的家世經歷研判，其應爲唐代末期名門世族沒落之子弟。）對六法的新見解，將原先與「感類」理論多少相關的「氣韻」、「骨法」等批評原則，歸結到可具體觀察分析的「用筆」上，〔註33〕使得原先以「感神通靈」作品後生效果的追認，作爲繪畫極致典範的這個模式逐漸鬆動，「用筆」理論基點的提出，不但使得繪畫鑑賞活動能以理性去掌握，連帶地亦揚棄了具有神祕色彩的創作活動。〔註34〕經由以上的說明，封演與張彥遠對於偏離了畫之正法，而極盡神通表演之能事的極端作風，所顯露的不滿，以畫史意義來說，極爲合理。

　　朱景玄與封、張二人的意見，表面上看來似乎相左，其實並非全然對立。第一，朱景玄逸品中收錄了王、李、張三人的畫傳，唯獨未將作畫過程更爲顛狂的顧生列入。第二，對於三人的描述手法，張志和條僅表達出其與顏魯公之間的高誼漁情，對於顏魯公所追憶張志和臨場表演的那段紀錄，隻字不加採用，至於李靈省條則特別強調其灑脫自得的性情，關於王墨的描述，雖

以畫師爲核心的局面大爲不同。大致說來，當時文藝舞台的要角，多爲這些具有文化修養的人士，來自沒落世族的子弟所扮演，與前一期以權勢豪族爲主的文化景觀迥異。參石守謙著〈『惟幹畫肉不畫骨』別解——兼論『感神通靈』觀在中國畫史上的沒落〉，《藝術學研究年報》第四期，1980。

〔註33〕張彥遠將謝赫各自獨立的六法原則，修正爲把「氣韻」抬高成第一準則，他說：「古之畫或能遺其形似，而尚其骨氣，以形似之外求其畫，此難可與俗人道也。今之畫，縱得形似而氣韻不生。」進此乃將「氣韻」提昇到「形似」之上，成爲統率的主宰，他說：「以氣韻求其畫，則形似在其間矣。」如此一來，象形、賦彩等形似的問題，位在以氣韻爲首的系統之下。至於氣韻要如何掌握呢？是以立意爲先，其到達氣韻的媒介則是用筆，以筆暢通「心」與「形似」之間的鴻溝，「若氣韻不周，空陳形似，筆力未道，空善賦彩，謂非妙也。」六朝賦彩的功能已被線條逐漸發展出的立體功能所取代，張彥遠所處的正是吳道子所立下線條主義典範快速發展的時代，張彥遠從「氣韻」到「用筆」的批評觀念，已具體落實到筆墨的審視中。以上的論點，詳參同註17，石守謙一文。

〔註34〕杜甫的〈丹青引〉云：「幹惟畫肉不畫骨，忍使驊騮氣凋喪。」由於韓幹的畫能感神通靈，他惟恐馬畫通靈後將會奪去眞馬的骨氣，故費心迴護，只畫馬的外形（肉），而不求其骨氣，這是杜甫對韓幹畫馬反說的極高評價。後世對此多有誤解，乃與中晚唐文人加入畫壇之後，使得「感神通靈」觀逐漸沒落的狀況有關。正文處的說法詳參同註32，石守謙一文。

然是三人中作畫過程描述得最奇異的一位，但僅止於「腳蹙手抹」，亦未有如「醉後以頭髻取墨，抵於絹畫」（張彥遠語）的記載。可見得早於張彥遠時代的朱景玄，欲保存新興畫風而爲之作見證的心態很明顯，因此他爲逸品畫家作紀錄的方式必須非常謹愼，一方面，他捨去偏於戲法表演、太過譁眾取寵的作畫過程不錄，另一方面則對外於格法的潑墨新畫風，給予極寬容的對待，而願立傳永遠存備。從這個角度而言，張彥遠與朱景玄所反對的，是將繪畫活動視同江湖賣藝的不尊重態度，朱景玄所亟欲保留之潑墨點抹的畫風，它的因子，其實可說是以另一種方式被張彥遠所肯定。

三、中唐逸品與水墨畫的關係

朱景玄所見的逸品畫風，絕非狐立而突然的出現，必定有個孕育它的環境作前驅，這些前驅畫家，鈴木敬依島田氏之意見，稱之爲「準逸格水墨畫家」，〔註35〕這些逸品畫風的前驅包括了以下七家：

1. 隋代孫尚子「魑魅魍魎……善爲戰筆之體……衣服手足，木葉川流，莫不戰動」（李嗣眞《續畫品錄》）

2. 初唐張孝師「跡簡而粗，物情皆備」（《歷代名畫記》卷9引竇蒙語）

3. 由南朝梁張僧繇至盛唐吳道子的疏體「張、吳之妙，筆纔一二，像已應焉。離披點畫，時見缺落此雖筆不周而意周也。」（同上卷2〈論顧陸張吳用筆〉）

4. 中唐的張璪「唯用禿毫，或以手摸絹素。」（同上卷10）「嘗以手握雙管一時齊下，一爲生枝，一爲枯枝，氣傲煙霞，勢凌風雨，槎枒之形，鱗皴之狀，隨意縱橫，應手間出。」（朱景玄《唐朝名畫錄》）

5. 中唐韋偃「鞍馬、人物、山水、雲煙，千變萬態，或騰或倚、或齕或飲、或驚或止、或走或起、或翹或企，其小者，或頭一點、或尾一抹，山以墨幹，水以手擦。」（同上）

〔註35〕鈴木敬著《中國繪畫史（上）》（同註27）10〈準逸格水墨畫家——逸格水墨畫的前驅畫家〉文中說到：「此畫法的出現與其歷史意義，同爲中國繪畫史上的最大事件。」他在該節文字的討論，乃引用了島田修二郎〈逸品畫風〉一文的研究成果。（按該文有林保堯的中譯本，載於《藝術學》第5期，1991年3月）島田認爲使逸品畫風出現的，必有一個蘊釀而孕育的畫法環境，即筆者正文所引七位畫家的畫風促成了逸品的成熟。這些前驅畫家，即鈴木敬所稱的「準逸格水墨畫家」。

6. 中唐項容「用墨獨得玄門，用筆全無其骨，然於放逸，不失真元氣象。」
（荊浩〈筆法記〉）

隋代孫尚子以顫動的筆畫魑魅魍魎，張孝師筆跡簡約而物象粗略，吳道子繼承南朝梁張僧繇而成簡潔素樸的疏體畫，張璪奇異的作畫方式，韋偃以一點一抹處理遠方物體以及斡墨手擦成山水景象，王墨曾經師事的天台處士項容獨特的用墨法……等，在上文所討論的逸品畫風中，多少都含有這些「準逸格水墨畫家」的影子，他們或是筆法的簡略，或是用墨的放逸，或甚至奇特的作畫過程，皆可謂直接促成了逸品畫風的出現。

在此願持別提出一點，鈴木敬所謂的「準逸格水墨畫家」，這個作為前驅者的名詞，實際上應包含兩層意義，第一，它是逸品畫的前驅者；第二，它同樣也為水墨畫作了前導，這個名詞的釐析，暗示了「逸品」畫與水墨畫之間的不同，的確在此二者之間存在著本質上的差異。

王墨、顧生與張志和等人作畫的過程相似，他們藉助酒力或樂響以鬆動拘謹的精神後，便開始潑墨於畫幛上，恣墨飛濺，之後再隨墨所聚離而成的塊面點狀，任其推抹成山水意象，他們的作畫態度，完全背離了畫家向來的繪畫邏輯——「筆隨心使」，顛倒畫家由產生意念而造作物象的過程。這個全新的畫風嘗試，使得逸品畫家不到最後關頭，無法確知自己將會完成什麼，依潑灑的墨漬，隨機偶成畫面形象，便得繪畫成為一種無可預期，充滿刺激，彷如歷險的活動。

而同樣使用水墨素材的水墨畫，則呈現出不同的作畫態度。荊浩云：「水墨暈章，興我唐代。故張璪員外，樹石氣韻俱盛，真思卓然，不貴五彩，曠古絕今，未之有也。」《筆法記》）推張璪為水墨之祖，今則以張璪為例說明：

得用筆法，嘗以手握雙管一時齊下，一為生枝，一為枯枝，氣傲煙霞，勢凌風雨，槎枿之形，鱗皴之狀，隨意縱橫，應手間出。（朱景玄《唐朝名畫錄》）

初畢庶子宏擅名於代，一見驚歎之，異其唯用禿筆，或以手摸絹素，因問璪所受，璪曰：外師造化，中得心源。（《歷代名畫記》卷10）

從彥遠「唯用禿筆，或以手摸絹素」，或是朱景玄「手握雙管一時齊下」的敘述看來，這似乎與王墨等人的作畫過程相近，然而朱景玄不但未列其為「逸品」，反而列入「神品」，道理何在呢？答案應該就在張璪自己的那段名言中。縱然雙管齊下，但一為生枝，一為枯枝，這在下筆之初，早已構想好了的，

一隻筆沾枯墨，一隻筆沾潤墨，以預期的主題，隨其意、應其手地揮毫下去，而成枯、生二枝，畫家在此所表達出來「師造化，得心源」，畫前有所張本的態度，絕不同於逸品畫家牽就墨跡的作法。

　　儘管水墨畫與逸品畫在作畫理念上有著根本的差異，但是二者融匯發展的關係則甚為密切。水墨畫發展之初，是近於殷仲容的畫法：「仲容……工寫貌及花鳥，妙得其眞，或用墨色，如兼五采。」（《歷代名畫記》卷9）六朝時期的白描畫，所用的墨被限定在緊密線條所作的輪廓下，不可能產生筆與墨的融匯，殷仲容的畫法已有所進展，他在前朝式的白描輪廓內，以暈染的墨色取代了原先的賦彩。於是從殷仲容的水墨畫（白描加上墨彩）到張璪的水墨畫（透過粗放筆法所作的墨色擴散）之間的發展，可說是由筆墨各守分際步向筆墨渾然融匯的階段，在這個水墨畫演變的過程中，逸品畫風所採取的激烈手法，無疑地推動並助長了這個發展。水墨畫的進展脈絡，可說是從六法中「隨類賦彩」脫胎而來的，逸品畫風則如前述，是解脫自六法中「應物象形」與「骨法用筆」而來，那麼發展至唐末五代而成熟的水墨山水畫，正可說是晉朝開出的正統畫法之外，「逸品」與「水墨」兩股新奇動力在山水舞台上所孕育結合的成果。〔註36〕

　　逸品畫風是非技法化的遊戲，原不具有明確的造形意圖，而白描水墨畫則自始未曾脫離「應物象形」需克制筆墨的造形手法，此二者似乎並無結合的契機，然而中唐以後基於山水與樹石的發展，已到了要有新技法的時侯，檢視水墨畫的畫面效果，如吳道子具有速度感有粗細變化，或是利用八分書、飛白的種種線描；還是類似韋偃「兩株慘裂苔蘚皮，屈鐵交錯迴高枝」（杜甫〈詠雙松圖歌〉）的雙松形狀；宗偃所畫「蛟根束鱗」、「危幹凌碧」（《歷代名畫記》卷 1〈論畫山水樹石〉）的樹石圖……等等，這些由粗獷自由筆法而來的不尋常造形，以及產生的視覺效果，雖不一定是由逸品畫家直接移植過來，但逸品畫家新穎、豪放、毫無拘束的心態，與對抗傳統權威的畫法，使得水墨畫自初唐以來所積累的畫風產生變革，如造形理念上放縱極端的自由，對常形的不滿，在墨面上尋求濃淡變化，打破線與墨的疆界，二者加以併用等等，不能不說是與逸品畫風相互呼喚，彼此融匯的結果。〔註37〕

　　如前文所述，中晚唐時期，由於文人階層的意見主導，逸品畫家所表現

〔註36〕逸品與水墨的結合關係，參自同註35，島田修二郎〈逸品畫風〉一文。
〔註37〕本段觀點與取材，參自同註27，鈴木敬書35〈中唐傳統山水畫與樹石平遠圖〉。

如特技表演般的作畫方式已漸趨消沈，畫史的重心，逐漸匯聚到潑墨效果所釀成繪畫世界的可能性，然而這勢必要擺脫應物象形的基礎，於是北宋時代人間無由可見之理想山水的造形，應是基於此種心情發展而成。另一方面，逸品畫風本身雖無法成爲一種固定的描寫形式，但由其所表現強烈的視覺印象，卻被新發現的筆墨功能加以定型，畫家必然能從八分書、飛白體等書法性線描中，發現到這些粗細有致的稿線，以及分叉的筆端，也可表現出近於潑墨的效果，而潑墨本身甚至可直接被利用爲局部描繪的手法，原來依賴偶發性濃淡墨跡與塊面的逸品處理方式，遂進一步固定成爲水墨畫的基礎表現技法。逸品畫風與水墨畫融匯聯結的時代蓋在五代宋初，有了這個契機，北宋時代光輝燦爛的水墨世界於是到來。〔註38〕

四、由朱景玄到黃休復

　　朱景玄之後約兩個世紀的黃休復著有《益州名畫錄》，〔註39〕爲繼承辛顯、仁顯與勾龍爽的品評意見而來，〔註40〕該書的記錄內容爲：

> 自李唐（肅宗）乾元初至皇宋（太祖）乾德歲（按約兩百年間），（蜀地）圖畫之尤精，取其目所擊者五十八人，品以四格，離爲三卷，

〔註38〕本段結語參自同註35，島田氏之文，以及同註27，鈴木敬書五〈晚唐·五代之繪畫〉。

〔註39〕《益州名畫錄》非黃休復所自序，但由代序者李畋的文字中，可知黃是基於宋太宗淳化甲午（西元994年）年，蜀有盜劫，壁繪家藏盡遭掠壞之感，「心鬱久之，故自李唐乾元初，至皇宋乾德歲，其間圖畫之尤精，取其目擊者五十八人品以四格，離爲三卷，命之。」（李畋序）由李畋序文的語氣看來，似乎所託作序者另有他人，李序記年爲眞宗景德二年（西元1005年），此年黃已作古，因此李的活動時間約以此年爲下限，約爲宋太宗淳化年間。此考定依徐復觀書所提示，參同註28，徐復觀一文。

〔註40〕郭若盧《圖畫見聞志》卷1〈敘諸家文字〉中，共記所見聞古今篇目三十家，其中有關蜀地的畫史包括辛顯的《益州畫錄》、仁顯的《廣畫新集》與黃休復的《總畫集》三者。若黃的《總畫集》即爲《益州名畫錄》，則除黃書外，前二者皆已亡佚。從郭書〈孫遇條〉引仁顯評爲「逸品」，與黃《益州名畫錄》對孫的品第相同。另關於曹吳二體來源的說法，黃休復與仁顯的見解亦相同。此外宋代陳師道云：「蜀人勾龍爽作名畫記，以范瓊、趙承祐爲神品，孫位爲逸品。」（《後山談叢》卷1）也與黃書中對三家的分品方式相同。勾爲蜀地入宋畫家，有〈功德〉及〈故事人物〉傳世（《圖畫見聞志》卷3），不知其是否眞有畫史著作？儘管如此，若將黃休復《益州名畫錄》視爲繼承辛顯、仁顯及勾龍爽等人的意見而成的畫評著作，頗爲合理。參自同註35，島田氏之文，以及同註28，徐復觀之文。

命曰益州名畫錄。（李畋〈益州名畫錄序〉）

黃休復以逸神妙能四格對五十八人進行排次，與朱景玄相同，亦在神妙能外再立一品目，然而不同的是將朱景玄三品之外的逸格，列於神妙能之上，成為品第之最高級。黃休復與朱景玄的品目完全相同，卻將逸格列為最高，如上文所述，朱景玄的逸品乃是針對中唐之後的新畫風而設，而黃休復呢？他的「逸格」若與朱相較，所呈現的內涵如何呢？二者之間的差別在畫史上的意義何在？這是下文所欲探討者。

　　黃休復記錄的重心為川蜀一帶的畫家，該地本為邊遠多事之區，唐代設有節度使諸侯等重臣鎮防，應有宮廷御用畫人隨赴，亦早有不少官方品味的藝術品保存。又晚唐僖宗曾避黃巢之亂，蒙塵蜀地，當時必隨有更大批的宮廷畫家進入此地。他們把唐代的宮廷繪畫移植於此地，從《益州名畫錄》所記載當地佛寺壁畫之盛況看來，尤其各種佛經變相圖的製作數量更是可觀，這與盛唐吳道子以來，在京城寺觀之壁上所畫經變、地獄變的圖繪相關。〔註41〕由此可推測，代表唐中央的佛教繪畫傳統，必然已深入蜀地。由黃休復所著書的內容而言，整個蜀地的繪畫狀況，仍以唐代傳統移植過來的佛經故事、人物壁畫為主流，其次為人物寫真、花卉翎毛等。至於中晚唐時期，可說是以江南一帶為中心而發展起來的逸品與水墨畫風，〔註42〕在黃休復書中的記載，幾乎付之闕如。

　　以這樣的畫蹟資料作為品評對象，想必與朱景玄的畫評，尤其是關於「逸品」的部分，會有很大的不同。先分析黃對神妙能三品的定義為何？

1. 能　格

　　畫有性周動植，學侔天功，乃至結嶽融川，潛鱗翔羽，形象生動者，
　　故目之曰能格爾。

「能格」注重將對象作客觀的描繪，希能得形象之似，這與夏文彥所謂「得其形似，而不失規矩者謂之能品。」（《輟耕錄》卷18引夏文彥語）。〔註43〕

〔註41〕李畋的序文云：「蓋益都多名畫，富視他郡，謂唐二帝播越及諸侯作鎮之秋，是時畫藝之傑者，游從而來，故其標格模楷，無處不有。」可知皇帝播邊，畫人隨游的盛況。又吳道子以來諸畫人多作經變壁畫，可參《歷代名畫記》卷3〈記兩京外州寺觀畫壁〉所記文獻，以明當時盛況。

〔註42〕本文上節所曾提及的水墨或逸品畫家，王墨多遊江湖間，並卒於潤州（鎮江），張志和為吳興一帶的漁隱之士，顧生為吳地人，張璪為吳郡人，項容為天台（浙江一帶）處士，連特立逸品品目的朱景玄亦為吳郡人。可見得無論是水墨畫或逸品畫二者長以水墨為素材的，皆為江南一帶發展而出的新畫風。

〔註43〕本文關於黃休復神妙能三品的詮釋，大致係根據同註28徐文而來。

2. 妙　格

> 畫之於人，各有本情，筆精墨妙，不知所然，若投刃於解牛，類運
> 斤於斲鼻，自心付手，曲盡玄微，故目之曰妙格爾。

「妙格」因技巧精熟，而能如莊子所謂運斤解牛，得心應手，不知技巧之所
以然。

3. 神　格

> 大凡畫藝，應物象形，其天機迥高，思與神合，創意立體，妙合化
> 權，非謂開廚已走，拔壁而飛，故目之曰神格爾。

「神格」仍是六朝以來畫論的流緒，著重傳神。黃休復此段文引用了兩個典
故，〔註44〕與朱景玄在《唐朝名畫錄》序文中「妙將入神，靈則通聖，豈
止開廚而或失，掛壁則飛去而已哉」的語氣相類，皆認為畫之入神者，甚至
能超越前代畫聖傳說顧愷之與張僧繇的通靈畫，一者能如仙化去，一者能拔
壁飛走。簡言之，「神格」畫的重點並非強調神祕的通靈，而要創作者的思
與萬物的神相融相即，達到所創對象合於造化權現之妙，作品能越過形似，
而完全傳達出內在的神韻。此三格既是境界也是工夫的次第，如徐復觀所分
析：

> 所謂能格，指的是形似的精能；所謂神格，則指的是傳神，指的
> 是氣韻；而妙格則是介乎二者之間，忘技巧而尚未能忘物之形似，
> 得氣韻之一體，而尚未能得氣韻之全。然不通過妙格的忘技巧階
> 段，則心必專注於技巧，其勢將只能把握到物之粗，物之形似，
> 更無從把握到物之精，物之神，物之氣韻。……能忘去技巧，則
> 心能從技巧中解放出來，以其自身的精神性，與物之精神性相
> 合。……將此主客合一的精神傳之於手的技巧，此時手與心應，
> 它所表出者，乃由此主客合一的精神所構造的形，有如造化之生
> 物，而非復是由作者向既成之物所模仿的形，此之謂神格。能格

〔註44〕「開廚已走」的典故出於顧愷之與桓玄的故事：「顧愷之……多才藝，尤工丹
青，傳寫形勢，莫不妙絕。……曾以一廚畫暫寄桓玄，皆其妙跡所珍祕者，
封題之。玄開其後取之，誑言不開，愷之不疑是竊去，直云：畫妙通神，變
化飛去，猶人之登仙也。」（《歷代名畫記》卷5〈顧愷之〉條）。至於「拔壁
而走」的典故乃張僧繇的故事：「金陵安樂寺四白龍，不點眼睛，每云：點睛
即飛去。人以為妄誕，固請點之。須臾雷電破壁，兩龍乘雲騰去上天，二龍
未點眼者現在。」（同上卷七〈張僧繇〉條）。

與神格，處於形神相對照的地位，而實須以妙格爲其間的轉換點。
〔註45〕

以上的分析，大致符合了六朝至唐由傳神論發展至神妙能三品的意義，在這一點上，黃休復與朱景玄同樣繼承了張懷瓘的意見，且成爲後世品畫的矩範。然而在「逸品」方面，兩人的差異特別值得注意。黃的定義：

> 畫之逸格，最難其儔，拙規矩於方圓，鄙精研於彩繪，筆簡形具，
> 得之自然，莫可楷模，出於意表，故目之曰逸格爾。

黃的神格與逸格的差別，在於前者還在應物象形的規範當中，達到傳神的目的，而後者則要在形體與彩繪方面的規矩加以超越，運用簡筆一樣能使自然的物形具備。二者之間最大的分野點，乃在於「筆簡形具」上。黃休復逸格唯一畫家孫位的畫藝如下：

> 兩寺天王部眾，人鬼相雜，矛戟鼓吹，縱橫馳突，交加戛擊，欲有
> 聲響。鷹犬之類，皆三五筆而成，弓弦斧柄之屬，並撥筆而描，如
> 從繩而正矣。其有龍拏水洶，千狀萬態，勢欲飛動，松石墨竹，筆
> 精墨妙，雄壯氣象，莫可記述。非天縱其能，情高格逸，其孰能與
> 於此邪？（卷上）

黃休復對「逸格」唯一人孫位的描述，與朱景玄對「神品」上唯一人吳道子的描述有許多類似之處，朱的描述如下：

> 明皇天寶中，忽思蜀道嘉陵江水，遂假吳生驛駟令往寫貌，及回日，
> 帝問其狀，奏曰：臣無粉本，並記在心。後宣令於大同殿圖之，嘉
> 陵江三百餘里山水，一日而畢。……李思訓將軍……圖累月方
> 畢。……又畫內殿五龍，其鱗甲飛動，每天欲雨，即生煙霧。……
> 寺觀之中，圖畫牆壁凡三百餘間，變相人物，奇蹤異狀，無有同
> 者。……施筆絕蹤，皆磊落逸勢。又數處圖壁，只以墨蹤爲之，近
> 代莫能加其彩繪。凡圖圓光，皆不用尺度規畫，一筆而成。……其
> 圓光立筆揮掃，勢若風旋，人皆謂之神助。（《唐朝名畫錄》）

黃與朱描述的相近處包括了：

1. 同是畫龍，則勢欲飛動，皆具栩栩如生、逼眞靈動的狀態。
2. 孫位畫鷹犬動物，三五筆則立成，與吳道子畫江陵江山水，一日而成
   相同，皆具快速簡略而能抓住物象的能力。

〔註45〕引自同註28，徐復觀一文，頁315。

3. 孫位畫弓弦斧柄等器形，可不藉準繩之助而直接筆描而準確。吳道畫佛像背後的圓光，亦不須以圓規輔助，一筆而成。

這些功夫豈不就是黃休復所謂的「筆簡形具，得之自然」嗎？關於唐末僖宗年間的蜀人畫家孫位，尚有三條輔助資料：

孫遇（位之改名），善畫人物龍水、松石墨竹，兼長天王鬼神，筆力狂怪，不以傅彩爲功。（《圖畫見聞志》卷2〈孫遇條〉）

曾於成都應天寺門左壁，畫坐天王暨部從鬼神，筆鋒狂縱，形製詭異，世莫之與比。（同上卷6〈應天三絕〉條）

蜀人勾龍爽作名畫記，以范瓊、趙承祐爲神品，孫位爲逸品，謂瓊與趙承祐類吳生而設色過之，位雖工，不中繩墨。蘇長公（軾）謂，彩色非吳生所爲，二子規模吳生，故長於設色爾，孫位方不用矩，圓不用規，乃吳生之流也。

余謂二子學吳生而能設色，不得其本，故用意於末，其巧者乎？（陳師道《後山談叢》卷1）

蘇軾亦讚歎孫位筆描方圓不用規矩的工夫爲吳生之流，郭若虛紀錄孫位的神鬼造形，如同吳道子變相人物般，形製詭奇。此外，孫位不以傅彩爲功，可能也與吳道子擅長只以墨蹤的白描畫有關。綜合以上諸點的比較看來，孫位所表現者，完全不見潑墨畫法，而是與吳道子的疏體畫藝極爲接近，正可以蘇軾的話作結語：「孫位乃吳生之流也」。

經由以上的分析看來，黃休復的「逸格」，不但與朱景玄所標李靈省、王墨、張志和的「逸品」畫風不同，反而與朱景玄所列「神品」上唯一的吳道子相近。簡言之，朱景玄「逸品」所指的，是以無目的性的潑墨與隨機推抹偶成作爲造形手法，而黃休復的「逸格」不僅不在格法之外，而是在「神品」的基礎上，以更簡略準確的筆法，快速而有預期的畫出物象，這是由兩種完全不同繪畫概念所引導而來的批評意見。

孫位顯然地是繼承了吳道子的筆墨傳統而來，但是黃休復何以不引朱景玄的品第方式，將孫列於「神品」即可，而要在此之上，懸立一更高標準呢？鄧椿說：

畫之逸格，至孫位極矣，後人往往益爲狂肆。石恪、孫太古（知微）猶之可也，然未免乎粗鄙，至貫休、雲子輩，則又無所忌憚者也。（《畫

繼》卷九〈論遠〉)

吾人不妨從後世歸與孫位相類畫風如石恪等畫家的認識中,進一步掌握五代時期所謂的「逸格」面貌。關於石恪的描述:

> 幼無羈束,長有聲名,雖博綜儒學,志唯好畫,攻古體人物,學張
> 南本筆法。(《益州名畫錄》卷中〈石恪〉條)

黃休復並未對石的畫法多加描述,僅言其與畫火著名於世的張南本的師承關係。而劉道醇則簡言石恪的畫「自擅逸筆,於筋力能備」(《宋朝名畫評》卷3鬼神門能品),元代湯垕則有較詳細的描述:

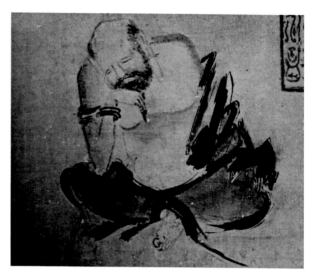

附圖1之一、(傳)石恪〈二祖調心圖〉:支頤冥想
35.5×129.0cm,紙,墨,日本東京國立博物館

> 石恪戲筆畫人物,惟
> 面部手足用畫法,衣
> 文粗筆成之。(《畫鑑》
> 「石恪」條)

湯垕此處所指可以石恪的〈二祖調心圖〉(附圖1之一、之二)作一說明。圖中兩個人物,其一人右手支頤於盤坐的右膝上入於冥想,其二為以上半身伏倚於臥虎背上正在靜寐。這兩個人物,在肉身部分包括臉、手足等處,是用較為緊密之筆寫成,至於衣紋的部分,則用完全不同的方式——極快速的濃墨粗筆勾出。湯所謂「衣文粗筆成之」指的即是那極為簡略的墨線,以及筆毛分叉所造成的粗糙效果。

附圖1之二、(傳)石恪〈二祖調心圖〉:伏虎靜寐
35.5×129.0cm,紙,墨,日本東京國立博物館

〔註46〕經由畫作的分析，則更能明瞭劉道醇謂其「自擅逸筆，於筋力能備」（如前引）以及郭若虛謂其「筆墨縱逸，不專規矩」（《圖畫見聞志》卷3〈石恪〉條）的意指爲何了。

除了石恪之外，尚有一位五代時期「善潑墨山水」（劉道醇《五代名畫補遺》「張圖」條）的張圖，有類似的畫風：

> 圖作衣文……用濃墨粗筆如草書。（李廌《德隅齋畫品》）
>
> 善潑墨山水，兼長大像，鋒鋩豪縱，勢類草書。（《圖畫見聞志》卷
> 2〈張圖〉條）

此處將石恪衣文粗筆的畫法，關聯到草書與潑墨上，前者暗示了豪縱異筆來自草書筆法的靈感，後者則意味著衣紋粗放濃墨的畫面效果與中唐逸品畫風的密切關係。據推測，這種畫面效果的製造，原本應是起於題材的特殊性而來，石恪衣紋的畫法，未嘗不是受到他的老師張南本畫火的啓示，關於張南本畫火，原來有段因緣如下：

> 世之畫史，但能寫物之定形，故水火之狀難盡其變。始，張南本與
> 孫位並學畫水，皆得其法，南本以爲同能不如獨勝，遂專意畫火，
> 獨得其妙。今此辟支佛，結跏趺坐，火周其身，筆氣焱銳，得火之
> 性，觀者以煙飛電擊，烈烈有焚林燎原之勢，佛以定慧力坐其間，
> 安然不動。（《德隅齋畫品》「大佛像」條）

原來張南本畫火，是爲了要避開孫位畫水的盛名，看來這幅辟支佛結跏趺坐的燎原背景畫得相當成功。由於水火非定形之物，能畫出水火逼眞的樣態，誠屬不易，所以黃休復說：

> 孫位畫水，南本畫火，代無及者。世之水火，皆無定質，惟此二公
> 之畫，冠絕今古。（《益州名畫錄》卷上〈張南本〉條）

由於水火皆無定質，孫位與張南本因各得其性而留名千古，畫火與畫水的確是相當特殊的題材，畫家要怎樣來掌握如此千變萬狀的物象？畫法則是關鍵所在。石恪以粗筆畫衣紋的方式，其實已暗示了此中消息，正如李廌與郭若虛的觀察，從草書筆法以及潑墨畫面效果進行不斷嘗試的，一種迥異於傳統雙鉤填彩的沒骨法，應是最爲適切的答案。

〔註46〕石恪的傳作〈二祖調心圖〉目前藏於日本京都正法寺，據稱並非眞蹟，乃一
　　　模本，但其畫法仍足作文獻石恪畫法的參考。此畫原爲一橫卷今已裁成兩幅，
　　　關於該畫的詳細分析鑑定，詳參同註35，島田氏之文。

綜合以上的分析，簡單結論如下：

1. 黃休復神妙能三格的批評意涵，沿續張懷瓘、朱景玄等傳統而來。唯將朱景玄立於三格之外的「逸品」，拉回至「神妙能」同序列之最高位。

2. 黃休復將朱景玄列「神品」之吳道子畫風的畫家孫位列於「逸格」，書中並未觸及中唐的「逸品」畫風，因此黃與朱的「逸品」內涵並不一致。

3. 孫位雖代表吳道子之流的畫風遺緒，然在畫史的進展上，另有意義。檢視與孫同類畫風，並可能從水火畫法得到啓發的石恪、張圖二人，其所畫人物的衣紋部分，呈現的是近於草書筆法與潑墨效果的粗略筆蹤，其對形象的追求與作畫的邏輯雖與逸品任意偶成的畫風理念不同，然亦不能完全無涉。

4. 由黃休復的「逸格」觀所可推測的五代水墨畫，可謂在吳道子式的白描上加入了草書般更加狂縱的沒骨畫法，並將中唐逸品式潑墨法所達致的視覺印象納入，其所標舉：「拙規矩於方圓，鄙精研於精繪」，「筆簡形具，得之自然」，由「神品」析出的「逸格」理想，當作如是觀。

第三節　北宋時期：文人畫論的主導與實驗

結合上節的討論與繪畫史的演變來說，唐代由「準逸格」到朱景玄「逸品」所啓引的畫風概念，可能呈現多方面的發展：

1. 「逸品」代表創作主體精神的自由，以及物象形似簡略的概念，與張僧繇、吳道子的疏體畫風結合，成爲黃休復的「逸格」觀。至此，自此朱景玄所提示格法外的逸品畫風內涵，已轉變爲自「神品」析出之繪畫最高品級。

2. 原來朱景玄所指「逸品」狂放潑墨戲法表演的作風，由於不能爲文人士大夫的肯定，遂潛入民間，在南宋畫工與明代浙派等職業畫家的畫風中出現。

3. 由「逸品」畫風所提煉出來的作畫精神，具有畫史上相當寶貴的價值，它失去了固定的畫風內涵後，卻成爲一個替代性的畫學概念，作爲與

正統畫風相抗衡，另一股求新求變力量的美學名詞，促使著文人畫的
成長。

這便是本節所要進行分析的重點所在。

一、「逸品」失去了畫風意識

黃休復「逸格」首位的說法，在北宋時期並未受到普遍的遵從。劉道醇
在宋仁宗嘉祐四年（西元 1059 年）前便已先後完成的《聖朝名畫評》（按後
名爲《宋朝名畫評》）與《五代名畫補遺》二書，〔註47〕所採分品法，仍從神
妙能三品而已。劉首列神品，與黃休復的逸格觀有何不同？對於此點，本文
先進行討論。在人物門神品部分的王瓘、王靄、孫夢卿、武宗元等人，皆環
繞著與吳道子的關係作評論，例如：

> 王瓘……北邙山老子廟壁，吳生所畫，世稱絕筆，瓘往觀之，雖窮
> 冬積雪，亦無倦意。有爲塵澤塗漬，必拂拭刮磨，以尋其跡，由是
> 得其遺法。……吳生畫天女，領頸粗促，行步跛側，又樹木淺近，
> 不能相稱。國器（瓘字）則舍而不取，故於事物盡工，復能設色清
> 潤，古今無倫。……今者得國器畫，何必吳生？……觀其意思縱橫，
> 往來不滯，廢古人之短，成後世之長，不拘一守，奮筆皆妙，所謂
> 前無吳生矣。（卷 1「神品」上）

王瓘由廟壁勤奮臨學吳道子筆法，到進而能舍去吳生畫天女形體與設色的缺
陷，廢短成長，列爲北宋第一神品，是以吳道子作爲衡量的標準。另外如王
靄「追學吳生之筆」，武宗元亦「學吳生之筆」，孫夢卿又號爲「孫吳生」或
「孫脫壁」（按劉注能畫脫吳生之壁無少異處也），孫與瓘不同者，在於吳生
畫天女及樹石，有未精處，瓘能「變法取工」，廢短取長，超越前人，而孫則
「拘於模範」、「襲其所短，不能自發新意」，因此孫僅能列於神品而已。王瓘
能補吳道子在形體與設色方面的缺失，因而被列作最高神品，這個因素在劉

〔註47〕劉道醇事蹟不詳，北宋仁宗嘉祐四年，乃根據《五代名畫補遺》陳洵直原
序的題款年代而來，陳序云：「因集本朝名畫評，又捃拾其見遺者，敍而編
之，名曰五代名畫補遺，其門品上下，一如聖朝名畫評之例。」可知寫序
文前，此二書均已完成，故以仁宗嘉祐四年（西元1059年）爲該二書完成
時間的下限。此距黃休復作《益州名畫錄》的時間（約西元994～1005年
間）晚了約六十年。關於黃休復《益州名畫錄》的編寫年代，詳參註28，
徐復觀之文。

書中別的畫科同樣受到注意：

> 畫鬼神者，多形狀怪異爲能，於吾何取？必求諸筋力焉，以考其精
> 神，究其威怒。（卷3鬼神門「神品」李雄條）

> 善觀畫馬者，必求其精神筋力，精神完則意出，筋力勁則勢在。（卷
> 2畜獸門「神品」趙光輔條）

> 夫精於畫者，不過薄其彩繪以取其形似，於骨氣，能全之乎？熙獨
> 不然，必先以墨定其枝葉蕊萼等而傅之以色，故其氣格前就，態度
> 彌茂，與造化之功不甚遠。（卷3花卉翎毛門「神品」徐熙條）

> 畫之爲屋木，猶書之有篆籀，蓋一定之體，必在端謹詳備，然後爲
> 最。（卷3屋木門「神品」郭忠恕條）

> 宮殿台閣，亭榭軒砌，雖無搏動之勢，……雖片瓦莖木，亦取於象。
> （同上王士元條）

以上數條資料，對於不具動態有一定形制的建築物，即連一瓦一木，必如書
法篆隸體一般，要端謹詳備。而鬼神與畜獸甚至花卉翎毛皆同，其生命精神，
在於筋力骨氣之表現，而此筋力與骨氣又「非精筆不能周備」（卷2），一旦骨
氣托筆勢而能全備之後，便離造化之功不遠了。如前述人物門的神品中心，
是繞著吳道子的筆法而轉，第一名的王瓘，其畫藝能「前無吳生」，是針對吳
道子天女樹石形體與用色方面的缺失，予以「盡工」與「設色清潤」，而此處
無論是鬼神、畜獸、屋木、花卉翎毛等科的神品，皆同樣以「應物象形」與
「骨法用筆」的傳統爲衡量標準，這顯然與黃休復根據對吳道子簡筆的超越
而列孫位於「逸格」的基本概念相異。由於劉道醇並不從吳道子「筆簡形具」
的疏體上加以超越，因此所形成的「神品」首位觀，自然不同於黃休復的「逸
格」首位觀。然而這可能只是因爲批評家個人品味的不同（按黃休復偏好疏
體，而劉道醇偏愛精工），因此在選擇最高品畫家的方式上，一爲逸格，一爲
神品，而有不同，筆者的推測如下文。

　　朱景玄所立格外的逸品，與神妙能三品在畫風上有顯著的差異，但自從
黃休復將神品中疏體簡筆的類型拔列於逸格之後，逸品與神品的界限便不易
判然二分了，尤其黃休復在處理相近畫風而畫藝有高下的孫位、張南本、石
恪時，將孫列於逸格，張列於妙格中品，石則列於能格上品，同質性的畫法，
竟可以在逸神妙能的序列中游移上下，由此便宣告著「逸品」已失去原先朱

景玄的畫風概念意識，幾乎成為一個等第的代名詞罷了，正如四庫提要的作者所猜測：

> 朱景元名畫錄分神妙能逸四品，而此書僅分三品，蓋以神品足以該
> 逸，故不復再加分析。

由此可知，黃休復從神品中析出逸格的作法，在後世的批評活動中，變成兩種分野不清，概念容易混淆的品目。於是如劉道醇般聰明的畫評家，便再將逸品還原至神品之列中，四庫提要作者解釋劉道醇分品的說法，應即暗示了這個狀況。

劉道醇在畫史品目上的意義已如上述，此外，他還為後世提出了品畫的總理原則為六要六長：

> 夫識畫之訣，在乎明六要而審六長也。所謂六要者，氣韻兼力一也，
> 格制俱老二也，變異合理三也，彩繪有澤四也，去來自然五也，師
> 學捨短六也。所謂六長者，粗鹵求筆一也，僻澀求才二也，細巧求
> 力三也，狂怪求理四也，無墨求染五也，平畫求長六也。（〈宋朝名
> 畫評序〉）

氣韻、格制、彩繪等六要，大體上是針對畫面上總體的效果而言，而求筆、求力、求染等六長，又著重在畫家創作時的技巧工夫而言，這當然是由謝赫的六法因應畫史進展的需要而來。此外，劉道醇不同前人品評以畫家依從品目的方式，改採畫科分類，視畫家該科畫藝的成就，以品第高下，這樣的品評顯然較以往精細，例如原在《益州名畫錄》居妙品中的黃荃，在《宋朝名畫評》中，人物門列妙品中，山水林木門列能品，花卉翎毛門列神品，劉如此分品的理由「蓋即一人兼長者，亦必隨其技之高下，而品騭之，其評論較為詳允。」（《四庫提要》云）其所列的畫科有：人物、山水林木、畜獸、花卉翎毛、鬼神、屋木等六門，各因其科之不同，而有不同的評騭標準：

> 大抵觀釋氏者尚莊嚴慈覺，觀羅漢者尚四像皈依，觀道流者尚孤高
> 清古，觀人物者尚精神體態，觀畜獸者尚馴擾獷屬，觀花卉者尚艷
> 麗閑冶，觀禽鳥者尚毛羽翔舉，觀山水者尚平遠曠蕩，觀鬼神者尚
> 筋力變異，觀屋木者尚壯麗深遠。（〈宋朝名畫評序〉）

北宋正是各類畫科長足進展的時期，畫家眾多連帶地使得創作量激增，各類畫科因其作畫目的、意念與觀畫者的期望等而有不同的理想，這些綜合的考慮，使得品評的工作必須更為細密，隨之而來的品評組織架構亦要作更充分

的配合，劉道醇的編著便反映著這種發展。

二、山水畫水墨因素的導入

北宋時期，接續五代山水畫風，以北方畫派為主流，宋初華北山水畫的代表人物：唐末五代北方畫家荊浩傳人，是出身陝西長安的關仝，與出身山東營丘的李成。關仝的山水畫（附圖2）「上突巍峰，下瞰窮谷，卓爾峭拔者，同能一筆而成，其竦擢之狀，突如湧出」（《五代名畫補遺》），山水景象表達北方山水的峭拔特色，其「一筆而成」應是《宣和畫譜》所謂「脫略毫楮，筆簡氣壯，景愈少而意愈長。」（卷10）這樣的山水畫，實是繼承了其師荊浩調和了項容、王洽之「有墨無筆」與吳道子之「有筆無墨」（《筆法記》云），成為水墨山水畫初期景象簡略的描繪，在水墨新技法的運用上，開啟了北宋山水畫的全盛時期。

代表山東原隰樣貌的李成，其具有嚴冬寒意中，樹葉掉盡的寒林，如〈讀碑窠石圖〉（附圖3），則是另一種北方山水的風味。李成寒林「松勁挺，枝葉鬱然有陰」（米芾《畫史》語），逐漸演成「林木怒張，松幹枯瘦多

附圖2、（傳）關仝〈關山行旅圖〉
144.4×56.8cm，絹，墨，台北故宮

節」（同上），甚至變化作龍蜓鬼神狀的樹木，成為華北山水畫中的重要母題。

附圖 3、（傳）李成〈讀碑窠石圖〉
126.3×104.9cm，絹，淡彩，
大阪市立美術館

附圖 4、范寬〈谿山行旅圖〉
206.3×103.3cm，
絹，墨，台北故宮

　　另一位為北宋大畫家范寬，忠實描繪出關陝風貌，由於地理差異影響到構圖型式，范寬擅於以俯瞰方式，將數座山塊由下往上堆積，構築而成主山高聳的畫幅（附圖 4），而李成為齊魯「原隰之平」所作的畫面結構，則極量橫向的擴展，分別為後來的山水畫，作了「高遠」與「平遠」的嘗試。此外，范寬喜以濃墨表現物象，李成則淡墨如夢，二者亦對於墨調，作了兩極化的運用。總之，由山水題材、畫面結構與描寫墨法，李成與范寬的畫風差異，真可以韓拙「一文一武」（《山水純全集》）喻之。

　　由關仝接續了唐代水墨法，往前向北宋推進，以平遠、淡墨、寒林為主調的李成，以及以高聳、濃墨、巨山為主調的范寬，此三者一躍而成為藝林百代宗師：

> 畫山水惟營邱李成、長安關仝、華原范寬，智妙入神，才高出類，
> 三家鼎峙百代，標程前古。……夫氣象蕭疏，煙林清曠，毫鋒穎脫，
> 墨法精微者，營邱之製也。石體堅凝，雜木豐茂，台閣古雅，人物
> 幽閑者，關氏之風也。峰巒渾厚，勢壯雄強，……范氏之作也。(《圖
> 畫見聞志》卷1〈論三家山水〉)

之後的追隨者彼此相互融匯，並不斷增加畫幅，其大型畫風與三遠法的嘗試，在郭熙手中被成功地實現。〔註48〕

憶及上文所述，中晚唐時期，由於文人意見的主導，朱景玄所指逸品畫家特技表演般的方式已漸趨消沈，畫史重心逐漸轉向到水墨效果所能達致的可能性，對於點、線的嘗試，亦使得應物象形的堅持逐漸鬆動，北宋理想山水的出現，便是基於此種發展而來。這些可能從逸品畫風所啓發，具有強烈視覺印象之水墨效果的試驗，被新發現的筆墨——皴法加以定型。這些以筆尖或筆腹直或橫向擦揉出：粗細曲直有致的線，大小濃淡不一的點，或潑染暈成的塊面，在北宋山水無論是荊關、董巨、李范等大家的畫面上，留下了無數的見證，原來依賴偶發性墨跡的逸品處理方式，遂進一步固定成為北宋乃至後世山水畫的基礎表現技法。

北宋期間之於三家山水畫，如郭若虛對其才高出類以「智妙入神」品評之，董逌則以觀李成畫者「執於形相，忽若忘之，世人方且驚疑以為神矣。」(《廣川畫跋》)這些意見皆可以劉道醇在山水林木門列李、范為「神品」的評價貫串之：

> 成之命筆，惟意所到，宗師造化，自創景物，皆合其妙。……咫尺
> 之間，奪千里之趣，非神而何？(《宋朝名畫評》卷2「李成」條)

> 范寬……求其氣韻，出於物表，而不資華飾，在古無法，創意自我，
> 功期造化。(同上「范寬」條)

由逸品與水墨因素導入的北宋山水畫，對自然山川景物與氣象，付與寫實性深入的探索，在劉道醇為代表的批評家心中，與其他畫科同樣以「神品」之

〔註48〕關於郭熙大型畫風的分析，詳參本論文第參章李郭畫風相關分析。又三遠法，為郭熙對前人繪畫經驗的總結：「山有三遠：自山下而仰山巔謂之高遠，自山前而窺山後謂之深遠，自近山而望遠山謂之平遠。」(《林泉高致》)為畫家在佈置畫面時可自由運用的三種視點選擇，分別將山的高、深、廣作不同面向的處理。郭熙傳世有名的〈早春圖〉(附圖26)，一般認為是將三遠巧妙運用於一圖的成功畫作。

尊取得了正統的地位，因此在某種程度上而言，在北宋失去了畫風意識的「逸品」，其等第優位的概念，已爲「神品」所取代。

三、北宋文人畫論概述

北宋中晚期，有一股新興的繪畫意見對畫壇產生了莫大的影響。鄧椿云：

> 畫者，文之極也，故古今之文人，頗多著意，唐則少陵題詠，曲盡形容，昌黎作記，不遺毫髮。本朝文忠歐公、三蘇父子、兩晁弟兄、山谷、后山、宛邱、淮海、月巖，以至漫仕、龍眠，或品評精高，或揮染超拔，豈獨藝之云乎？……其爲人也多文，雖有不曉畫者寡矣，其爲人也無文，雖有曉畫者寡矣。(《畫繼》卷9〈論遠〉)

如鄧所云，文人不但在品評上，提出了精要的見解，並實際加入了創作的活動。這將是本文所要探討的重點。

北宋文人對於繪畫所表達的核心意見，是形意之辨。歐陽修對於前人如韓非子認爲犬馬難而鬼魅易的看法，提出了反駁：

> 善言畫者，多云鬼神易爲工，以謂畫以形似爲難。鬼神，人不見也，然至其陰威慘淡，變化超勝而窮奇極怪，使人見輒驚絕。及徐而定視，則千狀萬態，筆簡而意足，是不亦爲難哉？(《居士外集》卷22〈題薛公期畫〉)

爭論的重心，在於形難還是意難？歐陽修認爲要在簡筆中表達出鬼神陰威慘淡、變化窮奇，足以憾動人心的意象，豈會比定形的狗馬容易呢？由此而導出他「重意不重形」的結論：

> 古畫畫意不畫形，梅詩詠物無隱情。忘形得意知者寡，不若見詩如見畫。(《居士集》卷6〈盤車圖〉)

由讀詩「忘言得意」的方法去領略畫意，自然比執著在物形上更爲豐富了。蘇軾的「論畫以形似，見與兒童鄰」，亦爲相同看法。如果以意爲畫的最高原則，在山水畫物類繁複的景象中，若求整體之意到，草草用筆似乎更能切合地表達，如沈括對董源、巨然的畫評：

> 大體（董）源及巨然畫筆，皆宜遠觀，其用筆甚草草，近視之幾不類物象，遠觀則景物粲然。……如源畫〈落照圖〉，近視無功，遠觀村落杳然深遠，悉是晚景，遠峰之頂，宛有返照之色，此妙處也。(《夢溪筆談》)

有意為主宰，畫家用筆草草，使近視不類的物象，遠觀卻能景物一片粲然。
因此創作者與觀賞者，均當以神會意，不在形器上斤斤計較：

> 書畫之妙，當以神會，難可以形器求也。世之觀畫者，多能指摘其
> 間形象、位置、彩色瑕疵而已，至於奧理冥造者，罕見其人。……
> 予家所藏摩詰畫〈袁安臥雪圖〉，有雪中芭蕉，此乃得心應手，意到
> 便成，故造理入神，迥得天意，此難可與俗人論也。……歐文忠〈盤
> 車圖〉云：古畫畫意……此真為識畫也。（同上卷16〈書畫〉）

沈括舉王維、董巨等畫作的欣賞，當以神會，不以形器求，便是歐陽修畫意
不畫形的最佳例證。花鳥畫亦然，如江南野逸畫風的代表──徐熙，其筆下
的花卉物象，以意出之，便勝過趙昌求形似重設色的作法：

> 今畫者信妙矣，方且暈形布色，求物比之，似而效之，序以成者，
> 皆人力之後先也，豈能以合於自然者哉？徐熙作畫則與常工異也，
> 其謂可亂真失本者非也，若葉有向背，花有低昂，綑蘊相成，發為
> 餘潤，而花光艷逸，曄曄灼灼，使人目識眩耀，以此僅若生意可也。
> 趙昌畫妙於設色，比熙更無生理，若女工繡屏帳者。（董逌《廣川畫
> 跋》〈書徐熙畫牡丹圖〉）

在董逌的眼中看來，畫家觀察自然而得於心中之生意，自能使筆下的花光艷
逸，曄曄灼灼，若不從此著手，而只在暈形布色的工夫裡打轉，則技巧再好，
也僅如趙昌輩畫出如女工繡帳的作品罷了。文人們廣泛對「畫意不畫形」意
見的認可，文人畫的意識已然形成：

> 觀士人畫，如閱天下馬，取其意氣所到。乃若畫工，往往只取鞭策
> 皮毛、槽櫪芻秣，無一點俊發，看數尺便倦，漢傑真士人畫也。（蘇
> 東坡論畫）

士人畫即後來所謂的文人畫，如蘇軾所舉例畫工畫馬，徒在馬身的皮毛與馬
廄的槽櫪上用功，完全不能將馬奔躍縱逸的屬性，以意氣畫出，這就是文人
畫所要追求的理想。

從形意之辨的討論，引發而來的問題，是創作主體與物象之間的關係。
且看東坡如何將此問題導引而出：

> 余嘗論畫，以為人禽、宮室、器用，皆有常形。至於山石、竹木、
> 水波、煙雲，雖無常形，而有常理。常形之失，人皆知之，常理之
> 不當，雖曉畫者有不知。故凡可以欺世而取名者，必托於無常形者

也。雖然，常形之失，止於所失，而不能病其全，若常理之不當，
則舉廢之矣。以其形之無常，是以其理不可不謹也。世之工人，或
能曲盡其形，而至於其理，非高人逸士不能辨。與可之於竹木枯石，
真可謂得其理者矣。如是而生，如是而死，如是而攣拳瘠蹙，如是
而條達遂茂，根莖節葉，牙角脈縷，千變萬化，未始相襲，而各當
其處，合於天造，厭於人意，蓋達士之所寓也歟？（《蘇軾文集》卷
11〈淨因院畫記〉）

有一定原則可以遵循的物象具有常形，這即是畫工曲盡而畫家不必過分執著
者。然而沒有固定形態，善於變化的物象，如山水煙雲等無常形的物態，便
可任人隨意塗抹嗎？東坡針對一般以無常形之山水畫售欺世人的流弊，提出
「雖無常形，但有常理」的針砭意見，常理指的是這些千變萬化物象的背後，
依著一個如是如是的自然天理在，這個合於天造的自然之理，更是文人畫家
所最應謹慎留心之處，能把握到常理，所畫者才不會為塊然無情之物。東坡
不只一次讚歎文同的畫竹態度，文同對於竹之生、死、瘠蹙、暢茂等生理瞭
若指掌，又畫時胸有成竹之意，故能以兔起鶻落之急筆追其所見。胸有成竹
還不夠，創作主體必須進一步與對象物合而為一：

與可畫竹時，見竹不見人。豈獨不見人，嗒然遺其身。其身與竹化，
無窮出清新。莊周世無有，誰知此疑神。（蘇軾〈書晁補之所藏與可
畫竹〉）

身與竹化，畫竹時無物我之分，竹之情性乃我之情性，我之情生亦成竹之情
性，所以東坡又會說「與可之於君（竹），可謂得其情而盡其性矣。」（〈墨君
堂記〉）與竹化除了要遺去我身之外，還須晁補之「遺物以觀物」的專注精神：

然嘗試遺物以觀物，物常不能廋其狀。……大小惟意，而不在形，
巧拙繫神，而不以手，無不能者。（晁補之《雞肋集》32〈跋李遵易
畫魚圖〉）

所謂「遺物以觀物」，不謹須遺棄世俗之物，而後始能發現作為藝術對象之物，
並且還要遺棄被觀照以外之物，而後始能沒入於被觀照的物之中，以得出物
的精神、特性。〔註49〕有此專注觀照的精神，畫之巧拙所欲依賴的不再是畫
家的手，而是畫家的心神了。與物化的另一種說法，即是董逌的「以天合天」：

〔註49〕關於「遺物以觀物」的解釋，引自同註12，徐復觀一書，第九章〈宋代文人
畫論〉頁382。

> 明皇思嘉陵山水，命吳道玄往圖，及索其中，曰寓之心矣，敢不有
> 一於此也。詔大同殿圖本以進，嘉陵江三百里，一日而畫，遠近可
> 寸心計也。論者謂丘壑成於胸中，既寤則發之於畫，故物無留跡，
> 累隨見生，殆以天合天者也。（董逌《廣川畫跋》〈書燕仲穆山水後
> 爲趙無作跋〉）

吳道子將嘉陵江三百里丘壑成於胸中，能在一日而圖出，乃吳具有「以天合
天」的本領，第一個天字，爲創作者自身，本爲自然的一部分，第二個天字，
便是自然之全體，畫家遺我、遺物而得化工之巧，如造物之偶然成文，黃山
谷云：

> 如蟲蝕木，偶然成文。吾觀古人繪事妙處，類多如此。所以輪肩斲
> 斤，不能以教其子。近也崔白筆墨，幾到古人不用心處。（《豫章黃
> 先生文集》卷 26〈題李漢舉墨竹〉）

古人繪事妙處，幾乎到無所用心的地步，無心於畫者，在擺脫形似色彩的拘
執之後，才能隨順著造化之理，將蘊蓄於胸中的生意，發之於外，寄託於筆
端，如董逌對花卉畫法之說：

> 畫師……則色以紅白青紫，花房萼莖蕊葉以尖圓斜直，雖尋常者猶
> 不失，曰此爲日精，此爲大芍藥，至於百花異英，皆按形得之。……
> 無心於畫者，求於造化之先，凡賦形出象，發於生意，得之自然，
> 待其見於胸中者，若花若葉，分布而出矣。然後發之於外，假之手
> 而寄色焉，未嘗求其似者而托意也。（《廣川畫跋》〈書李元本花木圖〉）

由此可知，「以天合天」所揭示的繪畫理念，是要畫家主體，在創作時，能將
我縱身入大化中，隨大化流行，筆下便能有天人合一的景象產生，不再有人
工雕琢的斧痕了，就像畫家李成對天機之動的敏感：

> 營丘李成熙，士流清放者也，故於畫妙入三昧。至於無蹊轍可求，
> 亦不知下筆處，故能無蓬塊氣，其絕人處不在得眞形。山水木石，
> 煙霞嵐霧間，其天機之動，陽開陰闔，迅發警絕，世不得而知也。
> 故曰氣生於筆，遺於像，夫爲畫而至相忘畫者，是其形之適哉？（《廣
> 川畫跋》〈書李營邱山水圖〉）

由畫家作畫忘我身、忘物形，進一步到與物化，與天合，所呈現的是道與藝
二而一的理想。

曹霸畫馬，只在技巧精湛罷了：

> 曹霸於馬，誠進乎技也，然不能無馬之累，故馬見於前者，而謹具
> 百體，此不能進於道者乎？（同上〈書伯時馬圖〉）

進於技，則仍受馬形百體之累，技進於道者，必須對天機有所張揚，如李公
麟：

> 伯時欲畫天地也，嘗以筆墨爲游戲，不立守度，放情蕩意，遇物則
> 畫。初不計妍蚩得失，至其成功，則無遺毫髮，此殆進技於道，而
> 天機自張者也。（同上〈李伯時懸霤山圖〉）

李公麟能以筆墨爲游戲，不拘於規矩，亦不必計較形似得失，尚有餘裕能放
情蕩意，因爲他技進於道，已握得天機。然而他如何超越曹霸，由技進於道
呢？仍是緣於身與物化、神與物交的修養而來，蘇東坡說：

> 或曰：龍眠居士作〈山莊圖〉，使後來入山者，信足而行，自得道路，
> 如見所夢，如悟前世，見山中泉石草木，不問而知其名，遇山中漁
> 樵隱逸，不名而識其人，此豈強記不忘者乎？曰：非也。畫日者常
> 疑餅，非忘月也。醉中不以鼻飲，夢中不以趾捉，天機之所合，不
> 強而自記也。居士之在山也，不留於一物，故其神與萬物交，其智
> 與百工通。雖然，有道有藝，有道而不藝，物雖形於心，不形於手。
> （《蘇軾文集》卷 60〈書李伯時山莊圖後〉）

「道」是對宇宙萬事萬物規律的深刻認識，「藝」是對此認識有所體驗並透過
技巧的表現。李龍眠不只有精湛的畫藝外，生活中，不特別留意於某一物，
全神與物交流，故還能有道的修爲，能與天機合，因此他所畫的〈山莊圖〉，
讓觀賞者如臨其境，李公麟可謂道藝合一的最佳典範。

　　文人畫，無非是以求得「天趣」爲最高境界，然此看似陳義甚高的理想，
一個畫家平日應如何練就此番功夫呢？宋迪提供了「心存目想」、「張素敗牆」
的好方法：

> 度支員外郎宋迪工畫，尤善爲平遠山水，其得意者，有平沙落雁、
> 遠浦帆歸、山市晴嵐、江天暮雪、洞庭秋月、瀟湘夜雨、煙寺晚鐘、
> 漁村落照，謂之八景。……往歲小窯村陳用之善畫，迪見畫山水，
> 謂用之曰：汝畫信工，但少天趣。用之深伏其言，曰：常患其不及
> 古人者，正在於此。迪曰：此不難耳，汝當先求一敗牆，張絹素紈，
> 倚之敗牆之上，朝夕觀之。觀之既久，隔素見敗牆之上，高平曲折，
> 皆作山水之象。心存目想，高者爲山，下者爲水，坎者爲谷，缺者

爲澗，顯者爲近，晦者爲遠，神領意造，恍恍然見其有人禽草木飛
動往來之象。了然在目，則隨意命筆，默以神會，自然境皆天就，
不類人爲，是爲活筆。(《夢溪筆談》)

張絹素於敗牆，其實是爲初學者擬造一個千變萬化的自然縮影，經由對敗牆
絹素高下坎缺顯晦等各種形勢的觀想，達到神領意造的訓練。等到以心想就
能有人禽草木飛動往來之象，如見在目，天趣自然呼之欲出，所下則皆如活
筆神工矣。透過張素敗牆的方式，乃爲釀造一個能使畫者心游神放、冷然有
感的環境，眞正的大自然，給予畫者的是更大的震憾：

余評燕牧之畫，蓋天然第一，其得勝解者，非積學致也。想其解衣
磅礡，心游神放，群山萬木，冷然有感而應者。故雷霆風雨，忽乎
其前而不可卻，當此時豈復有畫者乎？(《廣川畫跋》〈書王氏所藏
燕仲穆畫〉)

文人畫重意忘形，故捨棄描摹形似的繁筆，以簡筆表達畫意，要身與物化，
才能盡物之情性，進而道藝合一，以追求天趣爲最高境界。因此在畫境上的
表現，是以淡泊趨遠爲依歸：

蕭條淡泊，此難畫之意，畫者得之，覽者未必識也。故飛走遲速，
意淺之物易見，而閑和嚴靜，趣遠之心難形。若乃高下向背，遠近
重複，此畫工之藝術，非精鑑者之事也。(歐陽修〈試筆〉)

淡泊、蕭條，並不是畫面一片死寂，而要如東坡所說的「蕭散簡遠，妙在筆
畫之外。」(〈黃子思詩集後〉) 在蕭散簡遠的筆墨之外，留有無窮的意味。歐
陽修的淡泊蕭條、蘇東坡的蕭散簡遠，黃山谷稱爲「韻」：

觀魏、晉間人論事，皆語少而意密，大都猶有古人風澤，略可想見。
論人物要是韻勝，爲尤難得，蓄書者能以韻觀之，當得彷彿。(《豫
章黃先生文集》卷28〈題絳本法帖後〉)

凡書畫當觀其韻。往時李伯時爲余作李廣奪胡兒馬，挾兒南馳，取
胡兒弓引滿以擬追馳，觀箭弦所直發之，人馬皆應弦也。伯時笑曰：
使俗子爲之，當作中箭追馳矣。余因此深悟畫格，此與文章同一關
紐，但難得人人神會耳。(同上卷26〈題摹燕郭尚父圖〉)

黃山谷從觀人到論書、畫、文章，皆要以韻勝，韻在人物是語少意密，在詩
文是有言外之旨，在書畫則是妙在筆墨之外。就像李伯時畫李廣挾奪胡人一
邊飛奔，一邊引弓發箭追馳，廣箭所直發方向的人馬皆應弦而倒，暗示廣箭

速之快又準，不必眞畫出人馬於奔跑時中箭的模樣，這就是韻與俗的差別。要藝術品的韻高，必須以胸中的萬卷書陶練出不俗的人品，如蘇東坡：

> 東坡道人在黃州時作，語意高妙，似非吃煙火食人語。非胸中有萬卷書，筆下無一點塵俗氣，孰能至此？（同上卷 26〈跋東坡樂府〉）

> 學書須胸中有道義，又廣之以經哲之學，書乃可貴。若其靈府無程，政使筆墨不減元常、逸少，只是俗人耳。余嘗爲少年言，士大夫處世可以百爲，唯不可俗，俗便不可醫也。或問不俗之狀，老夫曰：難言也。視其平居，無以異於俗人，臨大節而不可奪，此不俗人也。平居終日，如舍瓦石，臨事一籌不畫，此俗人也。（同上卷 29〈書繒卷後〉）

> 至於筆圓而韻勝，挾以文章妙天下，忠義貫日月之氣，本朝善書，自當推第一。（同上卷 29〈跋東坡墨跡〉）

胸中有萬里書，便能有韻，便能不俗，便能有忠義貫日月之氣，這就是黃山谷屢屢稱讚蘇東坡詩文書法超絕的根本原因。站在畫評家的立場，郭若虛提出了氣韻與人品關係的命題：

> 竊觀自古奇蹟，多是軒冕才賢，巖穴上士，依仁游藝，探賾鉤深，高雅之情，一寄於畫。人品既已高矣，氣韻不得不高；氣韻既已高矣，生動不得不至。……不爾，雖竭巧思，此同眾工之事，雖曰畫而非畫。……書畫豈逃乎氣韻高卑？（《圖畫見聞志》卷 1〈論氣韻非師〉）

畫爲高雅之情的寄託，高雅脫俗得自胸中書卷氣，而人品則躍昇成爲書畫氣韻的最佳保證，郭若虛與黃山谷等文人用意相同，皆爲文人畫找出了與俗鄙畫工分別界域的防線。

文人畫的意境結合人品而講韻，講淡泊，講蕭散簡遠，乃是與整個宋代追求從華麗之極而歸返簡淡（如蘇軾云「絢爛而歸於平淡」）的美學精神相合，文人畫家所努力欲達致的，終究可以米芾所主張爲後世文人畫奉爲圭臬的「平淡天眞」（〈畫史〉語）爲終極理想。

四、文人畫風

（一）李公麟高古之風

北宋末年，原以華北寫實山水爲主流的畫壇，因有文人美學意見之加入

開始有了新契機。以李公麟上追晉宋之風素樸白描爲代表的高古典範，加上
文同、蘇軾等人提倡枯木竹石與米氏父子運用雲山墨調等手法，成爲一種抒
寫胸臆的筆墨遊戲，堪稱爲文人主導的新逸品觀，文人畫風的觀念與實驗影
響後世深遠。

　　李公麟的畫作在北宋士大夫心中，地位相當崇高，《宣和畫譜》對他的藝
術背景與人品，有綜合的描述：

> 文臣李公麟，字伯時，舒城人，熙寧中登進士第。……少閱視，即
> 悟古人用筆意，……有晉宋楷法風格。繪事尤絕，……始畫學顧陸
> 與僧繇道玄，及前世名手佳本，至盤礴胸臆者甚富，乃集眾所善以
> 爲己有，更自立意，專爲一家。……公麟以立意爲先，布置緣飾爲
> 次，其成染精緻，俗工或可學焉。至率略簡易處，則終不近也。……
> 仕宦居京師，十年不遊權貴門。……從仕三十年，未嘗一日忘山林，
> 故所畫皆其胸中所蘊。……公麟歎曰：吾爲畫，如騷人賦詩，吟詠
> 情性而已，奈何世人不察，徒欲供玩好耶？考公麟平生所長，其文
> 章則有建安風格，書體則如晉宋間人，畫則追顧陸，至於辨鍾鼎古
> 器，博聞強識，當世無與倫。（《宣和畫譜》卷6〈李公麟條〉）

由上述可知，爲進士出身博聞強識並長於考古學的李公麟，具有不流俗山林
傾向的品格，宦閒則載酒出城，訪名園蔭林，坐石臨水，翛然終日。如富貴
者欲得其筆跡，往往執禮始願交，這種高雅的品格，後人讚其「人品如晉宋
間人物」（曹氏引〈畫錄廣遺〉）。非但人品有古風，即連詩文藝術的追求，莫
不以晉宋雅調爲理想，如文章有建安風格，書體有晉宋楷法，畫則力追張吳
顧陸，畫以古意充滿腹中，再集眾所善，自立爲一家，故能成千古名手。由
於人品使然，所畫爲吟詠情性，故作畫以立意爲先，結構布置其次，精謹之
畫俗工或能摹學，而率略出於胸臆者則不然。李公麟的人品、學養、價值觀、
藝術風格，無論從任何角度而言，均可當爲北宋及後世文人畫的典範。

　　唐代以來，觀音畫像逐漸世俗化，李公麟爲觀音像注入了文人情味：

> 李公麟……其佛像每務出奇立異，使世俗驚惑而不失其勝絕處。嘗
> 作長帶觀音，其紳甚長，過一身有半。又爲呂吉甫作石上臥觀音，
> 蓋前此所未見者。又畫自在觀音，跏趺合爪，而具自在之相，曰：
> 世以破坐爲自在，自在在心，不在相也。乃知高人達士，縱施橫設，
> 無施而不可者。……郭若虛謂吳道子畫，今古一人而已，以予觀之，

伯時既出，道子詎容獨步耶？（《畫繼》卷3〈李公麟〉條）

李公麟不但在觀音的造形上，出奇翻新，如畫前所未有的長帶觀音、臥觀音等，並爲畫工著重佛像外在姿態的自在觀音，多加一層內在心相的刻劃，誠如鄧椿所言，高人逸士的胸懷，往往在作風上能有合理性的超越。

北宋許多評論家對李公麟的成就，總喜以唐代吳道子來衡量，此乃緣於二者畫風關係相近之故。當一般士大夫專注於創作屬於墨戲性質的竹石、山水畫時，李公麟卻關心原是職業畫工所擅長的白描畫。「揮霍如蓴菜條」（趙希鵠《洞天清錄集》「古畫辨」）是北宋末年對吳道子畫法的認識，趙希鵠的意見，是指吳道子振筆疾揮的線描筆跡。有如蓴菜的葉條，超越粗細變化的情況，變成像破袈裟一樣，趙持肯定的立場，讚美吳的線條迥異於平面單調的印板，〔註50〕這樣的線條，正與顧愷之如春蠶吐絲般的遊絲描相對立，趙希鵠對與顧相類的孫太古描法有貶意：「多用遊絲筆作人物，而失之軟弱」、「然衣褶宛轉曲盡」，顯然用蓴菜條筆法的吳，與用遊絲描筆法的顧，一代表勁力，一代表婉轉。趙希鵠對李與孫的比較：

由是知李伯時，孫太古專作遊絲猶未盡善，李尚時有逸筆，太古則去吳天淵矣。（《洞天清錄集》）

孫太古……多用遊絲筆作人物，而失之軟弱，出伯時下，然衣褶宛轉曲盡，過於李。（同上）

李公麟融合二者之長，作近於顧愷之衣褶曲轉的遊絲描，但又有來自於吳道子線條的力道。兩宋之交的畫評家，大致認爲李龍眠的畫風，既具有吳道子勁力表現的白描法，又加上顧愷之筆勢自由婉轉的遊絲描法，融匯二者而成。所謂融匯的意義，是指以吳之勁力補顧之纖弱，復以顧之沈凝矯吳之張放。關於後者，以下擬作說明。

傳世最足以說明吳道子風格的武宗元〈朝元仙杖圖〉（附圖5）長卷，描寫道教五帝朝元的盛況，卷中各路神仙率其隨從，自右往左浩蕩發進。這幅以墨線完成的圖卷，並不在表現個別人物的體態結構，而是要利用線條本身粗細稠密轉折的變化，強調全體仙人內蘊神力及衣帶迎風飛舞的視覺效果。畫中多處使用圓勁粗濃的墨筆，勾出誇張翻折的連續弧線，亦有修長柔密的細筆，繁複平行地突出玉女婀娜的身姿。畫者重覆運用各種線條來營造畫面

〔註50〕關於「揮霍如蓴菜條」的解釋，參自同註5，鈴木敬《中國繪畫史（上）》八〈宋代繪畫〉頁250。

上的律動感，使得線條本身的美感具體表露無遺。李公麟的〈照夜白〉（〈五馬圖〉之一）（附圖6）則爲相異的表現，這匹駿馬的形體部分，不同於武宗元繁複、流暢、圓轉的筆描，全以簡潔、纖細並有頓挫的線條勾勒而成，整個畫面表現出沈靜內斂的韻味。〔註51〕對於李公麟與吳道子的比較，雖無

附圖5、武宗元〈朝元仙杖圖〉局部
44.3×580cm，絹，墨，美國紐約王季遷藏

針對畫風而言，但從畫幅的選擇上，亦可略見端倪：

附圖6、李公麟〈五馬圖〉卷 之一「照夜白」
紙，墨

畫之六法，難於其全，獨唐吳道子、本朝李伯時，始能兼之耳。然吳筆豪放，不限長壁大軸，出奇無窮，伯時痛自裁損，只於澄心紙上運奇布巧，未見其大手筆，非不能也，蓋實矯之，恐其或近眾工之事。（《畫繼》卷9〈論遠〉）

〔註51〕關於武宗元的〈朝元仙杖圖〉與李公麟的〈五馬圖〉之「照夜白」的畫面分析，參自石守謙等著《中國古代繪畫名品》（雄獅，1989）。

由於吳道子豪放的作風，以出奇變化之大手筆壁畫爲能事，李公麟爲了與世俗劃清界限，只有在微幅紙上裁構。此文中，鄧椿似乎暗示吳道子畫風具有著工匠性格。

武宗元以畫中誇張多變化的表情，追隨吳道子「吳帶當風」（《圖畫見聞志》卷1〈論曹吳體法〉語）的風格，捕捉神仙人物飄然欲飛的造形，並直接由筆勢線條所傳達出來的畫面氣氛，一直爲日後道觀壁畫的作品所繼承。李公麟則越過吳道子，上溯晉朝的顧愷之線描，希望再創六朝時優雅細緻的品味。細膩簡潔富有遊絲般質感的線條，具有凝斂沈著的力量，與吳道子的外放雄力，實爲兩種不同的典型。李公麟白描畫所具有古樸含蓄的特質，充分表現了文人士大夫的涵養修爲，既突出了卓越的筆描能力，又將平淡雅緻的文人情感融入其中，成爲文人畫高古絕藝之代表。

（二）墨　戲

墨戲一詞，可能係黃庭堅所首先提出：

> 東坡居士遊戲於管城子、楮先生之間，作枯槎壽木、叢篠斷山，筆力跌宕於風煙無人之境，蓋道人之所易而畫工之所難，如印印泥，霜枝風葉，先成於胸次者歟？颦申奮迅，六反震動，草書三昧之苗裔者歟？（《豫章黃先生文集》卷1）

> 東坡墨戲，水活石潤，與今草書三昧所謂閉戶造車出門合軌。（黃庭堅〈山谷題跋〉）

黃庭堅稱東坡的畫爲「墨戲」，認爲東坡所作的枯木怪石圖（附圖7），筆法超脫跌宕，乃是在筆（管城子）紙（楮先生）之間，一種類似於草書的水墨遊戲，米芾則對東坡的枯木竹石類墨戲，視爲一種抒情寫意手法的表現：

附圖7、蘇軾〈枯木怪石圖〉

紙，墨

子瞻作枯木枝幹，虯屈無端，石皴硬亦怪怪奇奇無端，如其胸中盤
鬱也。（《畫史》）

這是米芾對蘇軾虯曲怪奇的枯木竹石畫所作的詮釋。米芾對東坡奇怪造形的
枯木，有此深刻的體會，出於他自己類似創作的相同感受。他在珊瑚帖中信
筆所及的筆架圖（附圖 8），以書法輕重緩急之頓挑飛白筆意，鉤出筆架簡單
的形象，使這個筆架介於物的形象與書法意韻之間，充滿了文人戲筆的趣味。
從米芾所畫的珊瑚筆架圖，使人聯想到他的「筆」：

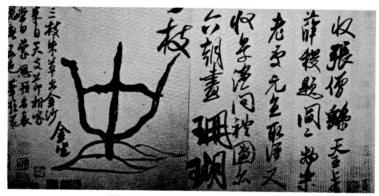

附圖 8、米芾〈珊瑚筆架圖〉

27×24.8cm，紙，墨，北京故宮

　　其作墨戲，不專用筆，或以紙筋、或以蔗滓、或以蓮房，皆可為畫。

　　（趙希鵠《洞天清錄集》）

其實從使用書寫的用具而言，米芾可說是將「戲」的性質發揮到了極點。

　　北宋末年興起的墨竹，無論是形式或表現內容上，都與舊有的墨竹傳統
不同，關於墨竹起源說如下：

李夫人……工書畫，……月夕獨坐南軒，竹影婆娑可愛，即起揮毫
濡墨，模寫窗紙上，明日視之，生意具足，或云自是人間往往效之，
遂有墨竹。（夏文彥《圖繪寶鑑》卷2）

源於日影、燈影、月影而模寫於窗上的竹畫說法，是墨竹的舊有傳統。《宣和
畫譜》將新興的文人墨竹畫獨立一類，收錄五代至北宋之間畫家十二人，其
中對北宋的文同與閻士安的墨竹，亦以墨戲稱之：

文同……善畫墨竹，知名於時，凡於翰墨之間，託物寓興，則見於
水墨之戲。……或喜作古槎老卉，淡墨一掃，雖丹青家極毫楮之妙
者，形容所不能及也。（《宣和畫譜》卷20〈文同〉條）

閣士安……性喜作墨戲。（同上〈閣士安〉條）

然《宣和畫譜》似乎並未描述文、閣二人墨戲的墨竹法爲何？蘇東坡對北宋墨竹畫家文同，其墨竹理論曾有詳細的紀錄：

> 竹之始生，一寸之萌耳，而節葉具焉。自蜩蝮蛇蚹至於劍拔十尋者，生而有之也。今畫者乃節節而爲之，葉葉而累之，豈復有竹乎？故畫竹必先得成竹於胸中，執筆熟視，乃見所欲畫者，急起從之，振筆直遂，以追其所見，如兔之起，鶻之落，少縱即逝矣。（蘇東坡〈篔簹谷偃竹記〉）

由昔日鉤描外形填色的畫竹法，到以墨捕捉竹影的印象，逐步放鬆了物形的堅持，那種以兔起鶻落的快筆，直追在不同自然氣氛下的竹枝與竹葉（附圖9），在文人畫家的心裡，創作的當下，彷如書法一般，彷如寫草書一般。這種墨竹的畫法，影響及於蘇軾、華光仲仁等文人，範圍涵蓋了墨竹、墨梅、枯木、竹石等畫材。

附圖9、文同〈墨竹圖〉

131.6×105.4cm，絹，墨，台北故宮

附圖10、米友仁〈雲山圖〉局部

24.7×28.6cm，紙，墨，
大阪市立美術館

另一個以墨戲名家的典範，爲米氏父子的雲山（附圖10），以墨調細微的變化，在山水畫的領域中，獨闢一徑。雲山創作，對米氏父子來說，其實就是一種墨戲的表現：

想寶晉齋中盤礴之蹟，必有極精工者，其墨戲雲山，乃米畫之一種
耳。（姜紹書《韻石齋筆談》）

而米友仁除了雲山題材的選擇不同外，其與文、蘇等人的畫法如出一轍：

天機超逸，不事繩墨，其所作山水，點滴煙雲，草草而成。……每
自題其畫曰「墨戲」。（《畫繼》卷 3〈米友仁〉條）

由以上說明看來，「墨戲」所具有的特質，是站在一般畫工抑制筆墨、或筆墨
役於寫形目的對立面來說，畫家脫離了以上的束縛，不以寫形為目的，能夠
像草書一樣地使用筆墨，亦即「墨戲」是畫家以脫略的造形理念，並在脫離
筆墨桎梏的自由意識下作畫。〔註52〕因此不同題材，亦能表現出共同特徵，
那就是粗放的筆墨。

　　「墨戲」豪放的本質源於逸品畫風的理念，然而極易與職業畫家以戲法
為目的作風混淆，文人對此已有所驚覺，於是在「戲」的觀念之上，賦予創
作主體人品胸懷的殊性，以為區格，如鄧椿云：

畫之逸格，至孫位極矣，後人往往益為狂肆。石恪、孫太古猶之可
也，然未免乎粗鄙。至貫休、雲子輩，則又無所忌憚者也。意欲高
而未嘗不卑，實斯人之徒歟？（《畫繼》卷 9〈論遠〉）

畫風粗鄙的理由，在其用意欲高而無法達致，最根本的原因還是「其為人也無
文，雖有曉畫者寡矣」罷，而文同的墨竹，之所以能為千古垂範，理由則是：

蓋與可工於墨竹之畫，非天資穎異，而胸中有渭川千畝，氣壓十萬
丈夫，何以至於此哉？（《宣和畫譜》卷 20〈文同〉條）

由北宋末文人美學意見所主導的新畫風：或是李公麟超越唐代吳道子，上溯顧
陸遺緒，再造晉宋古雅風調的白描畫；或是文、蘇、米等文人以類似草書書法，
脫略形象，抒情寫意的墨戲畫，這兩種畫面上迥異的表現（一為細緻，一為豪
縱），其實是由相同的美學意識作支柱，那便是結合了高超人品，脫離了傳統軌
範——人物上的吳道子傳統，與山水松石畫上的北宋寫實傳統，追向愈少做作
積累的高古或自然，回歸「平淡天真」。這樣的藝術表現，便是後世推尊北宋文
人畫為「逸品」在美學上的理由。於是「逸品」之朱景玄畫風概念消失後，在
畫史上又以另一種面貌復活，它成為一個替代性的畫學概念，不必持指那類畫
法，而是作為與正統畫風相抗衡，另一股求新求變力量的美學名詞。

〔註52〕「墨戲」的詮釋，參自同註5，鈴木敬一書，頁 266。

第四節　餘　論

一、北宋後畫史發展的梗概

　　隨著北宋結束，徽宗畫院〔註53〕指導方針可能亦被拋棄，新建立的高宗朝畫院須經一段長時間才能恢復，因此南宋畫家的素質降到幾乎不能與北宋畫家相比的程度，也不見如北宋文人大量對繪畫積極的言論，享有藝術盛名的文人畫家，則更難見於畫史榜上了，原先由文人所主導的畫風，若干程度為禪宗僧侶所繼承了下來。如智融師淡墨簡筆之墨戲（樓鑰云），與米友仁畫風趨近的舒城李氏，其傳世的〈瀟湘臥遊圖〉與米氏雲山採取相似母題、樹法與苔點，據說是為禪師雲谷圓照而畫，故米畫被認為與禪宗教團的僧侶畫家有關。〔註54〕另外李龍眠淡筆輕墨的白描手法，也被擅松石人物的僧德正及擅畫羅漢的梵隆所繼承，〔註55〕智、米、李等人表現淡墨指向的目標，可推定為南宋初期禪餘畫家的繪畫特色之一。禪餘水墨畫的創作，從對吳、李細筆，到石恪粗筆的繼承，可以梁楷為代表。梁楷曾為南宋畫院的待詔，因不耐畫院規矩，將金帶懸壁，離職而去，人稱「梁瘋子」。他有細筆類的創作，然更擅長傳自石恪的減筆粗放體，如〈二祖斫竹圖〉（附圖11之一）與〈李白行吟圖〉（附圖11之二），就是傳世的佳作。前者以剛勁老辣墨筆，簡括物象。描寫六祖慧能在枯樹下，一手持刀，一手持竿，正欲斫竹的瞬間景象，而對於行進中李白衣裾的描繪，更為稀疏寥寥，完全以墨筆的粗細緩急，以及曲轉出來的角度，交待主角人物飄逸灑脫的的狀態。南宋末，如上所述，脫離了李龍眠白描的影響，往更加粗率的路徑上發展，從梁楷傳到牧谿、豐干愈加減筆的道釋人物畫，以及如牧谿、法常同類作風的花卉草蟲畫，這些禪餘水墨畫家的狂放作風，則在禪林中，獨立地活動下去。〔註56〕

〔註53〕關於宋代徽宗畫院制度與畫學政策成功的問題，詳參李慧淑著〈宋代畫風轉變之契機——徽宗美術教育成功的實例（上）、（下）〉（《故宮學術季刊》1：4～2：1）。另參鈴木敬著，魏美月譯〈中國繪畫史〉「南宋繪畫（二）」，登載於《故宮文物月刊》第78期，1989。

〔註54〕參自同上註，鈴木氏文「南宋繪畫（九）」，《故宮文物月刊》第86期，1990。

〔註55〕參自同上註，鈴木氏文「南宋繪畫（十）」，《故宮文物月刊》第86期，1990。

〔註56〕參自同上註，鈴木氏文「南宋繪畫（二十二）」，《故宮文物月刊》第102期，1991。

 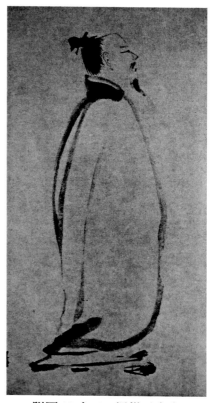

附圖 11 之一、梁楷〈六祖　　　　　附圖 11 之二、梁楷〈李白
斫竹圖〉局部　　　　　　　　　行吟圖〉局部

73×31.8cm，紙，墨，　　　　　　寬 30.7cm，紙，墨，
日本東京國立博物館　　　　　　東京文化財保護委員會

　　另一方面，在中國繪畫史的著作中，大致同意南宋的時代風格是以「院體」爲主。〔註 57〕畫院制度雖在北宋已經精熟，但「院體」成爲一種畫一而自我完成的畫風，則要等到南宋時代才能夠出現。院人的來源，大抵是以傳統匠藝地域爲中心的狹窄範圍內選入，如劉松年據推測是浙江一帶佛畫師，而馬遠父子原是山西地方極盛的佛像畫師後裔，本不擅長山水畫，所偶作的山水，亦僅供作佛像人物的場景而已，故馬氏取景一角，而人物則相對地增大。〔註 58〕他們除了充任院工應命爲皇帝製畫之外，很可能也賣畫爲其生活

〔註57〕參見俞劍華的《中國繪畫史》（商務，1991）南宋繪畫部份，從對各皇帝畫院規模的整理，到各體畫類的畫家簡介，均環繞著畫院而論述，顯示南宋畫壇院體的主流地位。
〔註58〕關於南宋院體源自地域性畫風的說法，參自同註53，鈴木氏文「南宋繪畫（十八）」，《故宮文物月刊》第 95 期，1991。

資本，故才會出現像梁楷有禪僧著贊，可能為大眾需求的作品產生。由地域性畫風入畫院逐漸融合擴大，到了李唐、劉松年、馬遠、夏圭之畫披靡，院體正式成為南宋的時代風格。

由唐宋逐步發展而成的各類型畫風，為後來元明兩代各個不同的文化團體所繼承。南宋院體，成為支配兩朝職業畫壇的風格，尤其明代，代表宮廷的院畫，一般是以南宋院體青綠工整的劉李派為師，而代表在野畫工的浙派，則是以南宋院體中水墨蒼勁的馬夏派為師。〔註59〕至於一開始便宣告要與職業畫壇相對壘的文人畫風，在北宋末年提出後，雖有南宋禪僧之實踐而仍顯消沈，後經金朝士大夫如王庭筠輩之手，〔註60〕傳續給元代文人，更在元末黃、王、吳、倪四大家的不斷嘗試中發皇光大，並因而成為明代吳派及其後的文人們尊為典範。

二、北宋後畫評的狀況

北宋之後畫史發展的梗概，呈現在職業與業餘（文人）兩極化的並立上，已如上所述。而畫評意見，則大致隨順著畫史的發展而來，南宋鄧椿《畫繼》曰：

> 自昔鑑賞家分品有三：曰神，曰妙，曰能，獨唐朱景眞撰唐賢錄，三品之外，更增逸品。其後黃休復作益州名畫記，乃以逸為先，而神妙能次之，景眞雖云：逸格不拘常法，用表賢愚。然逸之高，豈得附於三品之末？未若黃休復首推之為當也。至徽宗皇帝專尚法度，乃以神逸妙能為次。（卷9〈論遠〉）

徽宗以神品精審為主的畫評意見，建立了畫院傳統，他的堅持如下：

> 徽宗建龍德宮成，命待詔圖畫宮中屏壁，皆極一時之選。上來幸，一無所稱，獨顧壺中殿前柱廊栱眼〈斜枝月季花〉，問畫者為誰？實少年新進，上喜，賜緋，褒錫甚寵，皆莫測其故。近侍嘗請於上，上曰：月季鮮有能畫者，蓋四時朝暮，花蕊葉皆不同。此作春時日中者，無毫髮差，故厚賞之。（《畫繼》卷10〈論近〉）

〔註59〕關於明代的院體與浙派，各自對於南宋院體有不同方向的繼承。參見同註57，俞劍華書第十三章〈明朝之繪畫〉。

〔註60〕關於金代文人對北宋文人美學意見的繼承，參見夏賢李著〈金代書法中的蘇米傳統〉（台大史研所，中國藝術史組碩士論文，1992）

宣和殿前植荔枝，既結實，喜動天顏。偶孔雀在其下，亟召畫院眾
史令圖之，各極其思，華彩爛然，但孔雀欲升藤墩，先舉右腳，上
曰：未也。眾史愕然莫測，後數日再呼問之，不知所對，則降旨曰：
孔雀升高，必先舉左。眾史駭然服。（同上）

春時日中的月季花，攀升藤墩先舉左腳的孔雀，這是徽宗對自然景象觀察之
詳密，因而建立的畫院傳統，必具有要求形似準則的寫實基礎。這便是鄧椿
所說徽宗皇帝專尚法度，以神為上的緣由。然而如前文述及，接近於逸品而
更加狂放的畫工作風，也曾被鄧椿以「意欲高而未嘗不卑」加以貶抑，這也
是元代湯垕所謂的「粗惡無古法」（《畫鑑》評牧溪、僧法常墨竹之語）。而鄧
椿繼承了北宋文人郭若虛「人品既已高矣，氣韻不得不高，氣韻既已高矣，
生動不得不至」（《圖畫見聞志》卷 1）的意見，「持論以高雅為宗，不滿徽宗
之專尚法度，亦不滿石恪等之放佚」（《四庫提要》評鄧書之語），並提出「其
為人也多文，雖有不曉畫者寡矣」這種文人本位的品評觀念，將結合了人品
學養的「逸品」視為文人畫極品，亦為後世的畫評家所規規遵循。

〔附表〕歷代畫品一覽表〔註61〕

分　品	朝代	人　名	書　名	品　目　狀　況			
六品說	南齊	謝　赫	古畫品錄	第一至第六品，無標品目			
三品說	唐	張懷瓘	畫斷	神	妙	能	
四品說	唐	朱景玄	唐朝名畫錄	神	妙	能	
				逸			
五品說	唐	張彥遠	歷代名畫記	自然　神	妙	精	謹細
四品說	北宋	黃休復	益州名畫錄	逸	神	妙	能
三品說	北宋	劉道醇	宋朝名畫評	神	妙	能	
四品說	北宋	宋徽宗	鄧椿畫繼引	神	逸	妙	能
四品說	南宋	鄧　椿	畫繼	逸	神	妙	能
二品說	南宋	趙　孟	鐵網珊瑚	神		能	
六等說	明	李開先	中麓畫品	第一至第六等，無標品目			
七等說	明	王　登	吳郡丹青志	列神、妙、能、逸、遺耆、樓旅、閨秀等七類			

〔註61〕本表的資料參自《四庫全書》藝術類畫論部分、余紹宋編《中國書畫書錄解題》（中華，1980）與俞劍華編《中國畫論類編》（同註3）。

二十四品說	清	黃　鉞	二十四畫品	仿司空表聖詩品之例，定畫境爲二十四品
十二品說	清	潘曾瑩	紅雪山房畫品	亦仿黃鉞所作，簡化畫境爲十二品
四品說	清	秦祖永	桐蔭論畫	列逸神妙能，然未明次第

　　由於元明兩代繼承著郭若虛、鄧椿所代表的文人品畫意識，故少見畫品的專門論著，畫評意見多在畫史著作中，隨傳附見。

　　自晉唐以下歷代畫品，從品數看，有二、三、四、五、六，以至十二、二十四品不等的分法，然而細究其分品的概念，則約有幾次重大發展：

1. 謝赫到張懷瓘，由數字等第到具有畫學內涵之神妙能三品的建立。
2. 朱景玄針對新興畫風而於神妙能之格法外，另立逸品。
3. 黃休復將朱景玄之逸品立於神妙能之上，成爲最高品位，這是由張彥遠所提點自然之品而來。
4. 宋徽宗將神品立於逸品之上，樹立了畫院傳統的地位。

北宋後的文人畫評，則大致循著黃休復繼承張彥遠的意見而來，或是將逸品包括於神品中（如劉道醇），或是將四品簡化爲二品（如趙孟頫）。入清，尚有仿司空圖〈二十四詩品〉模式，立下十二種（如潘曾瑩）、或二十四種（如黃鉞）山水畫境（按非指畫法），則幾乎已脫離品評畫藝高低的意義了。〔註62〕

　　其間特別值得一書的是明代李開先與王穉登兩人的品評意見。李開先〈中麓畫品〉，以戴進、吳偉等浙派大師爲最高等第，且認爲戴畫高過元人，不及宋人，而沈周、唐寅等吳派大將則屈居其下。王穉登〈吳郡丹青志〉所呈現唯吳派爲尊的意見，則與李開先完全相反。吳派以元代四大家爲師法，王穉登則推崇吳郡文人高雅清潤的繪畫風格。李開先則特別強調老、勁、活之粗簡筆法，推崇浙派畫家「猛氣橫發」雄強的生命力，將南宋畫院馬夏的傳統推到了極致，在此幾乎看到了朱景玄逸品畫風的再現。然而由於畫院傳統所無可脫逃的職業性格，隨即遭到了推奉接續元代文人傳統吳派畫風者如何良俊輩的攻擊。李與王的著作，乃二人因繪畫理念不同而執著相異標準的畫評表現，然而明代文人們以此作基礎，爲吳派以至元畫畫風爭正統而立下的許

〔註62〕清代黃鉞《二十四畫品》序云：「謝赫、姚最，並事書傳，俱稱畫品。於時山水猶未分宗，止及像人肖物。鉞乃仿司空表聖之例，著畫品二十有四篇，專言林壑理趣。」明指專言林壑理趣，並無品評高下之意，二十四品皆爲畫境之描述，如氣韻、高古、蒼潤、沈雄、荒寒、簡潔、韶秀……等。後來潘曾瑩之《紅雪山房畫品》亦仿此而作，凡十二品。

多精彩意見，則是明代畫史上之大事。

　　結合上文所析，「逸品」畫學概念多方轉折，在失去了畫風意識之後，中國畫評似乎逐漸形成了二分的局面──或是職業立場與文人本位的對立，或是立於正統主流地位的「神品」與立於求新求變超越「逸品」的彼此抗衡，島田修二郎先生對「逸品」畫風在畫史意義上的闡釋，足供參考：

> 逸品畫風，是從緊密筆法所作的應物象形的這一正統畫風中脫離出來的，而且還與之相對應。一旦畫家無法滿足於正統的畫風，而且又想要在此範圍之外追求新的創意時，不論是在那個時代，應該都會誕生出逸品的畫作的。事實上，正統畫風隨著時代的差異，所被接受的取向也是不會相同。……逸品的畫作也因時代而有種種的面相。……逸品的畫作，在中國繪畫的發展上，是從自己想要脫離自己，且又與之對立之中誕生出來的。……進而又反過來使得自身的發展豐碩不已。〔註63〕

島田為找出了替代性畫風與抗衡正統的概念，其實便是「逸品」革新求變超越精神的最佳詮釋，這個理論的高峰出現在明末，終將歸結到明末董其昌所推崇之「逸品」美學觀。

〔註63〕引自同註35，島田修二郎著，林保堯譯〈逸品畫風〉，頁268。

第三章　董其昌逸品觀之畫學背景

　　「逸品」自六朝以下的發展，呈現複雜的轉變，大致說來，可謂其品第的內涵在風格成份中逐漸加入了人格特質，成爲文人畫論的最高理想，匯聚至晚明的董其昌，成爲一涵義非常豐富的美學名詞。然而在探討董其昌的逸品觀之前，必須對此概念所牽繫的畫學背景有深刻的瞭解，始不致視董的逸品觀爲一獨立無涉的畫學理念。本章所要進行的畫學背景探討，包括：文人畫的抒情特質，明代順此而對畫史的整建，包括宋元畫的對舉，王世貞逸品意見的啓示，董逸品觀理論基礎──南北宗──諸家的綜合解析，以及董其昌南宗所重董巨的由來，亦即畫史上董巨畫派超越李郭主流的文化史意義，將分由以上幾個脈絡進行探討。

第一節　文人畫的抒情特質

一、詩言志的傳統

> 詩者，志之所之也，在心爲志，發言爲詩，情動乎中而形於言，言之不足故嗟嘆之，嗟嘆之不足，故永歌之，永歌之不足，不知手之舞之，足之蹈之也。（毛詩序）

如毛詩序所言，中國早期的詩是主觀，以詩人自我爲出發點而產生的作品，詩歌以語言方式表達詩人的當下意旨，又由於中國古人對推論性思維溝通的不信任，以及極端重視個人的內在經驗，「詩言志」實即界定了詩的抒情本質。「言志」後來亦被廣泛地運用到文學其他門類中，表達一特定文人在特定時

空中所有心智活動的整體經驗。因此當抒情文學以語言形式捕捉了創作者的內在經驗——由意象組成的象徵世界，這時並不指向外緣，而是向內指向一個理想或理想化了的自容與自足的世界。至於敘述文學則具「外化」性格，它是為了保存眾人經驗以傳後世，或是達到取悅及教誨群眾的目的。〔註1〕如此比較，吾人可認為抒情文學它被解讀的過程，其實亦等於提供給具有相同經驗，或能夠探入該經驗的知音者參予並分享，故其較具有私密性，以及無法通俗的特質。

「詩言志」的傳統，還有個值得注意的特徵，詩要言詩人之志，而中國人的主要思想是天人合一，非天人對立，所以中國詩人自我意識的最高境界，是要與萬物取得協調，求物我各得其自然，也共得其自然。〔註2〕這也就是為什麼中國詩的主流具有表達個人情志的抒情性之外，總要將之安排在山水景物中，使情與景得以交融的哲學因素。〔註3〕這個特徵適足說明繪畫以山水景物寓畫家胸懷的可能性，詩與畫的關係，顯得異常的密切了。

長久以來，由詩歌而來的抒情傳統，在中國文化上佔有極高的地位，所有以此傳統為創作本質的藝術形式，不免具有詩化或詩意識的特質，〔註4〕繪畫的發展，其實就是一個很明顯的例子。然而繪畫與詩歌二者卻呈現出兩種不同的發展方式，詩由言志抒情傳統以下，進入唐代，逐漸有載道功能的要求，而中國繪畫則由早期人物畫主流的道德教化功能，慢慢轉向山水畫的抒情寫意，兩條線索似乎是兩個相反的方向，這個發展差別的最大因素，應是早期社

〔註1〕 由詩所擴充及於其他文學內向性的抒情含義，以及完全不同類型敘述文學的外化性意涵，此種說法請參見高友工著〈中國敘述傳統中的抒情境界〉，收錄於《國外學者看中國文學》（中央文物供應社，1982）。

〔註2〕 參見周策縱〈詩詞的當下美——論中國詩歌的抒情主流和自然境界〉，收於《古典文學》第七集（學生，1985）。

〔註3〕 劉勰云：「情在詞外曰隱，狀溢目前曰秀。」（《文心雕龍》）梅聖俞亦云：「含不盡之意見於言外，狀難寫之景如在目前。」此二人皆明示中國文學情景相交融的特性。關於中國文學批評情景交融傳統的精深詮釋，請參見蔡英俊著《比興物色與情景交融》（大安出版社，1986）。

〔註4〕 「詩意識」一詞，語出同註1高友工之文。幾乎中國所有藝術的發展，例如詞、曲、戲劇、繪畫等，都有詩化的傾向，乃由於中國很早就建立了一個「主文」的文化傳統，以文涵蓋一切藝術的創造，宋代以來的文人畫，甚至可說是以具有詩意境為尚的詩化畫。關於中國藝術朝詩發展的傾向，請參見龔師鵬程著〈說「文」解「字」——中國文學藝術發展的結構〉，收於《文學批評的視野》（大安出版社，1990）。

會以繪畫圖象傳達教化訊息的直接與普及性較文字便利且有效，至於繪畫詩化，可以如詩文般表達畫家的情懷，已是畫史由文人介入參予之後的事了，關於這個發展，下文擬以說明。

二、繪畫教化功能說

> 觀畫者，見三皇五帝，莫不仰戴；見三季暴主，莫不悲惋；見篡臣賊嗣，莫不切齒；見高節妙士，莫不忘食；見忠節死難，莫不抗首；見放臣斥子，莫不歎息；見淫夫妒婦，莫不側目；見令妃順后，莫不嘉貴；是知存乎鑒戒者圖畫也。（魏曹植〈畫贊序〉）

這篇序文，說明統治階級以功過人物畫達到教育民眾的目的。漢朝以前的繪畫功能，停留在以圖象傳達出鑒戒的意義而已，南北朝尚未成熟的山水畫，則擴大了教化的意義，進一步成為聖人借以體道的途徑（如六朝宗炳、王微的論述），而有後來以張彥遠開其端將繪畫抬至與六籍同高地位的定義：

> 夫畫者，成教化，助人倫，窮神變，測幽微，與六籍同功，四時並運，發於天然，非由述作。（張彥遠《歷代名畫記》敘畫之源流）

繪畫不只是宣揚古聖教化，更要闡明天地的至理了。郭若虛則繼張彥遠之後，舉許多代君王見圖而立即產生醒戒慕賢的事例，強化了繪畫「與六籍同功」的意義，又進一步確認繪畫可為文字所無能之事：

> 夫如是，豈非文未盡經緯而書不能形容，然後繼之於畫也。所謂與六籍同功，四時並運，亦宜哉。（郭若虛《圖畫見聞志》敘自古規鑒）

直到北宋末，由皇室主持編纂的《宣和畫譜》，共分有十類畫科：道釋、人物、宮室、蕃族、龍魚、山水、鳥獸、花木、墨竹、蔬果等，其中以道釋門為第一的理由：

> 於是畫道釋像與夫儒冠之風儀，使人瞻之仰之，其有造形而悟者，豈曰小補之哉。故道釋門因以三教附焉。（不著撰人《宣和畫譜》道釋敘論）

瞻仰佛道儒冠人士所具有崇高節操與行誼的風儀，能使人由景慕而起效尤之心，這種自來代表統治帝王教化功能意識的繪畫觀，在皇室的大力推動下，已然成為一種古老的傳統模式，藝術家在這個龐大的傳統模式中，作畫意念不免依附其上。

至於由鑒戒意念的圖畫如何滋生出抒情的功能呢？有賴文人參予畫壇之

後新畫科──四君子畫的流行。〔註5〕四君子的題材,表面上是畫梅蘭竹菊等植物,但在文學界,這些早被賦予人生正面節操意義的植物,在文人以君子、仁人、烈士品格自擬的作畫態度後,已成為文人畫的一股力量。如李衎除遠溯詩經以竹喻君子之德的傳統之外,更細密地將竹的生長情況與不同類型的君子人格作對應:

> 凡竹生於石則體堅而瘦硬,枝葉多枯焦,如古烈士,有死無二,挺
> 然不拔者。生於水則性柔而婉順,枝葉多稀疏,如謙恭君子,難進
> 易退,弱懦有不自勝者。惟生於土石之間,則不燥不潤,根幹勁固,
> 枝葉暢茂,如志士仁人,卓爾有立者,雖少有不同,相去亦不遠矣。
>
> (李衎《竹譜詳錄》)

類似的情況,亦可在墨梅、竹石、墨蘭等畫科上見到,元代通常還經過彼此間的贈予來進行文人互勉志節的作用。這種觀念的背後,即隱藏著傳統的道德教化功能,但卻在表達的途徑上,加了一道象徵的程序,這便是即將過渡到抒情的「變型底道德教化功能」。〔註6〕

三、文人畫以書法性筆墨寫意

就在四君子還隱藏著道德教化傳統的另一面,文人以此類題材寓興寫意的成分愈來愈濃。「寓興」其實也是北宋文人圈由詩經文義中比興的文學傳統借得,整個文人畫的起源與繼承,可以「寓興」及其延伸的「寫意」義涵簡括之。蘇軾為皇室駙馬王晉卿的藏畫室「寶繪堂」所作的一篇文章說道:

> 君子可以寓意於物,而不可以留意於物。寓意於物,雖微物足以為
> 樂,雖尤物不足以為病。留意於物,雖微物足以為病,雖尤物不足

〔註5〕四君子指以梅蘭竹菊四種花卉為題材的繪畫總稱,乃花鳥畫之分支。宋元若干畫家好寫竹、梅,加上松樹,稱「歲寒三友」。元代吳鎮在三友外,加畫蘭,名「四友圖」。明神宗萬曆年間,黃鳳池輯《梅竹蘭菊四譜》,陳繼儒稱「四君」後即名「四君子」。後人又加上松樹(或水仙,或奇石),合稱「五清」、或「五友」,清代王概編《芥子園畫傳》,第三集即為梅蘭竹菊四譜。這類題材象徵高潔的品格和正直、堅強、堅忍、樂觀以及不畏強暴的精神。參見《中國美術辭典》(雄獅,1993)「四君子」條。

〔註6〕關於「變型底道德教化功能」,出於石守謙著《元代繪畫理論之研究》(台大史研所碩論,1977)第二章第一節,墨竹、墨蘭等相近畫材的四君子畫,既接受了唐代張彥遠而來所留傳的教化傳統,又具有畫家個人志節的象徵意義,故可視為由教化到抒情的過渡。

以爲樂。老子曰：五色令人目盲，五音令人耳聾，五味令人口爽，

馳騁田獵令人發狂。然聖人未嘗廢此四者，亦聊以寓意焉耳。凡物

之可喜，足以悅人而不足移人者，莫若書與畫，然至其留意而不釋，

則其禍有不可勝言哉。(《蘇東坡集》前集卷32〈寶繪堂記〉)

在這段文字中，蘇軾分辨了寓意與留意的不同，「留意於物」，主體在物，「寓意於物」，主體在我，「留意於物」，人受制於物，而使心靈受縛而不自由，蘇軾又將自己對書畫如何由留意到寓意的心路歷程提供出來：

始吾少時，嘗好此二者，家之所有，惟恐其失之，人之所有，惟恐其

不吾予也。既而自笑曰：吾薄富貴而厚於書，輕死生而重畫，豈不顛

倒錯繆，失其本心也哉？自是不復好，見可喜者，雖時復蓄之，然爲

人取去，亦不復惜也。譬之煙雲之過眼，百鳥之感耳，豈不欣然接之？

去而不復念也。於是乎二物者，常爲吾樂而不能爲吾病。(同上)

當蘇軾由留意於物、誠惶誠恐的心靈枷鎖中解脫出來，書畫的形跡亦不過如過眼煙雲或感耳百鳥一樣，只是自我本心內在意念的投射罷了，這種意見給予畫家極大的啓發，畫家不必過分留意物體的形似，而要讓物象爲畫家的心靈服務。

「意」在創作過程中，指引筆墨往來，故要「意在筆先」，「立意」乃畫家創作的第一步，董逌爲古畫解釋出：「古人大妙處不在結構形體，而在未有形體之先。」(《廣川畫跋》卷10)，董主張作畫應以立意爲先，而《宣和畫譜》記錄李公麟的創作過程也說：

公麟以立意爲先，布置緣飾爲次，其成染精緻，俗工或可學焉，至

率略簡易處，則不近也。(《宣和畫譜》卷7)

由於是公麟所立的意，故遇到物象率略簡易之處時，工匠便無法模學而得。當畫家立意之後，如何在繪畫工具與畫面形式追尋率意而爲的自由，讓心中的意念得以暢通無礙，則成爲創作上很重要的一件事。

「寓意」的概念自北宋以下普遍爲宋元人所接受，「寓」可視爲創作之前的動機，而實際上支配並引導其活動的，則是「寫」。〔註7〕從書法書寫文字符號的用筆動作－寫－所移借過來的繪畫創作形式——「寫意」，逐漸在文人畫的觀念中浸淫開來，畫家讓繪畫表情達意的功能超過了圖象紀錄形似的功

〔註7〕「寓」與「寫」在繪畫活動中，各自代表動機與實際操作彼此不同的創作重

　　　點，參見同上註，石守謙之文。

能，繪畫發展至此，與文學可謂爲已具有相同抒情本質的兩種不同表達媒介的藝術。書法能成爲繪畫藝術的一部分，本來是經由枯木窠石的啓發，至北宋末年，墨竹自成專門一科，書畫一體的理論才眞正成熟，如柳貫題自作「枯木醜石」云：

> 古文篆籀雕鐫外，楷法波戈點畫中。書畫本來同一物，莫將視作馬牛風。（《柳待制文集》卷5）

直接討論到繪畫中如何利用楷法的點畫了。書法原是較繪畫抽象而達意的藝術，自六朝以來，已經講究主觀上的心手兩忘，與藝術上的形神合一。北宋之後的文人，在各類畫科中所表現出來逸離繪畫正統的作風，《宣和畫譜》早已有過相應的瞭解，並成爲領導後世的文人畫論，在墨竹部分云：

> 繪事之求形似，捨丹青朱黃鉛粉則失之，是豈知畫之貴乎有筆，不在夫丹青朱黃鉛粉之工也。故有以淡墨揮掃，整整斜斜，不專於形似而獨得於象外者，往往不出於畫史，而多出於詞人墨卿之所作。蓋胸中所得，固已吞雲夢之八九，而文章翰墨形容所不逮，故一寄於毫楮，則拂雲而高寒，傲雪而玉立，與夫招月吟風之狀，雖執熱使人亟挾纊也。（卷20「墨竹敍論」）

此段文意，拈出了幾個重點，墨竹以淡墨揮掃之用筆，不專形似，而得之象外。補文章翰墨形容之所未逮，此法乃詞人墨卿寄高情的作品，第三點已拈出了墨竹抒情的特性。這段文意，與稍早的米芾對蘇軾虬曲怪奇的枯木竹石畫詮釋爲「胸中盤鬱」的象徵相同，同樣表示了以畫抒情的想法。到了金元的士大夫文人，開始將書法的眞諦用到繪畫上，追求所謂的「得於心、形於手」，李日華說：

> 古人林木窠石，本與山水別行，大抵山水意高深迴環，備有一時氣象，而林石則草草逸筆中，見偃仰虧蔽與聚散歷落之致而已。（《紫桃軒雜綴》卷2）

亦明確將古代山水氣象的表達法與林木窠石的畫法分開，而後者則是書法性用筆的概念。正如柯九思以各體書的筆法，賦予竹石細節的關注：

> 寫竹幹用篆法，枝用草書法，寫葉用八分法，或用魯公撇筆法，木石用折釵股屋漏痕之遺意。（《書畫譜》丹邱題跋）

這便是後來明代王紱所體會的「畫竹之法幹如篆、枝如草、葉如眞、節如隸」（《六如居士畫譜》）。這種古木竹石畫的用筆，加上繪畫的「寫意」理念，於是如趙

孟頫「石如飛白木如籀」的畫法，形成了紙絹上由毛筆帶出來黑白印象的重要性，遠超過該團筆墨所表現的物理意義。畫史發展至此，即連原本用以表達氣象的山水畫，亦成為趙孟頫以橫、直、點等表情線條的組合。因此當水墨畫法從象形寫真的系統中鬆脫了之後，不追求物形，而以振筆的速度、下筆的角度、用墨的濃淡、及落墨的輕重等筆與墨所營造出來點線的結組，表面上雖然不遠離物態，但實際上，卻是畫家表達自我胸懷的筆墨次序。

四、元畫的抒情意涵

（一）錢　選

元初的畫，因於特殊的政治環境，南宋遺民在畫上所立的意，多為對異族統治的消極抗議，表現方式大致上採象徵手法，用非現實的題材來嘲諷或揶揄政治現實。例如宋亡後，坐臥皆不北向的鄭思肖（1241～1318），元初隱居吳下，善畫露根之墨蘭，其作品〈墨

附圖 12、鄭思肖〈墨蘭圖〉

25.4×94.5cm，紙，墨，美國弗利爾美術館

附圖 13、龔開〈中山出遊圖〉局部

紙，墨，美國弗利爾美術館

蘭圖〉（附圖 12），蘭株無根，亦不寫地坡，隱喻國土淪喪，有天無地，抒其情懷。又如曾在南宋理宗年間任職小宮的龔開（1222～約 1304），曾畫「夕陽沙岸影如山」的瘦馬駿骨寫遺民兀岸不屈的氣節，其極有名的〈中山出遊〉（附圖 13），畫眾鬼隨從隊伍，抬鍾馗及其妹乘肩輿出遊的情形。畫中鍾馗圓睜大眼，滿臉絡腮鬍，小妹以墨為胭脂塗面，眾鬼赤膊袒露，形象滑稽，毫無陰慘恐怖的氣氛，頗有胡人嘴臉之譏，他是以畫中荒謬滑稽的鬼魅魍魎嘲諷「滔滔者，天下皆是也」的異族統治。〈圖繪寶鑑〉評龔開的畫：「畫山水師二米，畫人馬師曹霸，描法甚粗，尤喜作墨鬼、鍾馗等畫，怪怪奇奇，自出一家」。鄭思肖與龔開所畫者，都是感情流露目的明顯的作品。〔註8〕

關於以清高動、植物象徵君子氣節，乃是北宋開始盛行的傳統，而龔開的〈中山出遊〉，其滑稽荒謬的鬼魅造形，不同於其他鬼圖如鍾馗嫁妹的陰森氣氛，則是以漫畫式諷喻蒙古胡族統治下的景況，這是對政權露骨的控訴，非含蓄不盡之情，故謂其具有嘲諷的漫畫意味，較不易達致「韻」、「淡」的要求。至於在另一位元初畫家—錢選—的繪畫中，則具有較隱晦而深層的抒情內涵。

錢選（約 1239～1299），字舜舉，號玉潭、霅川翁、習懶翁，湖州（浙江）人，為南宋遺民畫家。他在蒙軍攻陷杭州後，自謂「恥作黃金奴」。所作的事包括了撻擊亡宋士大夫階級的頹靡不振，自己將早年的文集焚燒殆盡，又燒儒服，甘心「老作畫師頭雪白」，辭去各種儒戶階級的優惠，轉成以繪畫營生的職業畫家，隱于繪事，以終其身。錢選向著自己原先的隱逸理想中尋找靈感，在動盪不安的生活裡，繼續以隱者觀照自然萬物的眼光來描寫花鳥，只是他的花鳥作品，已不像南宋豐美細膩的色澤，取而代之的是平面清淡的色調。錢選以山水詩畫的相互闡發，透顯出心中理想的幻滅，例如〈秋江待渡圖〉（附圖 14）與其他作品如〈觀鵝圖〉、〈歸去來〉等圖的構圖十分相近，皆在畫幅的左右方各佈置一塊陸地，兩塊陸地之間隔以空闊水域，用色上，一塊陸地以古拙刻板的色調，襯托對角仙山的青綠豔彩。題詩採用五言古詩，由詩境上看：

> 山色空濛翠欲流，長江浸澈一天秋。茅茨落日寒煙外，久立行人待渡舟。（〈秋江待渡圖〉題詩）

〔註8〕 以象徵手法表達對異族統治抗議，可以元初鄭思肖與龔開的作品為例，參見何惠鑑〈元代文人畫序說〉，《新亞學術集刊》第四期，1983。

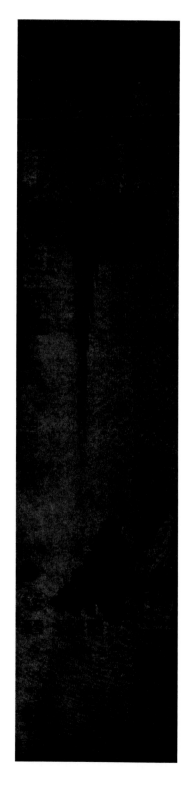

附圖 14、錢選〈秋江待渡圖〉
26.8×103.4cm，絹，彩，台北故宮

「舟」隱含了接渡隱者到理想仙境的憑藉，代表作者對隱居生活的熱切盼望，但寒煙外日已落，期待渡舟的行人將久立到何時？樂土似乎永遠無緣了。政治上，他有著在異族統治下身世的憂傷，生活上，他對於自己在隱者與卑微職業畫家身分之間的衝突感到無奈。錢選有意識地返回到唐末五代的青綠色調以及北宋的白描人物花卉，加以南宋繪畫的意象經營，融入自己身處異族統治的哀愁，樹立他個人幽微的抒情風格，為後來的倪瓚畫風鋪路。〔註9〕

（二）倪　瓚

　　由北宋等文人對於墨竹揭示以筆墨寄情的說法之後，文人畫在山水主題中，以筆的動作寫其胸中意氣的畫家，要推元代趙孟頫為成功的實踐者。他的〈鵲華秋色圖〉（附圖 15），便應用山水主題作為內心情意的橋樑，如垂直線與水平線的使用，韻律的表現，以連續性地面的景深處理，將自然景物與鵲山、華不注山兩座山圖象形式的結合等，都是畫家將客體經過理性化過濾而表達意興的藝術形式。他為了將抽象難以捉摸的理念或情感用畫筆固定在畫面上，其採取的方式，同於前朝米芾或墨竹畫家一般，自由地隨意地點染，如當時文人對他畫的描述：「子昂作畫，初不經意，對客取紙墨，遊戲點染，欲樹即樹，欲石即石，然才得少許便是。」（戴表元《剡源戴先生文集》卷18）對外物形態，僅止於達「意」便足。這種隨興自由的點染方式，代表著元代山水畫，揚棄了向來注重鉤勒外形的精細傳統，開啟元四家及其後來文人畫，極端注重表情線條的作風。〔註10〕

〔註 9〕本段對錢選幽微抒情畫風的相關論述，參見石守謙著，林麗江譯〈錢選——元代最後的南宋畫家〉《故宮文物月刊》第 8 卷第 12 期，1990。

〔註10〕關於趙孟頫的畫風與〈鵲華秋色圖〉的分析，參引自同註6，石守謙論文。

附圖 15、趙孟頫〈鵲華秋色圖〉

28.4×93.2cm，紙，彩，台北故宮

附圖16、吳鎮〈漁父圖卷〉局部

高31cm，紙，墨，美國弗利爾美術館

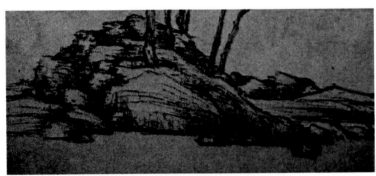

附圖17、倪瓚〈漁莊秋霽圖〉局部

96×47cm，紙，墨，上海博物館

四大家中的吳鎮，擅長作墨竹圖，此外亦以屢屢不倦的漁隱題材表達其悠然自得的心境。他善用極為溼潤的筆墨，畫出一片江南的意象，其漁父類的作品（附圖16）同他的墨竹一樣，墨瀋淋漓，所要抒發的，乃是他「蘭棹穩，草衣輕，只釣鱸魚不釣名」的漁隱之情。另一位元畫抒情高手——倪瓚，學者對其繪畫分期，大致以他自創的折帶皴出現於畫幅上作為分水嶺。〔註11〕〈漁莊秋霽圖〉之折帶皴（附圖17）為其特有的表情符號，這種回到關仝〈關山行旅圖〉山石圭角（附圖18）的特殊皴法，是繼承了趙孟頫「古意」說而來的復古意識。〔註12〕倪瓚的畫法，雖從五代荊關古老的山水形式而來，但仍有自己的新意，

〔註11〕倪瓚繪畫的分期，前期學董巨，後期學荊關，後者乃以其自創的「折帶皴」出現之後開始。本觀點得自於台大藝術史研究所石守謙教授開設之「元畫專題研究」課程，謹此致謝。

〔註12〕趙孟頫云：「作畫貴有古意，若無古意，雖工無益。今人但知用筆纖細，傅色濃豔，便自謂能手。殊不知古意既虧，百病橫生，豈可觀也。」（張丑《清河

原始的荊關畫風中對關陝山石著
重描繪的崎嶇圭角為倪瓚所特別
採用，形成其畫山石時，用渴筆淡
墨作橫向皴寫，並於收筆處，斜擦
出如折帶般的線型效果，這種「折
帶皴」是他表達孤寂感的重要元素
之一。倪瓚的畫，不以捕捉自然物
象為目的，有一回他醉後畫竹，次
日見之，全不似竹，大喜曰：「畫
竹全不似竹，亦不易也。」這種畫
竹的理念，他曾自云：

附圖18、（傳）關全〈關山行旅圖〉局部
144.4×56.8cm，絹，墨，台北故宮

> 豈復較其是與非，葉之繁與疏，枝之斜與直哉？或塗抹久之，他人視
> 以為麻、為蘆，僕亦不能強辨其為竹，真沒奈覽者何？（倪瓚《清閟
> 閣全集》卷9）
>
> 僕之所謂畫者，不過逸筆草草，不求形似，聊以自娛耳。近迂遊來城
> 邑，索畫者必欲依彼所指授，又欲應時而得，鄙辱怒罵，無所不有，
> 冤矣乎，詎可責寺人以不髯也。（《清閟閣全集》）

對於旁人索畫求形似、定時間的庸俗姿態，倪瓚是既不願多費唇舌，又大呼冤
枉，其實他草草作畫只為一個原則——「寫意」。由這樣的作畫理念，扣緊著他
的山水畫風來看，他清一色「一河兩岸」式、虛多於實的構圖如〈漁莊秋霽圖〉
（附圖41，參見頁155），圖中景致，恒常只是疏林坡岸，淺水遙岑，不著人煙。
這種極為疏簡清淡的畫面，為抒情畫風的最高典範，是故被董其昌譽為逸品，
推為古今極致。

　　經由以上的探討，大致董理出畫史由鉤勒至沒骨、由設色至水墨、由寫
實至寫意的發展，這樣一個經由圖象趨向書法、由外求轉入內化的抒情特質，
其實即為繪畫由繁複逐步邁向簡約的過程，其中隱含了繪畫傳統中，必然存
在的兩難，即技法難度與抒情深度之間的衝突。如錢選的作品，便因為重視
抒發心中理想世界的失落感，沒有在畫面上表現高難度的技巧，而倪瓚亦顯
示了對技法難度的漠視，在他的山水畫裡，根本就缺乏類似黃公望多變的風

書畫舫》引）趙孟頫作畫，有遍學古代名家的企圖，在畫史上，學者皆稱其
開復古主義之風。

格特質，直接以抒寫胸懷來壓制形式本身的要求，﹝註 13﹞錢、倪二人實爲文
人畫寫意的典範。由此觀點可知，文人畫寫意的特質，脫出了寫實的傳統，
畢竟凌駕高難度技法的不斷追求，而終要歸向簡約的抒情畫境。

第二節　明代畫史的整建

一、宋畫與元畫的對舉

　　畫史歷經漫長的摸索過程，以及各類繪畫體製蜂湧的發展，到了明初，
有心人對畫史的風格演變存著很大的興趣，可說是已到對畫史風格體裁作全
面綜合整理的時代了。

> 是故顧陸以來是一變也，閻吳之後又一變也，至於關李范三家者出
> 又一變也。（宋濂〈畫原〉）

宋濂以「變」觀標舉關李范三家的這段文字，可說是融合了張彥遠與郭若虛
各自的一段話：

> 由是山水之變，始於吳，成於二李。（張彥遠《歷代名畫記》〈論畫
> 山水樹石〉）

> 畫山水惟營邱李成、長安關仝、華原范寬，智妙入神，才高出類，
> 三家鼎峙百代，標程前古。（郭若虛《圖畫見聞志》）

宋濂以「變」作爲觀察畫史演進的重要因素，開啓了明代繪畫思潮的帷幕。
重要的各家說法如下：

> 前輩畫山水，皆高人逸士。……自六朝以來，一變而王維、張璪、
> 畢宏、鄭虔；再變而荊、關；三變而董源、李成、范寬極矣。（王肯
> 堂《郁岡齋筆塵》）

> 人物自顧、陸、展、鄭以至僧繇、道玄一變也，山水至大小李一變
> 也，荊、關、董、巨又一變也，李成、范寬又一變也，劉、李、馬、
> 夏又一變也，大癡、黃鶴又一變也。（王世貞《弇州山人四部稿》說
> 部〈藝苑巵言〉卷 155）

﹝註 13﹞關於抒情深度與技法難度之間衝突的觀點，乃石守謙教授所提出，錢選與倪
　　　　瓚的表現足作詮釋。詳參石守謙著〈嘉靖新政與文徵明畫風之轉變〉，《藝術
　　　　學研究年報》第 2 期，1988。

> 以王維爲開山第一祖，……一變而爲荊、關、董、巨、米氏父子；
> 再變而爲范（寬）、張（擇端）、燕（肅）、趙（伯駒）、王（詵）、劉
> （松年）、馬（遠）、夏（圭）、三李（成、公麟、唐）、二郭（忠恕、
> 熙）；三變而爲鷗波（趙孟頫）、房山（高克恭）、大癡、黃鶴、清閟
> 閣主（倪瓚）。（張丑《清河書畫舫》）

明代的文人除了對於歷晉唐宋元以來畫史演變的關注之外，亦有表現在對各
類不同繪畫家數風格的掌握與整理上：

> 若夫山水爲畫，則自宗炳始也。六朝諸公都向細潤，歷唐、宋而創
> 爲界畫，加以金碧，猶存矩矱，益見精能。逮夫元人專爲寫意，瀉
> 胸中之邱壑，潑紙上之雲山。（王紱《書畫傳習錄》）

> 山水金碧到二李，水墨高古歸王維。荊關一律名孔著，忠恕北面稱
> 吾師。後苑副使説董子，用墨濃古皴麻皮。巨然秀潤得正傳，王詵
> 寶繪能珍奇。乃至李唐尤拔萃，……海岳老仙頗奇怪，……馬夏鐵
> 硬自成體，不與此派相合比。水晶宮中趙承旨，有元獨步由天姿。
> 雪川錢翁貴纖悉，任意得趣黃大癡。雲林迂叟過清簡，梅花道人殊
> 不羈。（杜瓊《東原集》）

在企圖綜整畫史的努力下，文人們對於演進中不同風格的特質，進行不斷的
思索，此間最具影響力的觀念當是爲畫史立祖立宗：

> 當以顧、陸、張、展爲四祖，……畫家之顧、陸、張、展如詩家之
> 曹、劉、沈、謝。閻立本則詩家之李白，吳道玄則杜甫也。（楊愼《升
> 庵畫品》）

楊愼擬以詩家中的宗主，爲人物畫的六家定位。而何良俊則在山水家數中找
出正宗：

> 畫山水亦有數家，關全、荊浩其一家也，董源、僧巨然其一家也，
> 李成、范寬其一家也，至李唐又一家也，此數家筆力神韻兼備，後
> 之作畫者，能宗此數家便是正脈。若南宋馬遠、夏圭亦是高手，畫
> 人物最勝，其樹石行筆甚遒勁，夏圭善用焦墨，是畫家特出者，然
> 只是院體。（何良俊《四友齋畫論》）

明初原盛行以宋畫爲師的浙派院體畫，等到吳派文人抬頭，畫壇又爲一面倒
向元畫的風潮所取代，此正如前節所述，王世貞對宋畫有不平之鳴。關於宋
元畫之別，董其昌之前的大評論家屠隆（1542～1605）有兩段重要的文字：

> 宋畫：評者謂之院畫，不以爲重，以巧太過而神不足也。不知宋人之
> 畫，亦非後人可造堂室，如李唐、劉松年、馬遠、夏圭，此南渡以後
> 四大家也，畫家雖以殘山剩水目之，然可謂精工之極。（屠隆《畫箋》）
>
> 元畫：評者謂士大夫畫，世獨尚之。蓋士氣畫者，乃士林中能作隸
> 家。畫品全法氣韻生動，不求物趣，以得天趣爲高。觀其曰寫而不
> 曰畫者，蓋欲脫盡畫工院氣故耳，此等謂之寄興，但可取玩一世，
> 若云善畫，何以上擬古人而爲後世寶藏？如趙松雪、黃子久、王叔
> 明、吳仲圭四大家，及錢舜舉、倪雲林、趙仲穆輩，形神俱妙，絕
> 無邪學，可垂久不磨，此眞士氣畫也。雖宋人復起，亦甘心服其天
> 趣，然亦得宋人之家法而一變者。（屠隆《畫箋》）

宋畫實指南宋當時掌握畫界權威的畫院，以全盛時期的李、劉、馬、夏的院
畫爲代表。而元畫實指趙、黃、王、吳、錢、倪等文人逸士的作品爲主。關
於宋、元畫的時代畫風特質，童書業先生曾簡要區分爲以下幾點：

1. 宋畫多表示北方的景色，元畫多表示南方的風趣。
2. 宋畫多行家作品，元畫多非專門家的文人作品。
3. 宋畫偏重形理，元畫偏重意趣。
4. 宋畫偏重筆線，元畫偏重墨法。〔註14〕

童先生的意見，第 1 點爲作畫題材，第 2 點爲畫家身分，第 3 點爲繪畫理念，
第 4 點爲畫法特質。其中第 1、2 這兩點實不足作爲斷定宋元兩朝時代畫風的
必然條件，充其量僅可視爲一個大的趨勢，第 3 點所指對於繪畫本質的認定
與作畫理念上的差異，可說是眞正區別宋元畫風的最重要因素，這樣的意見，
我們尚可找到一個更爲簡要的論述：

> 東坡有詩曰：論畫以形似，見與兒童鄰。作詩必此詩，定知非詩人。
> 余曰此元畫也。晁以道詩云：畫寫物外形，要物形不改陳繼儒詩傳
> 畫外意，貴有畫中態。余曰此宋畫也。（陳繼儒《岩棲幽事》）

宋畫以象眞爲基礎，重形似之理（附圖 19 之一、之二），乃屠隆所謂的「巧
太過而神不足」、「精工之極」。儘管不必完全拘於物象，但所畫仍是經過人的
性情陶鑄過的自然。元畫重意趣，以寓意爲主（附圖 20 之一、之二），正是
屠隆所謂的「曰寫而不曰畫」、「不求物趣，以得天趣爲高」，所寫雖不全然遺

〔註14〕 此四點宋元畫的比較分析，引自童書業〈中國山水畫南北宗說新考〉，參見〈附
錄一〉。

棄物象，但多借自然來表現人的自由心靈。由如此不同的繪畫理念所導引出來的畫法，在重形一方，多偏向用線條表達物象輪廓，在重意趣一方，多偏向用筆墨抒寫胸懷，這未嘗不是一種自然的趨勢。

附圖 19 之一、南宋〈梅竹雙雀圖〉頁
26×26.5cm，絹，彩，北京故宮

附圖 19 之二、南宋〈榴枝黃鳥圖〉頁
24.6×25.4cm，絹，彩，北京故宮

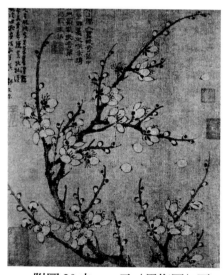

附圖 20 之一、元〈墨梅圖〉頁
24.4×20.3cm，絹，墨，遼寧省博物館

附圖 20 之二、吳鎮〈墨梅圖〉
29.6×35cm，紙，墨，遼寧省博物館

　　在整建前代畫史的努力中，有對風格遞嬗演變所作的觀察，亦有對風格所依的繪畫理念所作如宋元畫之別的釐析。尤其，由宋畫、元畫不同風格特質為起點所引發出來的種種問題，逐漸匯聚成將畫史擘劃為兩大分明的壁壘，並進而欲為畫史定位出新的正統來，這股融合了風格殊貌與傳承的畫史

觀，終於孕育出晚明一個影響深遠的學說——「南北宗」，「南北宗」說實即
爲董其昌逸品觀的畫學基礎。

二、王世貞對逸品的意見

在「逸品」被董其昌推上南宗文人畫的最高峰之前，有一位重要文人的
意見必需先受到注視，他是王世貞，〔註15〕爲晚明時期的文藝前輩。僅管他
對「逸品」並不十分推崇，但卻有深入的剖析，我們可由他對唐代張彥遠《歷
代名畫記》，與北宋鄧椿《畫繼》中論畫文字的異見，看出端倪：

> 張彥遠之論畫曰：失於自然而後神，失於神而後妙，失於妙而後精，
> 精之爲病也，而成謹細。自然者爲上品之上，神者爲上品之中，妙
> 者爲上品之下，精者爲中品之上，謹細者爲中品之中。（按：上文出
> 於《歷代名畫記》敘論部份）宋鄧椿云：自昔鑒賞家分品有三，曰
> 神、曰妙、曰能，獨唐朱景眞譔唐賢畫錄（按即指朱景玄的唐朝名
> 畫錄），三品之外，更增逸品。其後王休復（按王應爲黃字之誤）作
> 益州名畫記，乃以逸爲先，而神妙能次之。景眞雖云：逸格不拘常
> 法，用表賢愚。然逸之高，豈得附於三品之末，未若復休（按應爲
> 休復之誤）首推之爲當也。（按：上文出於宋鄧椿《畫繼》〈論遠〉）
> （王世貞《弇州山人四部稿》說部《藝苑巵言》卷155）

王世貞在不厭其煩的抄錄了張、鄧兩人的說法之後，提出了自己不同的意見：

> （鄧椿）其意亦似祖述彥遠，愚竊謂彥遠之論，大約好奇，未甚循理。
> 夫畫至於神而能事畢矣，豈有不自然者乎？若有毫髮不自然，則非神
> 矣。至於逸品自應置三品之外，豈可居神品之表，但不當與妙能議優
> 劣耳。（同上）

王世貞將鄧椿與張彥遠的觀念並比來看，認爲鄧從黃休復得到的逸品首位等
同於張彥遠的自然上品，但是對於這個意見，他並不同意。

第一、他認爲繪畫的最高極致爲神，沒有一幅畫會列爲「神品」而不符
　　　合自然的矩度，張彥遠將神之上再列自然是畫蛇添足的戲論，因

〔註15〕王世貞字元美，號鳳洲，江蘇太倉人。嘉靖26年進士，萬曆17年官至南京
　　　　刑部尚書，世宗嘉靖五年生，神宗萬曆十八年卒（1526～1590），比董其昌（生
　　　　於1555年）早生近三十年，爲當時文壇上推行文學復古運動相當重要的一位
　　　　領袖，爲後七子之一。

此他修正爲「神品即自然」。〔註16〕

第二、既然「神品」爲繪畫的最高標準，當然反對「逸品」首位，他同
於朱景玄安置「逸品」的模式，將之視爲神妙能以外的另一種繪
畫表現方法，故無法與妙與能同議優劣。

王在表面上似乎將「逸品」畫風的地位回歸到朱景玄這個理論起點上，
暫置於格法之外，但語氣上卻去除了朱景玄不知應如何品第「逸品」畫家的
苦惱，直陳「豈可居於神品之表」，「逸品」雖是無法與妙能同議優劣的另種
畫風，但可肯定的是，它的地位絕對無法超越「神品」。王世貞對「神品」推
崇備至，對「逸品」則持保留態度：

> 唐王洽之潑墨，每醉先以墨潑潑圖障之上，乃因其形，像山石林泉、
> 雲霞卷舒，自然天成，倏若造化。張璪之畫松石山水，以手握雙管，
> 一爲生枝，一爲枯卉，四時之行，驅筆得之。所畫山水，則高低秀
> 絕，咫尺深重，幾若斷聯。二子一則群品推逸，一則眾論稱神。然
> 以予言之，睹一時縱橫之狀，能不目驚；尋六要盤礴之原，未嘗心
> 醉。後覽彥遠記云，所收洽跡頗不少，亦未見絕人名畫，雜記王墨
> （即洽也），又載李靈省亦類是。（王世貞《弇州山人四部稿》說部
> 《藝苑卮言》卷155）

這段文字比較了逸品的王洽與神品的張璪。王洽的畫面形象完全要依賴潑墨
之後的推抹動作而成，胸中並無腹稿，加上以醉助興，實爲一種表演性質的
遊戲。而以「外師造化，中得心源」享名的張璪，雖對自然縱橫之狀，亦有
手握雙管類似表演的處理，但卻是有意識地畫出心中所要的生枝與枯卉。王
世貞在這段文字的結尾，引述張彥遠所言王洽此類畫風並未見絕人名畫，隱
含著對傳統主流之外的逸品畫風，並不讚揚。

在王世貞的心中，與「神品」截然不同的「逸品」，歷代以來惟「宋大小
米、元高、倪雲山、眉山竹石，足以當逸品」（同上）。究竟王世貞對「逸品」
的理解爲何？

> 趙松雪孟頫、梅道人吳鎮仲圭、大癡老人黃公望子久、黃鶴山樵王
> 蒙叔明，元四大家也。高彥敬、倪元鎮、方方壺，品之逸者也。……
> 松雪尚工人物、樓台、花樹，描寫精絕，至彥敬等，直寫意取氣韻
> 而已，今時人極重之，宋體爲之一變。（同上）

〔註16〕此句話爲王世貞在記夏文彥論畫之後的結語。

趙孟頫以描寫精絕的人物樓台花樹的宋體爲主,而一變宋體的高、倪、方等人,直寫意取氣韻,乃逸品的代表。如果對照前一段文字來看,以酒力助興的王洽,其不強調精準描寫的潑墨畫法,在脫略形似的理念上,與倪高的寫意作風,有異曲同工之妙。他接著說:

> 彥敬似老米父子而別有韻,子久師董源,晚稍變之,最爲清遠。叔明師王維,穠郁深至;元鎮極簡雅,以嫩而蒼。或謂宋人易摹,元人難摹,元人猶可學,獨元鎮不可學也,余心頗不以爲然,而未有以奪之。(同上)

如上文的分析,宋元畫確有表現特質上的不同,宋體以描寫精絕爲主,故可以摹,元畫則尚韻難摹,而倪瓚似嫩實蒼的簡雅寫意畫風,更非斤斤學步可以獲致。王世貞隱隱然是以宋畫、元畫當神品、逸品之別,而對於時人給倪瓚的評價,頗不以爲然,他又說:

> 趙子昂近宋人,人物爲勝,沈啓南近元人,山水爲尤。二子之於古,可謂具體而微,大小米、高彥敬,以簡略取韻,倪瓚以雅弱取姿,宜登逸品,未是當家。(同上)

逸品以簡略的構圖,雅弱的筆勢,取氣韻,寫胸中意,在畫史中,應視爲別途,不足以當家。「當家」同「當行」,是價值判斷的規範語詞,凡合乎某種原則條件或性質者,即可稱之,否則便是偏鋒外道,用在書畫詩文上,在指明具有某種規定的本質,戾此本質,便非「當家」或「當行」。〔註17〕在王世貞的心中,具有神妙能品評系統的畫作,才是「當家」,才是繪畫的主流。這個以神品爲主的畫史意見,是以宋畫爲正宗,元四家(按指趙、吳、黃、王,此處並不包括倪瓚,特別值得注意。)爲嫡傳,而以大小米、高、倪、方等逸品爲別途。〔註18〕

在以元畫爲主的吳派畫風當盛之際,王世貞對宋畫的確有不平之鳴:

> 近來吳子輩爭先覓勝國趙承旨、黃子久、王叔明、倪元鎮畫,幾令宋人無處生活,余甚爲扼腕。(王世貞《弇州山人四部稿》文部畫跋卷137,〈黃大癡江山勝覽圖〉)

〔註17〕關於「當行」的定義,及其在詩文書畫上的批評運用,請參見龔師鵬程著《詩史本色與妙悟》(學生,1986)〈本色〉一章。

〔註18〕王世貞以元畫的變體——「逸品」爲別途,以宋畫的神品爲繪畫正宗,是否與其講究以盛唐詩爲準、反對變體之宋詩的詩學觀,具有美學上的一致性?此問題與本章文旨無涉,暫不觸及,擬以另文討論之。

畫當重宋，而三十年來忽重元人，乃至倪元鎮，以逮明沈周，價驟
增十倍，大抵吳人濫觴，而徽人導之，俱可怪也。（王世貞《觚不觚
錄》，收於陳眉公訂正祕笈續函中）

（搜山圖）其爲態不可指數，然往往巧盡其勢，運筆工緻，而遒勁
設色之精，俱非後人所易。……自勝國諸公畫以意勝，而吳士大夫
憚于日力，目之以爲俗工，置弗視。噫……顧陸張吳之所以妙絕千
古，此非其一班也耶？（王世貞《弇州山人四部稿》文部畫跋卷137，
〈搜山圖卷後〉）

〈搜山圖〉（附圖21）根據民間傳說，表現二郎神搜山降魔的故事，此故事乃
根據民間戲曲傳本而來，二郎神是人們把爲民除害的隋代嘉州太守趙昱加以
神化而成的傳奇人物，他具有斬蛟、降妖的本領，〈搜山圖〉的題材描繪二郎
神率領力士神搜山除魔的生動情景。物象均以細筆描繪，主要是鐵線及游絲
描，衣紋剛勁有力，刻劃栩栩如生。〔註19〕這必然出於擅長風俗畫製作的畫
工高人之手，無論運筆、設色與形象，皆可謂精工至極。由於這類畫需假以
時日的工力磨練，王世貞將之關聯到顧陸張吳的系統，實際上，就是給予描
寫精絕的宋畫極高的評價。明代直到吳派興起，一改主宋的繪畫傳統而尚元，
王世貞對於畫壇上吳派一味追求元畫寫意，視以工力取勝的宋畫爲俗匠的態
度深爲不滿。

附圖21、南宋無款〈搜山圖〉局部
53.4×533.4cm，絹，彩，北京故宮

〔註19〕關於〈搜山圖〉故事的流傳簡介與畫面分析，參自《中國美術全集》（錦繡，
1989）「兩宋繪畫（下）」〈搜山圖〉後附解說。

　　王世貞對宋畫、元畫與工匠、士夫畫的對立見解，並不如後來的文人般強烈，對「神品」的極力推崇，及視「逸品」為別途不以為然的態度，也與董其昌的意見迥異。然而有趣的是，董的「逸品」觀，確實建立在對宋畫、元畫與工匠、士夫畫本質的廓清上，這個重要的美學理念，實可謂王世貞居前作導引。

第三節　南北宗諸說

　　「南北宗」這樣一個聚訟紛紜的畫派分宗學說，並未見於唐人的畫論中，即連宋元以來，亦不見類似的說法，〔註20〕直到晚明約與董其昌同時期，才有詹景鳳、陳繼儒、沈顥等人先後提出相近的說法。該說將唐代以來諸家授受演變，錯綜複雜的情況，簡化成兩個對立的傳承脈系，吾人從近來學者對董其昌研究成果中得到啟發，〔註21〕認為此說雖然不具畫史的真象意義，卻具有相當程度的美學意涵，「南北宗」實可視為晚明文人的創舉，更是吾人理解董其昌「逸品」觀的一個重要門戶。以下將針對詹、董、陳、沈四家說法，進行比較分析的整理與考察，以其結果，作為對董「逸品」理解的畫學基礎。

一、晚明文人四家畫派分宗說

（一）學說的提出

　　晚明諸家畫派分宗說的提出，是憑著直覺及畫跡之間的前後關聯而來，並不如今人依據史料分析般嚴謹，分宗說其實可說是他們收藏或觀看古畫以及研讀古代畫論的經驗綜整，他們在研判每一幅古畫時，盡力地想找出風格上彼此的關係，並探尋如何可使這些關係成為具傳承性的方式，分宗之後的譜系，未嘗不可視為他們觀畫與思考之後，為古畫所作的一種索引紀錄。以下先將詹、董、陳、沈四家〔註22〕的畫派分宗說原臚列出來。

〔註20〕「南北宗說」並未見於明代之前。唐朝張彥遠《歷代名畫記》中所敘師資傳授南北時代：「衣服車輿，土風人物，年代各異，南北有殊。」「生長南朝，不見北朝人物，習熟塞北，不識江南山川，游處江東，不知京洛之盛。」多言南北地理風物的差異，所論亦皆王維、李思訓以前之晉唐人，宋元畫論中，難免偶有述及南北山川景物者，也與分宗說無關。

〔註21〕自民國初年以迄晚近，有關中外學者對於南北宗說各個面向的研究與詮釋，請參見本論文緒論部分的概說，以及本文〈附錄一〉的綜合整理。

〔註22〕詹景鳳，隆慶元年（1567）舉人，官至吏部司務。深於書學，山水效黃、倪，

※詹景鳳／跋元饒自然《山水家法》

山水有兩派：一爲逸家，一爲作家，又謂之行家、隸家。逸家始自
王維、畢宏、王洽、張璪、項容，其後荊浩、關仝、董源、巨然及
燕肅、米芾、米友仁爲其嫡派。自此絕傳者，幾二百年，而後有元
四大家黃公望、王蒙、倪瓚、吳鎮，遠接源流。至吾朝沈周、文徵
明，畫能宗之。作家始自李思訓、李昭道及王宰、李成、許道寧。
其後趙伯駒、趙伯驌及趙士遵、趙子澄皆爲正傳，至南宋則有馬遠、
夏圭、劉松年、李唐，亦其嫡派。至吾朝戴進、周臣，乃是其傳。
至於兼逸與作之妙者，則范寬、郭熙、李公麟爲之祖，其後王詵、
趙某某（按脫略）、翟院深、趙幹、宋道、宋迪與南宋馬和之，皆其
派也。元則陸廣、曹知白、高士安、商琦庶幾近之。若文人學畫，
須以荊、關、董、巨爲宗，如筆力不能到，即以元四大家爲宗，雖
落第二義，不失爲正派也。若南宋畫院諸人及吾朝戴進輩，雖有生
動，而氣韻索然，非文人所當師也。大都學畫者，江南派宗董源、
巨然，江北則宗李成、郭熙，浙中乃宗李唐、馬、夏，此風氣之所
習，千古不變者也。時萬曆甲午秋八月。

※董其昌／畫旨之一

禪家有南北二宗，唐時始分，畫之南北二宗，亦唐時分也，但其人
非南北耳。北宗則李思訓父子著色山水，流傳而爲宋之趙幹、趙伯

著有《畫苑》、《東圖玄覽》等書。董其昌（1555～1636），萬曆十六年（1588）
進士，官至禮部尚書，擅於書畫之學，著有《容台集》、《容台別集》、《畫禪
室隨筆》等。陳繼儒（1558～1639），與同郡董其昌齊名，年29，取儒生衣冠
焚棄之，結茅崑山之陽，饒智略，文史百家，靡不精討。喜鑑書畫，其畫皆
在筆墨畦逕之外，著有《皇明書畫史》、《眉公祕笈》、《書畫金湯》等書。沈
顥（1586～？），補博士弟子員，工詩文書畫，深於畫理，著有《畫塵》、《枕
瓢》、《焚硯》諸集，年庚入清。詹生卒年不詳，然以其隆慶元年爲進士衡之，
此年董始12歲，陳9歲，沈尚未出生，故可確知此四人的年次依序爲詹、董、
陳、沈。又詹的分宗說紀年爲萬曆22年甲午（1590），爲其進士後23年。若
以中進士多爲30歲壯年時期推算，詹此說的提出已步入中晚年了，此年董始
35歲，甫登進士後二年，此時的理論應尚未臻成熟，徐復觀先生推論其南北
宗說應在董50歲之後的晚年（參見徐著〈環繞南北宗的諸問題〉一文）。如
此可簡單得知，詹早於董、陳一輩，而沈則又晚於董、陳一輩。陳雖一生未
仕，但與長三歲的董爲同鄉、同好，交極親密之友好，觀念甚爲一致。四人
皆爲廣義的文人，本節以此四位文人前後三代的畫派分宗理論爲考察中心，
應具有相當的代表性。

駒、伯驌,以至馬夏輩,南宗則王摩詰始用渲淡、一變鉤斫之法,其傳爲張璪、荊、關、董、巨、郭忠恕、米家父子,以至元之四大家,亦如六祖之後有馬駒、雲門、臨濟,兒孫之盛,而北宗微矣。要之摩詰所謂雲峰石跡,迥出天機,筆意縱橫,參乎造化者。東坡贊吳道子、王維壁畫,亦云:吾於維也無間然。知言哉。〔註23〕

※董其昌／畫旨之二

文人之畫,自王右丞始。其後董源、巨然、李成、范寬爲嫡子。李龍眠、王晉卿、米南宮及虎兒皆從董巨得來。直至元四大家黃子久、王叔明、倪元鎮、吳仲圭,皆其正傳。我朝文、沈則又遠接衣缽。若馬、夏及李唐、劉松年,又是大李將軍之派,非吾曹所宜學也。〔註24〕

※陳繼儒／清河書畫舫引祕笈(即陳眉公訂定祕笈之簡稱)

山水畫,自唐始變,蓋有兩宗,李思訓、王維是也,李之傳,爲宋王詵、郭熙、張擇端、趙伯駒、伯驌,以至于李唐、劉松年、馬遠、夏圭,皆李派。王之傳,爲荊浩、關仝、李成、李公麟、范寬、董源、巨然,以至於燕肅、趙令穰、元四大家,皆王派。李派板細乏生氣,王派虛和蕭散,此又慧能之禪,非神秀所及也。至鄭虔、盧鴻一、張志和、郭忠恕、大小米、高克恭、倪瓚輩,又如方外不食煙火人,另具一骨相者。

※沈顥／畫麈

禪與畫俱有南北宗,分亦同時,氣運復相敵也。南則王摩詰裁構淳秀,出韻幽淡,爲文人開山,若荊、關、宏、璪、董、巨、二米、

〔註23〕 這段文字究竟是董其昌所創或是莫是龍所創,自余紹宋以來各家爭議紛紛。董其昌《畫旨》有關南北宗的文字,與傳爲莫是龍的《畫說》中者,後者除了:董巨與郭忠恕的次序顛倒,去掉了「著色山水」的「水」字與「有馬駒」的「有」字之外,其餘皆與前者一致。徐復觀先生在〈環繞南北宗的諸問題〉一文中,以爲這種文字上的異同,不僅不涉及內容,連文字構成的本身亦不涉及,可說是完全相同的兩段文字。徐先生以細密的論說,推出此段文字應爲董說。之後美國學者傅申所著〈畫說作者問題研究〉一文,針對此問題有更深入的辯說,到此「主董說」可謂已成定論。詳參本論文〈附錄一〉的整理。

〔註24〕「文人畫」之名,尚屬宋元舊有,郭若虛《圖畫見聞志》中始有「士大夫畫」之稱,後人則襲稱「士夫畫」或「文人畫」。

子久、叔明、松雪、梅叟、迂翁，以至明之沈、文，慧燈無盡。北則李思訓，風骨奇峭，揮掃躁硬，爲行家建幢，若趙幹、伯駒、伯驌、馬遠、夏圭，以至戴文進、吳小仙、張平山輩，日就狐禪，衣缽塵土。

（二）內容的簡要比較與歸納

1. 董、沈以禪家南北宗之名分，陳雖未指名南北，然其兩宗以慧能、神秀涉之，實與董、沈比附禪宗無異。而詹以逸（隸）、作（行）二家區分，又說「文人學畫」、「非文人所當師」，實暗示逸（隸）家即董其昌所指的文人之畫。諸說或以南北、或以逸作的名義分宗，其實可以沈顥之說將二者連結起來——「南則……爲文人開山，……北則……爲行家建幢」。

2. 四家將中國畫史的源流發展別爲兩類，或用禪宗頓漸的工夫比擬，或用社會上專業與業餘的工作性質區分。以宗教或社會的角度分宗，看似無干，而所運用的比喻原則卻有關聯。因爲就工夫的立場而言，專業畫家的培養需經過長期不斷的訓練，才能準確地掌握物象，以求逼真，這就像北禪一樣，苦苦修持，需「積漸方成菩薩」（董其昌語）。業餘的文人畫，以寫意抒懷爲主，重視天賦穎稟以及由文化修養而來的人品，有了這兩項，不必勤練畫技，亦幾能保證筆下的脫俗與不凡，這就像南禪一樣，可「一超直入如來地」（董其昌語）。董其昌以一句「亦如六祖之後，有馬駒、雲門、臨濟，兒孫之盛，而北宗微矣。」舉北宗式微以說明文人畫在畫史蒸蒸日上的地位與優勢。詹、沈以逸（隸）家爲正派，乃文人所當師，皆明示諸說對南宗文人畫所給予的優位。

3. 在風格的陳述上，綜合言之，北宗「著色」、「鉤斫」、「板細乏生氣」、「氣韻索然」、「風骨奇峭，揮掃躁硬」；南宗「渲淡」、「虛和蕭散」、「裁溝淳秀，出韻幽淡」。大致上說來，北派由於重視物象，故喜用重彩以及輪廓的鉤勒，在線條的運用上，有時太過細膩而顯得刻板，有時爲了表達奇峭的力道，又會使用筆顯得誇張粗率，任意揮掃不知節制，而造成躁硬的缺陷，這都使得畫面的氣韻索然。南派畫則盡力去除以上的缺點，取意用筆淡墨內斂含蓄，不誇張外露，結構簡朗。

4. 關於諸家譜系出入者：
   （1）李成、郭熙：詹列李爲作家，董陳皆列李爲南宗。陳列郭爲北宗，詹列郭爲兼逸與作之妙者，董沈則皆不列。
   （2）王詵：董列爲南宗，陳列爲北宗。詹則列爲兼逸與作之妙者。

（3）分宗外之一系：陳繼儒將郭忠恕、大小米、倪瓚等人另立一系。
而詹景鳳在兩派之外，又立兼逸與作之妙者，此系包括原列於其
他三家南宗的范寬、李公麟，列於北宗的趙幹、郭熙，列於陳第
三系的高克恭，以及具爭議性的王詵等人。此外，董其昌亦有在
南宗一系中另立逸品的說法。〔註25〕關於董、陳第三系的問題，
後文將述及。

在以上諸點譜系出入的安排中，第（1）點乃有關李郭畫風在畫史地位上變遷
的問題，本章於第四節將作討論，此暫不贅筆。

至於詹的第三系畫家，其身分有貴族、畫工、亦有士大夫，何以會同列？
應是詹在安排譜系時，發現他們的作品風格表現往往已超出身分的侷限之
外，如李公麟、王詵、馬和之，爲文人官吏，卻能如畫工般擅畫各種體裁。
商琦亦以文人而工壁畫，郭熙、翟院深，一者任職畫院藝學，開創出「三遠」
取景法與對自然景物四時氣氛的掌握，〔註26〕頗爲後世文人所遵循。翟院深
則以民間畫工的身分，能作李成畫，幾可亂眞。〔註27〕他們或是文人而能畫
工事，或是畫工而能寫文人意，詹景鳳這種無法分置兩端的安排，其實若干
程度上說明了畫派以職業身分別對立之兩宗的困難，故與其勉力強分，不如
另立一兼逸與作之妙者，以解決牽強的困境。即使如此，詹在其他畫家的安
排上，亦有不盡合理處，如趙氏兄弟爲宗室，其身分實不應列爲作家。或許
這就是詹之後的晚明文人放棄了以畫家身分職業分派的主因，而在禪宗史

〔註25〕董其昌云：「倪迂在勝國時，可稱逸品，昔人以逸品置神品之上，歷代唯張志
和、盧鴻可無愧色。宋人米襄陽在蹊逕之外，餘皆從陶鑄而來。……倪雲林
古淡天然，米癲後一人而已。」（《畫旨》）此外董亦說，米氏雲山的源頭爲董
源以及更早的王洽潑墨，宋代的趙令穰、馬和之亦稱逸品，而元代的米氏傳
承有高克恭，如此一來，董其昌心中的逸品系譜昭然若揭，乃自王維水墨以
下，盧鴻、張志和、王洽→董源→米氏父子、趙令穰、馬和之→高克恭、倪
瓚。此論乃筆者由董其昌分宗說之外零散文字歸納而得，雖不見於正文所引
的《畫旨》兩段文字中，然究其文意，實與南宗有關，詳細論述，請參見本
論文第四章第一節。
〔註26〕郭熙對前人山水畫創作經驗所作的統整，著成《林泉高致》一書，其中取景
法云：「山有三遠，自山下而仰山顛謂之高遠，自山前而窺山後謂之深遠，自
近山而望遠山謂之平遠。」，此外亦有對四時景物的貼切描述：「春山澹冶而
如笑，夏蒼翠而如滴，秋山明淨而如妝，冬山慘淡而如睡。」郭氏《林泉高
致》言遠近、深淺、風雨、晦明、四時、朝暮之不同，以及溪谷、橋徑、釣
舟、漁艇、人物、樓觀等景莫不詳論，後人遵爲畫式。
〔註27〕關於翟院深可作李成畫，參見同註5，《中國美術辭典》「翟院深」條。

上，找到了恰當的比喻，以符合他們整理畫史的高度興趣。

關於王詵的出入，應是董陳對其畫風認定不一的結果。王詵與北宋文人蘇軾、黃庭堅、米芾、李公麟等人，頗有往來，故其畫風，有被蘇軾譽爲「得破墨三昧」的水墨雲山之作。又因其駙馬都尉的身分，處於宮廷環境中，亦濡染了青綠重色，「金碧緋映，風韻動人」的格調，具有從「金碧」過渡到「水墨」的橋樑作用。〔註28〕董其昌列王於南宗，應是強調其具文人品味的水墨畫風，而陳繼儒列其於北宗，則應著眼於他裝飾性強的金碧畫風。

由此可知上述（2）、（3）兩點關於譜系安排上的出入，正顯示出晚明文人以分宗方式整理畫史所必然會遇到的困窘，這也正是他們招致後世謗議的主因。

二、四家畫派分宗說製表說明

儘管如此，筆者仍欲針對這四家分宗說進行更深入的討論，以掌握晚明文人推崇「逸品」的畫學背景。筆者分別製成三類表格，由於諸說所牽涉有畫家的職業身分、南北具地理方位的涵義、畫家所處的不同朝代、以及畫風特質等，表中簡傳的分類即依此爲準據，包括了：

1. 畫家朝代：即畫家所屬的時代。
2. 畫家地域：指畫家出生或生平經常活動的地帶，在此乃以長江爲界，分爲南北。這是根據政治影響文藝的原則，自文學史上六朝時期南北之隔，以及唐末五代十國與兩宋之交的戰亂紛擾，使得大批文藝之士隨著政治體系而南移搬遷，歷史上的長江，亦適爲文藝地理上的分界。
3. 畫家身分：區分爲貴族（如宗室）、文人官吏（即士大夫）、道隱之士（包括布衣文人）與畫工（包括畫院畫工與民間畫工）。
4. 畫風特色：大別爲重彩的金碧山水、工筆鉤勒（多指畫家精界畫、或工細描人物、花鳥、畜獸）、細潤的水墨淡染，以及粗疏的潑墨縱筆。
5. 山水素材：由於歷代畫家均以山水畫爲正統，且隨著畫史的演變，山水素材亦有更迭，此處則將之略分爲江北與江南景物二者。前者多爲唐以來以表現神仙之鄉的金碧山水，或是由北宋創發而成的北方巨嶂山水。南方則以煙霧迷濛的水景、或江南園林景致爲主。

〔註28〕關於王詵畫風的分析，請參見同註19，《中國美術全集》「兩宋繪畫（上）」，以及同註5，《中國美術辭典》「王詵」條。

三、晚明四家分宗說譜系綜合整理分析表

　　本節製表之第一大類爲諸說畫派譜系畫家所作簡傳一覽表，其分類的判準已如上述。此外，第二、三類乃根據第一類的原始材料再作處理，第二類爲第一類的濃縮，第三類爲第二類的統計。

（一）第一大類：諸說相關畫家之簡傳分類表

　　1. 第一項：北宗（或作家、李派）

〔附表一〕詹景鳳之說

作家（行家）譜系人名	李思訓、李昭道、王宰、李成、許道寧、趙伯駒、趙伯驌、趙子澄、馬遠、夏圭、劉松年、李唐、戴進、周臣

人　名（地域）	朝　代大約年代	身分或官職	畫風簡介	傳世畫作
李思訓成紀（甘肅）	唐　代653〜718	宗室，官至左武衛大將軍	青綠爲質，金碧爲紋的山水畫，繼承並發展六朝以來色彩爲主的表現型式。	〈江帆樓閣圖〉軸
李昭道成紀（甘肅）	唐　代713〜741	宗室，官至太子中舍	青綠山水，畫風巧贍精微，線條纖細	〈明皇入蜀圖〉卷，〈春山行旅圖〉軸
王　宰西蜀（四川）	唐　代約 785 年前後	西蜀韋令公以客禮待之	善畫山水、松石，運筆細緻，玲瓏嵌空，巉嵯巧峭，意出象外。杜甫歌云：「十日畫一水，五日畫一石，能事不受相促迫，王宰始市留眞跡」。有興善寺〈四時屛風圖〉，及爲夔舍人畫〈臨江雙樹圖〉幛，一松一柏，古藤纏繞，朱景玄云：「上盤於空，下著於水」「交植曲屈，分而不雜」，多畫蜀山。	
李　成長安（陝西）	五代宋初919〜967	磊落有志，才命不遇	放意詩酒，受樞密史王朴知，但未及受用，後雖被延聘，卻遷家，醉死客舍。生前隱居山林，師法自然，煙雲變滅、樹木蕭森、飛流危棧、斷橋絕澗，皆出胸中。平原寒林，尤得瀟	〈寒林圖〉軸，傳〈讀碑窠石圖〉

			灑清曠之致。筆鋒穎脫，墨法精微，好用淡墨，人稱「惜墨如金」，山石如雲動，謂之「卷雲皴」。	
許道寧 長　安 （陝西）	北　宋 約 964 年前後	應爲民間畫工之屬	初在汴京端門外賣藥，當眾揮毫，隨藥送畫，漸得名，宰相張齊賢請入宅畫壁與屏風，畫名日勝。始時筆墨矜謹，中年遊太行山區，得造化感染，變法創新，獲「峰巒峭拔，林木勁硬」的好評，晚年筆墨趨於簡快，自成一體。張士遜贈詩云：「李成謝世范寬死，長安唯有許道寧」所畫林木、平遠、野水，皆臻佳妙，被譽「三長」。	〈雪霽漁父圖〉卷
李　唐 河　陽 （河南）	兩宋之交 1066~1150	徽宗朝入畫院，南渡後任待詔	早年寫北方山川用峭勁筆墨，晚年受江南景物陶冶，線條長，墨潤，創「大斧劈皴」，畫石堅硬，兼工人物，衣褶方折勁硬。	〈萬壑松風圖〉軸，〈采薇圖〉卷
趙伯駒 活動於江南一帶	兩宋之交 約 1127 年前後	宗室，官至浙東兵馬鈐轄	金碧山水，筆法倣唐李思訓，趨於精密，秀勁工致，著色清麗活潑，畫人物、花木、鳥獸、樓閣、舟車，盡工細之妙。	〈江山秋色圖〉軸
趙伯驌 （同兄）	兩宋之交 1124～1182	宗室，官至和州防禦使	與其兄皆妙於金碧山水，高宗朝奉命合作集英殿壁畫，賞賚甚厚。亦精花鳥、界畫，孝宗朝繪以姑蘇天慶觀圖樣進呈，帝令原樣建造，即玄妙觀。〈萬松金闕圖〉，石腳青綠勾染，水紋粼粼細描，宛然江南盛夏之景。	〈萬松金闕圖〉
趙士遵 活動於江南一帶	南　宋	宗室，徽宗子，建炎初封漢王	善人物山水，著色景似李昭道。紹興間盛行婦女服飾及琵琶阮箏面繪，所作多配山水，實始於士遵。	〈藍田煙雨〉、〈曲水流觴〉
趙子澄 活動於西蜀一帶	南　宋 約 1140 年前後	宗室，紹興末官秭鄉	廉介修潔，流落巴峽四十年，藉添差祿以自給，長歌詩，善草隸，能畫。士子重其風度，每載酒從其遊，一日乘醉入小肆，見素壁可愛，案上拈禿筆作瀺灂，勢欲動屋，筆力極遒壯，亦工花鳥。	

劉松年 錢塘 （浙江）	南　宋 約1174年前 後	孝宗朝畫院 學生，光宗 朝待詔	寧宗朝進〈耕織圖〉稱旨山水畫 筆墨精嚴，著色妍麗，多江南 景，畫人物，衣褶清勁，樹石筆 法挺勁，界畫工整	〈醉僧圖〉 軸，〈四景 山水〉卷
馬　遠 錢塘 （浙江）	南　宋	曾祖，祖， 父，伯，兄， 至遠，均為 畫院待詔	以峭拔簡括見長，遒勁嚴峻，遠 山奇峭，近石方硬，除大斧劈皴 外，亦運用方頭尖尾的釘頭鼠尾 描輪廓，樹幹瘦硬托枝，邊角構 圖，世稱為「馬一角」。亦工畫水。	〈踏歌圖〉 軸，〈山徑 春行〉冊頁
夏　圭 錢塘 （浙江）	南　宋 約1194年前 後	寧宗朝為畫 院待詔	用禿筆帶水作大斧劈皴，用水 墨，墨氣襲人，構圖佔畫幅之 半，世稱「夏半邊」。師李唐而 更加簡率，筆意簡遠。	〈溪山清 遠〉卷〈西 湖柳艇〉軸
戴　進 錢塘 （浙江）	明　代 1388～1462	因畫名徵 召，值仁智 殿	山水師馬夏，取郭熙、李唐，俱 蒼潤遒勁，人物多用蠶頭鼠尾 描，佛像用鐵線描、蘭葉描，運 筆頓挫有力，寫走獸、花果、禽 鳥，亦精微，善作葡萄，配以鉤 勒竹、蟹爪草，別具情趣。郎瑛 七修類稿嘆其為「藝精而不售， 展轉為競藝者所忌，卒死窮途」 畫風在明中葉影響很大，推為浙 派創始人。	〈春山積 翠圖〉軸， 〈風雨行 舟圖〉軸， 〈葵石蛺 蝶圖〉軸
周　臣 吳　地 （江蘇）	明　代 約 1535 年 前後	院人	上溯南宋諸家，取法李唐、劉 松年，石體堅凝，筆法嚴整， 格局穩健，仿馬夏則運筆遒勁 奔放，與戴進並驅，稍乏淡遠 之趣，實為院體中一高手，唐 寅流傳之畫，每多出其師（臣） 筆。於宋人摹李郭馬夏，用筆 純熟，所謂行家意勝也。兼工 人物，古貌奇姿，綿密蕭散， 各極意態。	〈春泉小 隱圖〉卷， 〈滄浪亭〉 卷，〈長江 萬里〉卷

〔附表二〕董其昌之說

北宗譜系人名	李思訓、李昭道、趙幹、趙伯駒、趙伯驌、馬遠、夏圭、李唐、劉 松年

※以下與詹景鳳之說重覆者參見〔附表一〕

人　名 （地域）	朝　　代 大約年代	身分或官職	畫風簡介	傳世畫作
趙　幹 江　寧 （南京）	五代南唐 約 961 年 前後	畫院學生	擅畫江南樓觀、舟楫、水村、漁市景物，樹石筆法老硬，水紋尖勁爽利，天空以粉彈小雪。	〈江行初雪圖〉卷

〔附表三〕陳繼儒之說

李派譜系人名	李思訓、王詵、郭熙、張擇端、趙伯駒、趙伯驌、李唐、劉松年、馬遠、夏圭

※以下與詹景鳳之說重覆者參見〔附表一〕

人　名 （地域）	朝　　代 大約年代	身分或官職	畫風簡介	傳世畫作
郭　熙 河　陽 （河南）	北　宋 1023～ 約 1085	神宗朝任圖畫院藝學，後任翰林待詔直長	師李成法，畫山石多用「卷雲」或「鬼臉」皴，樹枝如蟹爪下垂，筆勢雄健，水墨明潔，常於巨嶂高壁，作長松喬木、回溪斷澗、峰巒秀拔、雲煙變幻之景，為李成畫派之後勁，深究畫理，取景綜整出「三遠法」，飽遊臥看自然，體悟出「春山如笑、夏山如滴、秋山如妝、冬山如睡」。著有畫論《林泉高致》。	〈早春圖〉軸
王　詵 太　原 （山西）	北　宋 1037～1093 1048～1104	為宋神宗女蜀國公主駙馬，官至定州觀察使	家有寶繪堂，廣藏法書名畫，蘇軾為之記，與黃庭堅、米芾締交，嘗邀請李公麟到家畫〈西園雅集圖〉。後因「攘去膏粱，黜遠聲色，而從事於書畫」，招致蜀國公主與神宗之不滿，為一具有文人品味的貴族。畫風上，有被蘇軾譽為「得破墨三昧」的江上雲山、幽谷寒林與平遠山水之景。亦有青綠設色，深得「金碧緋映、風韻動人」的格調，有著從「金碧」過渡到「水墨」的橋樑作用。	〈煙江疊嶂圖〉卷，〈漁村小雪圖〉卷

張擇端東武（山東）	北宋末南宋初約1100年前後	徽宗朝供職翰林圖畫院	專工宮室界畫，尤善舟車、市肆、橋樑、街衢、城郭，自成一家。〈清明上河圖〉為其代表作，以汴河為構圖中心，為北宋晚期的都城生活，作詳盡的描繪，展示各階層人物的生活動態，包括經濟狀況、城鄉關係、民情風俗等，乃南宋人追憶故京繁盛之留影。	〈清明上河圖〉卷

〔附表四〕沈顥之說

北宗譜系人名	李思訓、趙幹、趙伯駒、趙伯驌、馬遠、夏圭、戴進、吳偉、張路

※以下與詹景鳳之說重覆者參見〔附表一〕

人　名（地域）	朝　代大約年代	身分或官職	畫風簡介	傳世畫作
吳　偉江　夏（湖北）	明代1459～1508	原民間畫工孝宗授錦衣衛百戶，賜「畫狀元」	成國朱公延至幕中，以「小」仙呼之，因以為號。在京，後被迫居南京秦淮河岸畔。工畫人物，宗吳道子，縱筆不甚經意，而奇逸瀟灑動人，取南宋畫院體格，山水近學戴進，遠師法馬夏，臨畫用墨如潑雲，揮灑俄頃，曲折細巨，各有條理，彷彿宿構。飲友人家，戲取蓮房，濡墨印紙上數處，莫測用意，忽縱筆揮灑，成〈捕蟹圖〉十分神妙，晚年蒼勁灑脫，用亂柴、亂麻、破網等皴法，乃明中葉創新畫家，學之者甚眾，人稱江夏派，為浙派支流。	〈溪山漁艇圖〉軸，〈長江萬里圖〉卷
張　路祥　符（河南）	明代1464～1538	以庠生遊太學，平日應為民間畫工	擅繪人物，師法吳偉，筆勢遒勁，卻厭草率頹放，山水兼學戴進，被認為狂態，與朱端、蔣嵩、汪肇等人同列浙派名家。	〈漁父圖〉軸

2. 第二項：南宗（或逸家、王派）

〔附表五〕詹景鳳之說

逸家（隸家）譜系人名	王維、畢宏、王洽、張璪、項容、荊浩、關仝、董源、巨然、燕肅、米芾、米友仁、黃公望、吳鎮、倪瓚、王蒙、沈周、文徵明

人 名（地域）	朝 代 大約年代	身分或官職	畫風簡介	傳世畫作
王 維 河 東 （山西）	唐 代 701～761	玄宗進士，官至尚書右丞	朱景玄云：「山谷鬱鬱盤盤，雲水飛動，意出塵外，怪生筆端」。嘗於清源寺壁上畫〈輞川圖〉。張彥遠最早提及他的「破墨山水」，這是一種以水滲透墨彩來渲淡的新技法，打破了青綠重色和線條鉤勒的束縛。蘇軾稱他「詩中有畫，畫中有詩」，董其昌推其為「南宗之祖」為文人畫的先導，王原祁謂其「畫中雪景，唐以前但取形似而已，氣韻生動自摩詰開之。」一般對王維的印象，大致為山水「斂吳生之鋒，洗李氏之習。」	傳〈江山雪霽圖〉卷，〈伏生授經圖〉
畢 宏 偃 師 （河南）	唐 代 約 767 年前後	官至京兆少尹，左庶子	善畫山水、松石、初喜畫松樹，後見張璪手握雙管，以手摸絹素作畫，並聽其云「外師造化，中得心源」，遂擱筆。嘗畫〈雙松圖〉於左省廳壁，一時文士皆作詩稱道，杜甫歌云：「天下幾人畫古松，畢宏已老韋偃少」，彥遠評曰：「樹木改步變古，自宏始也」，開創樹木松石格新畫法，米芾稱之「筆勢凶險」「奇古」。	〈松石圖〉
項 容 天 台 （浙江）	唐 代 約 767 年前後	布衣，天台處士	早年師鄭虔，作〈松風泉石圖〉，荊浩評其畫：「用墨獨得玄門，用筆全無其骨，然於放逸，不失元真氣象」「吳道子有筆而無墨，項容有墨而無筆」，為潑墨技法的先驅，王洽深受影響。	〈松風圖〉，〈寒松漱石圖〉

張璪 吳郡 （蘇州）	唐代 約782年前後	官至檢校祠部員外郎	創「破墨法」，工畫松石，「手握雙管，一時齊下，一爲生枝，一爲枯枝，氣傲煙霞，勢凌風雨，槎枒之形，鱗皴之狀，隨意縱橫，應手而出……」所畫山水「高低秀麗，咫尺重深」，畢宏驚問其法，答曰：「外師造化，中得心源」。*破墨法：以水滲透墨彩來渲染的新技法，打破青綠重色和線條鉤勒的束縛。	〈松石圖〉
王洽 卒於潤州 （鎮江）	唐代 ？～804	平素往來於江湖間	早年受筆法於鄭虔，後師項容，擅畫山水、松石、雜樹，風顛酒狂，性豪放疏野，好酒，每逢作畫，先飲醺酣後，潑墨汁於絹上，或揮或掃，淡淡濃濃，隨其形狀，爲山爲石，爲雲爲水，應手隨意，生動自然。潑墨法始於洽，故「王墨」爲其別號。至宋元，有畫家如米芾父子、牧谿、高克恭、方從義，遠從其法。	〈松橋圖〉，〈嚴光釣瀨圖〉
荊浩 河內 （河陽）	五代後梁	隱居，自稱洪谷子	通經史，能詩文，語人：「吳道子山水有筆而無墨，項容山水有墨而無筆，吾當採二子之長，成一家之體」山水全景構圖，皴法始之，爲北方山水開創者，精畫理，著有《筆法記》	〈匡廬圖〉軸
關仝 長安 （陝西）	五代後梁	不明（暫列於道隱之士）	工畫山水，師荊浩，擅寫關河之勢，筆簡氣壯，景少意長，石體堅凝，山峰削拔，爲北方山水大家。	〈關山行旅圖〉軸
董源 鍾陵 （江西）	五代南唐 ？～962	後苑副使	擅山水，作峰巒出沒、雲霧顯晦、溪橋漁浦、洲渚掩映的江南山水，不爲奇削之筆。水墨畫，著色清淡，畫山用細長圓潤的披麻皴畫山，上多礬頭，佈滿小墨點，下作平灘叢樹，坡腳多碎石，乃京口一帶山色。亦有著色穠厚少皴的富麗作品。	〈瀟湘圖〉卷，〈夏景山口待渡圖〉卷

巨　然 江寧 （南京）	五代宋初 ？	南唐亡，至 開封爲開元 寺僧	師法董源，耳年著力刻劃形象，用長披麻皴畫山，山頂多礬頭，晚年漸趨。沈括云：「江南董源僧巨然，淡墨輕嵐爲一體」。董巨畫皆宜遠觀，遠峰峰頂宛有返照之色，喜用破筆焦墨點苔，水邊點綴風蒲，林麓佈置松柏卵石，風格清潤蒼鬱。	〈秋山問道圖〉軸，〈層崖叢樹圖〉軸
燕　肅 青　州 （山東）	北　宋 991～1040	眞宗朝進士	爲一精通天文地理的科學家。工詩善畫，以詩入畫，意境高超，爲文人畫的先驅，郭若虛評曰：「澄懷味象，應會感神」，亦擅各種體裁之畫，如牛馬、人物、翎毛……	傳〈春山圖〉軸，〈寒岩積雪圖〉軸
米　芾 原祖籍太 原，後改 遷襄陽， 後再定居 潤州 （鎮江）	北　宋 1051～1107	徽宗召爲書 畫學博士， 官至禮部員 外郎	舉止狂放，人稱「米顛」，不能與世隨和，故從政數困，能詩文，善書畫，精鑑賞別。山水不求工細，多用水墨點染，橫點積疊墨法，突破鉤廓添皴的傳統，開創新風格。有時用紙筋、蔗滓、蓮房代筆，水墨淋漓，自謂「無一筆李成關同俗氣」，畫史上有「米家山」、「米氏雲山」之稱，晚年作人物，自謂「取顧高古，不入吳生一筆」。	〈春山瑞松圖〉軸
米友仁 （同上）	南　宋 1074～1153	官兵部侍郎 敷文閣直學 士，高宗命 其鑑定法書	山水畫發展米法，用水墨橫點，連點成片，構成「煙雲變滅，林泉幽壑，生意無窮」之畫面，，運筆草草，自稱「墨戲」，對後來文人畫中筆墨縱放，形狀脫略有影響。	〈瀟湘奇觀圖〉卷
黃公望 原常熟人 ，後過繼 至永嘉 （浙江）	元　代 1269～1354	曾爲中台察 院椽，誣入 獄，嗣入「全 眞教」，賣卜 爲生	精山水畫，宗董巨，受趙孟頫指導，居富春山、虞山，皆袖攜紙墨，過景模記，「終日只在荒山亂石叢木深篠中坐」。晚年水墨畫運以草籀筆法，皴筆不多，有「峰巒渾厚，草木華滋」之評，設色「淺絳」始之。著有「寫山水訣」。	〈富春山居圖〉卷，〈天池石壁圖〉軸

吳　鎮 嘉　興 （浙江）	元　代 1280～1354	隱居鄉里	曾於私塾中教書，到錢塘一帶賣卜，為人抗簡孤潔，雖有勢不能奪，擅水墨山水，師巨然，間有馬夏的斧劈皴，善用溼墨表現山川林木鬱茂景色，在元畫中容納南宋骨體，拾剛勁趨於溫潤。	〈秋江漁隱圖〉軸，〈漁父圖〉卷
王　蒙 湖　州 （浙江）	元　代 ？～1385	棄官隱居於黃鶴（餘杭）山	趙孟頫甥，明初任泰安（山東）知州廳事，坐胡惟庸案，死獄中。變松雪規格，參酌唐宋諸家，自立門戶。生平罕用絹，多以紙抒寫，景多稠密，皴法多至數十重，樹木不下數十種，徑路迂迴，煙靄微茫，曲盡山林幽致。用解索皴和渴墨點苔，林鬱有蒼茫氣氛。	〈青卞隱居圖〉軸，〈花溪漁隱圖〉軸
倪　瓚 無　錫 （江蘇）	元　代 1306～1374	初奉禪宗，後入全真教	擅畫水墨山水，宗董，參以荊關方筆，創「折帶皴」，寫山石畫樹木兼師李成，所作多取材太湖景色，疏林坡岸，淺水遙岑，意境清遠蕭疏，自謂「逸筆草草，不求形似」用筆輕而鬆，躁筆多，潤筆少，墨色簡淡，無纖細浮薄之感，淡墨簡筆，簡中寓繁。	〈漁莊秋霽圖〉軸，〈雨後空林圖〉軸
沈　周 長　洲 （江蘇）	明代 1427～1509	不應科舉，長期從事繪畫詩文	擅山水，早年師杜瓊，上漓董巨，李成，中年以黃公望為宗，晚醉心吳鎮。四十歲以前多盈尺小景，之後始拓為大幅，筆墨堅實豪放，雖草草點綴，而意已足，人稱「粗沈」，此外，亦有細筆，謹密中仍具渾淪的氣勢，人稱「細沈」。取景多江南山川和園林景物，兼工花卉、鳥獸，善用重墨淺色，別饒韻致，唐寅、文徵明皆出其門。 ※杜瓊：吳人，詩書旁通，以賣畫為生宗董，近法王蒙，多用乾筆皴擦，淡墨烘染，為吳派先聲。	〈廬山高〉軸，〈策杖圖〉軸，〈滄洲趣圖〉卷〈南村別墅十景冊〉

| 文徵明
長　洲
（江蘇） | 明代
1470～1559 | 以貢生薦試
吏部，任翰
林院待詔 | 擅山水，遠師郭熙、李唐，近學
吳鎮，詩文書畫盛名與趙孟頫
同，而出處純正過之。多寫江南
湖山庭園，文人生活，構圖平
穩，筆墨蒼潤秀美，粗細筆兼
備，得意筆以工致勝，亦善花
卉、蘭竹、人物，學生眾多。 | 〈千巖競秀
圖〉軸，〈絕
壑鳴琴圖〉
軸 |

〔附表六〕董其昌之說

南宗譜系人名	王維、張璪、荊浩、關仝、董源、巨然、郭忠恕、李成、范寬、李 公麟、王詵、米芾、米友仁、黃公望、吳鎮、倪瓚、王蒙、沈周、 文徵明

※以下與詹景鳳之說重覆者參見〔附表五〕

人　名 （地域）	朝　代 大約年代	身分或官職	畫風簡介	傳世畫作
郭忠恕 洛　陽 （河南）	五代宋初 ？～977	召為宗正丞 兼國子監書 學博士	為人梗直，縱酒肆言，因議論 被貶，去官遊於陝洛間，又因 譏諷時政，被流配登州，死於 道中。界畫精工，但不等於建 築圖樣，仍具有「行筆天放， 設色古雅」、「遊規矩準繩中而 不為所窘」的持色。	〈雪霽江行 圖〉卷
李　成 長　安 （陝西）	五代宋初 919～967	磊落有志， 才命不遇	放意詩酒，受樞密史王朴知，但 未及受用，後雖被延聘，卻遷 家，醉死客舍。生前隱居山林， 師法自然、煙雲變滅、樹木蕭 森、飛流危棧、斷橋絕澗，皆出 胸中。平原寒林，尤得瀟灑清曠 之致。筆鋒穎脫，墨法精微，好 用淡墨，人稱「惜墨如金」，山 石如雲動，謂之「卷雲皴」。	〈寒林圖〉 軸，傳〈讀 碑窠石圖〉
范　寬 關　中 （陝西）	北宋 約 1023 年 前後	進止疏野， 不拘世故	移居終南、太華，於岩隈林麓 間，終日危坐四顧，對景求趣 造意，發之毫端。下筆雄健老 硬，山多正面巍立，石紋用雨 點狀皴筆，山勢折落有勢，頂 植密林，枝如丁香，水際作突 兀大石，畫出秦隴間峰巒渾 厚，嚴峻逼人氣概。人謂「范 寬之筆遠望不離坐」。	〈谿山行旅 圖〉軸

| 王詵
太原
（山西） | 北宋
1037～1093
1048～
1104 | 爲宋神宗女蜀國公主駙馬，官至定州觀察使 | 家有寶繪堂，廣藏法書名畫，蘇軾爲之記，與黃庭堅、米芾締交，嘗邀請李公麟到家畫〈西園雅集圖〉。後因「攘去膏梁，黜遠聲色，而從事於書畫」，招致蜀國公主與神宗之不滿，爲一具有文人品味的貴族。畫風上，有被蘇軾譽爲「得破墨三昧」的江上雲山、幽谷寒林與平遠山水之景。亦有青綠設色，深得「金碧緋映、風韻動人」的格調，有著從「金碧」過渡到「水墨」的橋樑作用 | 〈煙江疊嶂圖〉卷，〈漁村小雪圖〉卷 |
| 李公麟
舒城
（安徽） | 北宋
1049～1106 | 神宗朝進士官至朝奉郎，元符三年，告老居龍眠山，稱龍眠居士 | 居京師，不遊權貴之門，以訪名園蔭林爲樂，好古博學，喜藏鐘鼎、古器、書畫，與蘇、黃、米交，作楷書有晉宋人風格，擅畫人物、佛道像，吸取歷代流派之長。人物畫多白描，筆法如行雲流水，全憑墨線運行，以濃淡、粗細、虛實、輕重、剛柔、曲直來表現，達到分別狀貌、動作態度、顰伸俯仰、大小美惡，咸有區別的程度。尤精畫鞍馬，常觀群馬生活，作畫以立意爲先，佈置緣飾爲次，鞍馬勝韓幹，佛像近吳道子，山水近李思訓，人物似韓滉。 | 〈五馬圖〉卷，〈龍眠山莊圖〉卷 |

〔附表七〕陳繼儒之說

| 王派譜系人名 | 王維、荊浩、關仝、李成、李公麟、范寬、董源、巨然、燕肅、趙令穰、趙孟頫、黃公望、吳鎮、王蒙 |

※以下與詹、董之說重覆者參見〔附表五〕、〔附表六〕

人　名 （地域）	朝　　代 大約年代	身分或官職	畫風簡介	傳世畫作
趙令穰 汴京 （河南）	北　宋 約 1100 年 前後	宗室，官至崇信軍節度使，觀察留後，追封榮	好讀書，雅有美才，擅畫，設色平遠，多寫陂湖、水村、煙林、鳧雁，優雅清麗。宋制，王子不得無故出城，故取材多	〈湖莊清夏圖〉卷

		國公	拘限於兩京郊外景物，蘇軾見每有新作，必笑其「定乃朝陵歸來」，譏其不能遠行。喜寫湖天平遠渺茫之景。	
趙孟頫 湖州 （浙江）	元　代 1254～1322	宋宗室，入元，官至翰林學士承旨，封魏國公	精通音樂，善鑑定古器物，書法各體，無不冠絕。繪畫，山水取董李，人馬師李公麟和唐人，工墨竹、花鳥，皆以筆墨圓潤蒼秀見長，以飛白法畫石，以書法筆寫竹，力主變院體格調，主貴有「古意」，所交文友甚廣，影響甚鉅。	〈鵲華秋色圖〉卷

〔附表八〕沈顥之說

南宗譜系人名	王維、荊浩、關仝、畢宏、張璪、董源、巨然、二米、黃子久、王叔明、趙松雪、吳梅叟、倪迂、文徵明、沈周

※與詹、陳之說重覆者，分別參見〔附表五〕、〔附表七〕

3. 第三項：兩宗之外者

〔附表九〕詹景鳳之說

兼逸與作之妙者	范寬、郭熙、李公麟、王詵、翟院深、趙幹、宋道、宋迪、馬和之、陸廣、曹知白、高士安、商琦

※凡與前引諸說重覆者不列。又以下與詹、陳之說重覆者參見〔附表五〕、〔附表七〕

人　名 （地域）	朝　代 大約年代	身分或官職	畫風簡介	傳世畫作
翟院深 營　丘 （山東）	北　宋 ？	原樂工，善擊鼓	師李成，喜畫峰巒之景，一日邵中宴客作樂，適浮雲聳起，如峰相疊，院深停鼓仰望，太守詰之，實對，翌日命畫，果有竦突之勢。李成之孫李宥爲開封尹，日搜其祖畫，多誤售院深之筆，以其風貌相近，不能辨，幾可亂眞，善畫山水，閒淡簡遠，乘興即寓意，非求售也，故傳世作品絕少	〈谿山霽雪圖〉
宋　道 洛　陽 （河南）	北　宋 （爲宋迪之兄）	以進士擢第爲郎	善畫山水，閒淡簡遠，取重於時，但乘興即寓意，非求售也，故傳世作品絕少。	

宋 迪 洛 陽 （河南）	北 宋 約 1023 年 前後	仁宗朝進士 官至度支員 外郎	〈瀟湘八景圖〉的詩畫題材，始於迪，氣韻蒼茫，意趣簡遠，豐富了平遠山水的主題。陳用志求教於迪，迪授以「敗牆張素」之法，用志學後，格法日進。其畫兼精各體，技法精熟，能「覽物得意」、「寫物創意」，論者謂「士大夫畫中最佳者」。	〈瀟湘八景圖〉卷
馬和之 錢 塘 （浙江）	南 宋 約 1131 年 後	高宗朝進士 官至工部侍 郎，一說爲 畫院待詔	周密云：「御前畫院僅十人，和之居其首焉」。擅畫人物、佛像、山水，用柳葉（馬蝗）描，人物仿吳道子，行筆飄逸，著色輕淡，務去華藻，人稱「小吳生」。高宗、孝宗重其筆，每寫詩經，命其補圖，內容花草、蟲鳥、走獸、樓閣，無所不備，王蒙讚其「脫去鉛華豔冶，專爲清雅圓融，向來畫院一派，至是爲之一洗」。寫蘇軾夜遊赤壁故事，風水浩蕩，佈局空曠，筆墨飛動而柔和，出自吳道子，爲當時新格。	〈赤壁後遊圖〉卷
高士安 祖 西 域 人，占籍 大同，居 燕京，晚 年移居錢 塘	元 代 1248～1310	官至邢部侍 尙書和大名 路總管	工畫山水，多次到江南任職，歷南國風光，擅寫林巒煙雨之景，初學米芾父子，晚溯董巨，筆墨蒼潤，氣韻閑遠。元以前多用溼筆，至元始用乾筆，趙極推重之。畫竹自謂「子昂寫竹，神而不似，仲賓（李衎）寫竹，似而不神，其神而似者，吾之兩此君也」。〈雲橫秀嶺圖〉，以大設色畫雲山煙樹，山頂青綠橫點，坡腳鉤皴，合參董米。平日不輕於著筆，遇酒酣興發，或好友在前，雜取縑楮，研墨揮毫，乘快爲之，神施鬼設，不可端倪，倪瓚云：「高乃一生學米，有過之而無不及也」。※清河書畫舫作高克恭，名士安	〈雲橫秀嶺圖〉軸
商 琦 曹 州 （山東）	元 代 ？～1323	官至集賢殿 學士祕書卿	初工壁畫，曾與李衎奉命替僧寺作壁畫，規定「不得畫神鬼、不得用金朱塗」「但令水墨寫河	〈杏雨浴禽圖〉軸，〈荷亭消夏〉軸

			岳、蒼松、赤檜盤根株」合之。山水古木寒鴉學李成，亦能金碧山水。	
陸 廣 蘇 州 （江蘇）	元 代 約 1331 年 前後	吳地文人	山水取法黃公望、王蒙，風格清淡蒼潤，蕭散有致，後人評其格調在曹知白、徐賁之間。	〈丹台春曉〉軸
曹知白 華 亭 （上海）	元 代 1272～1355	至元中任昆山縣教諭	與倪瓚、顧瑛同為太湖一帶著名文人，家築園池，聞名一時，常邀賓客論文賦詩，援琴唱歌，時有雅集。畫山水，受趙影響，趨向李郭，也吸取董巨精華，筆墨疏秀清潤，後期作品乾筆皴擦，情味簡淡，黃公望：「求之巧思者甚多，至於韻度清越，則此翁獨步也」。	〈松林平遠〉軸

〔附表十〕陳繼儒之說

如方外煙火人 另具一骨相者	鄭虔、盧鴻一、張志和、郭忠恕、米芾、米友仁、馬和之、高克恭、倪瓚

※以下與前引諸說重覆者不列

人 名 （地域）	朝 代 大約年代	身分或官職	畫風簡介	傳世畫作
鄭 虔 滎 陽 （河南）	唐 代 705～764	玄宗授廣文館博士	嘗自書詩並畫〈滄洲圖〉上獻，李隆基署其紙尾：「鄭虔三絕」。畫山饒墨，樹枝老硬，用墨富變化，王洽師事之，與杜甫交甚深。	〈峻嶺溪橋圖〉，〈陶潛像〉
盧鴻一 范 陽 （河北）	唐 代 約 718 年前後	玄宗徵為諫議大夫，固辭不就	隸隱居嵩山，聚徒五百人。工籀篆楷，擅畫山水樹石，筆墨清逸，得平遠之趣。〈草堂十志圖〉為其隱居理想。	〈草堂十志圖〉卷
張志和 婺 州 （浙江）	唐 代 約 756 年前後	至德時授明經，肅宗授左金吾衛錄事參軍	以詩書畫自誤，書跡狂逸，畫山水，酒酣或擊鼓、吹笛，舐筆輒成。顏真卿為湖州刺史，贈「漁歌」五首，其按歌意畫人物、漁舟、鳥獸、煙波、風月，「曲盡其妙，甚有逸思」朱景玄列其與王洽、李靈省三人為「逸品」。	

高克恭 祖 西 域 人，占籍 大同，居 燕年移居 錢塘	元 代 1248～1310	官至邢部侍 尚書和大名 路總管	工畫山水，多次到江南任職，歷南國風光，擅寫林巒煙雨之景，初學米芾父子，晚溯董巨，筆墨蒼潤，氣韻閑遠。元以前多用溼筆，至元始用乾筆，趙極推重之。畫竹自謂「子昂似而不神，其神而似者，吾之兩此君也」。〈雲橫秀嶺圖〉，以大設色畫雲山煙樹，山頂青綠橫點，坡腳鉤皴，合參董米。平日不輕於著筆，遇酒酣興發，或好友在前，雜取縑楮，研墨揮毫，乘快爲之，神施鬼設，不可端倪，倪瓚云：「高乃一生學米，有過之而無不及也」。	〈雲橫秀嶺圖〉軸

〔附表十一〕董其昌之說

逸品系譜	王洽、盧鴻一、張志和、董源、趙令穰、米芾、米友仁、馬和之、高克恭、倪瓚

※凡與前諸說有重覆者不列

（二）第二大類：諸說相關畫家之簡傳綜合分析

〔附表十二〕北宗（或作家、李派）畫家之簡傳綜合分析表

學說家數	畫家人名	畫家朝代	畫家地域		畫家身分				畫風特色				山水素材	
			江北	江南	貴族	文人官吏	道隱之士	畫工	金碧山水	工筆鉤勒	水墨淡染	潑墨縱筆	江北景物	江南景物
詹景鳳	李思訓	唐代	✓		✓				✓	✓			✓	
	李昭道	唐代	✓		✓				✓	✓			✓	
	王宰	唐代	✓					✓			✓		✓	
	李成	北宋	✓				✓				✓		✓	
	許道寧	北宋	✓					✓			✓		✓	
	李唐	南宋	✓					✓	✓	✓	✓		✓	
	趙伯駒	南宋		✓	✓				✓	✓				✓
	趙伯驌	南宋		✓	✓				✓	✓				✓

	趙士遵	南宋		v	v				v	v			v	
	趙子澄	南宋		v	v						v	?		
	劉松年	南宋		v			v		v	v		v	v	
	馬　遠	南宋		v			v		v	v	v		v	
	夏　圭	南宋		v			v		v		v		v	
	戴　進	明代		v			v		v		v	v	v	
	周　臣	明代		v			v					v		
	李思訓	唐代	v		v				v	v		v		
	李昭道	唐代	v		v				v	v		v		
董其昌	趙　幹	南唐		v			v				v			v
	李　唐	南宋	v				v		v	v		v		
	趙伯駒	南宋		v	v				v	v		v		
	趙伯驌	南宋		v	v				v	v		v		
	劉松年	南宋		v			v			v	v	v	v	
	馬　遠	南宋		v			v			v	v	v	v	
	夏　圭	南宋		v			v				v	v	v	
	李思訓	唐代	v		v				v	v		v		
陳繼儒	郭　熙	北宋	v				v				v	v		
	王　詵	北宋	v		v	v			v			v		
	張擇端	南宋	v				v			v		v		
	李　唐	南宋	v				v			v		v		
	趙伯駒	南宋		v	v				v	v		v		
	趙伯驌	南宋		v	v				v	v		v		
	劉松年	南宋		v			v			v	v	v	v	
	馬　遠	南宋		v			v			v				
	夏　圭	南宋		v			v				v	v	v	
	李思訓	唐代	v		v				v	v		v		
	李　唐	南宋	v				v		v	v	v	v		
沈　顥	趙伯駒	南宋		v	v				v	v		v		
	趙伯驌	南宋		v	v				v	v		v		
	劉松年	南宋		v			v			v		v		
	馬　遠	南宋		v			v			v	v	v	v	
	夏　圭	南宋		v			v				v	v	v	
	吳　偉	明代		v			v			v	v	v	v	
	張　路	明代	v				v				v	v	v	

〔附表十三〕南宗（或逸家、王派）畫家之簡傳綜合分析表

學說家數	畫家人名	畫家朝代	畫家地域		畫家身分				畫風特色				山水素材	
			江北	江南	貴族	文人官吏	道隱之士	畫工	金碧山水	工筆鉤勒	水墨淡染	潑墨縱筆	江北景物	江南景物
詹景鳳	王　維	唐代	✓			✓					✓		✓	
	畢　宏	唐代	✓			✓					✓		✓	
	項　容	唐代		✓			✓				✓	✓		✓
	張　璪	唐代		✓			✓				✓			✓
	王　洽	唐代		✓			✓				✓	✓		✓
	荊　浩	五代	✓				✓				✓		✓	
	關　仝	五代	✓				✓				✓		✓	
	董　源	五代		✓		✓			✓		✓			✓
	巨　然	五代		✓			✓				✓			✓
	燕　肅	北宋	✓			✓					✓		✓	
	米　芾	北宋		✓		✓					✓	✓		✓
	米友仁	南宋		✓		✓					✓	✓		✓
	黃公望	元代		✓			✓				✓			✓
	吳　鎮	元代		✓			✓				✓			✓
	倪　瓚	元代		✓			✓				✓			✓
	王　蒙	元代		✓			✓				✓			✓
	沈　周	明代		✓			✓				✓	✓		✓
	文徵明	明代		✓		✓					✓			✓
	王　維	唐代	✓			✓					✓		✓	
	張　璪	唐代		✓		✓					✓		✓	
	荊　浩	五代	✓				✓				✓		✓	
	關　仝	五代	✓				✓				✓		✓	
	董　源	五代		✓		✓			✓		✓			✓
	巨　然	五代		✓			✓				✓		✓	✓
	郭忠恕	北宋	✓			✓				✓	✓		✓	
	李　成	北宋	✓				✓				✓		✓	

董其昌	范　寬	北宋	✓				✓			✓		✓	
	王　詵	北宋	✓		✓	✓			✓	✓		✓	
	李公麟	北宋	✓			✓				✓	✓	✓	
	米　芾	北宋		✓		✓				✓	✓		✓
	米友仁	南宋		✓		✓				✓	✓		✓
	黃公望	元代		✓			✓			✓			✓
	吳　鎮	元代		✓			✓			✓			
	倪　瓚	元代		✓			✓			✓			
	王　蒙	元代		✓			✓			✓			
	沈　周	明代		✓			✓			✓	✓		✓
	文徵明	明代		✓		✓				✓			✓
	王　維	唐代	✓			✓				✓		✓	
	荊　浩	五代	✓				✓			✓		✓	
	關　仝	五代	✓				✓			✓		✓	
	董　源	五代		✓		✓		✓		✓			✓
	巨　然	五代		✓			✓			✓			✓
陳繼儒	李　成	北宋	✓				✓			✓		✓	
	范　寬	北宋	✓				✓			✓		✓	
	燕　肅	北宋	✓			✓				✓		✓	
	李公麟	北宋	✓			✓			✓	✓		✓	
	趙令穰	北宋	✓		✓	✓				✓		✓	
	趙孟頫	元代		✓	✓	✓			✓	✓		✓	✓
	黃公望	元代		✓			✓			✓			✓
	吳　鎮	元代		✓			✓			✓			✓
	王　蒙	元代		✓			✓			✓			✓
	王　維	唐代	✓			✓				✓		✓	
	畢　宏	唐代	✓			✓				✓		✓	
	張　璪	唐代		✓		✓				✓		✓	
	荊　浩	五代	✓				✓			✓		✓	
	關　仝	五代	✓				✓			✓		✓	
	董　源	五代		✓		✓		✓					✓
沈　顥	巨　然	五代		✓			✓			✓			✓
	米　芾	北宋		✓		✓				✓	✓		✓

畫家人名	畫家朝代	江北	江南	貴族	文人官吏	道隱之士	畫工	金碧山水	工筆鉤勒	水墨淡染	潑墨縱筆	江北景物	江南景物
米友仁	南宋		✓		✓					✓	✓		✓
趙孟頫	元代		✓	✓	✓			✓		✓		✓	✓
黃公望	元代		✓			✓				✓			✓
吳　鎮	元代		✓			✓				✓			✓
倪　瓚	元代		✓			✓				✓			✓
王　蒙	元代		✓			✓				✓			✓
沈　周	明代		✓			✓				✓	✓		✓
文徵明	明代		✓		✓					✓			✓

〔附表十四〕兩宗以外畫家之簡傳綜合分析表

學說家數	畫家人名	畫家朝代	畫家地域		畫家身分				畫風特色				山水素材	
			江北	江南	貴族	文人官吏	道隱之士	畫工	金碧山水	工筆鉤勒	水墨淡染	潑墨縱筆	江北景物	江南景物
詹景鳳「兼逸與作之妙者」	趙　幹	五代		✓				✓			✓			✓
	范　寬	北宋	✓				✓				✓		✓	
	郭　熙	北宋	✓					✓			✓		✓	
	王　詵	北宋	✓		✓	✓			✓		✓		✓	
	李公麟	北宋	✓			✓				✓			✓	
	翟院深	北宋	✓					✓			✓		✓	
	宋　道	北宋	✓			✓					✓		?	
	宋　迪	北宋	✓			✓					✓			✓
	馬和之	南宋		✓		✓					✓			✓
	高士安（克恭）	元代	✓			✓					✓	✓		
	陸　廣	元代		✓		✓					✓			✓
	曹知白	元代		✓			✓				✓			✓
	商　琦	元代	✓			✓			✓		✓		✓	
	盧鴻一	唐代	✓				✓				✓		✓	
	張志和	唐代		✓		✓					✓	✓		✓
	王　洽	唐代		✓			✓				✓	✓		✓

董其昌「逸品系譜」	董　源	五代		✓		✓			✓		✓			✓
	趙令穰	北宋	✓		✓	✓					✓		✓	
	米　芾	北宋		✓		✓					✓	✓		✓
	米友仁	南宋		✓		✓					✓	✓		✓
	馬和之	南宋		✓		✓					✓			✓
	高克恭	元代	✓			✓					✓	✓		✓
	倪　瓚	元代		✓					✓		✓			✓
	鄭　虔	唐代	✓			✓					✓		✓	
陳繼儒「別具一骨相者」	盧鴻一	唐代	✓					✓		✓		✓	
	張志和	唐代		✓							✓			✓
	郭忠恕	北宋	✓			✓			✓	✓		✓	
	米　芾	北宋		✓		✓					✓			✓
	米友仁	南宋		✓		✓					✓			✓
	馬和之	南宋		✓		✓					✓			✓
	高克恭	元代	✓			✓					✓	✓		✓
	倪　瓚	元代		✓					✓		✓			✓

（三）第三大類：諸說相關畫家之簡傳綜合分析統計

〔附表十五〕諸說各派畫家之簡傳綜合分析統計表（接下）

學說家數	畫家人名	畫家朝代						畫家地域	
		唐代	五代	北宋	南宋	元代	明代	江北	江南
北　宗	詹景鳳	3/15	0/15	2/15	8/15	0/15	2/15	6/15	9/15
	董其昌	2/9	1/9	0/9	6/9	0/9	0/9	3/9	6/9
	陳繼儒	1/10	0/10	2/10	7/10	0/10	0/10	5/10	5/10
	沈　顥	1/9	1/9	0/9	4/9	0/9	3/9	2/9	7/9
南　宗	詹景鳳	5/18	4/18	2/18	1/18	4/18	2/18	5/18	1318
	董其昌	2/19	4/19	6/19	1/19	4/19	2/19	8/19	1119
	陳繼儒	1/14	4/14	5/14	0/14	4/14	0/14	8/14	6/14
	沈　顥	3/16	4/16	1/16	1/16	5/16	2/16	4/16	2/16
兼逸與作	詹景鳳	0/13	1/13	7/13	1/13	4/13	0/13	9/13	4/13
逸　品	董其昌	3/10	1/10	2/10	2/10	2/10	0/10	3/10	7/10
別具骨相	陳繼儒	3/9	0/9	2/9	2/9	2/9	0/9	4/9	5/9

（續上）

宗派名稱	學說家數	畫家身分				畫風特色				山水素材	
		貴族	文人官吏	道隱之士	畫工	金碧山水	工筆鈎勒	水墨淡染	潑墨縱筆	江北景物	江南景物
北　宗	詹景鳳	6/15	0/15	1/15	8/15	6/15	1015	8/15	5/15	1115	5/15
	董其昌	4/9	0/9	0/9	5/9	5/9	7/9	5/9	2/9	6/9	4/9
	陳繼儒	4/10	1/10	0/10	6/10	5/10	7/10	6/10	2/10	8/10	3/10
	沈　顥	3/9	0/9	0/9	6/9	4/9	7/9	3/9	5/9	6/9	6/9
南　宗	詹景鳳	0/18	8/18	1018	0/18	1/18	0/18	1818	5/18	6/18	1218
	董其昌	1/19	9/19	1019	0/19	2/19	2/19	1919	3/19	9/19	1019
	陳繼儒	2/14	6/14	8/14	0/14	1/14	2/14	1414	0/14	9/14	6/14
	沈　顥	1/16	8/16	8/16	0/16	1/16	1/16	1616	3/16	5/16	1116
兼逸與作	詹景鳳	1/13	8/13	2/13	3/13	1/13	1/13	1313	1/13	6/13	6/13
逸　品	董其昌	1/10	7/10	3/10	0/10	1/10	0/10	1010	5/10	2/10	8/10
別具骨相	陳繼儒	0/9	7/9	2/9	0/9	0/9	1/9	9/9	4/9	3/9	6/9

四、晚明文人四家分宗說譜系綜整結果之解析

以下將根據上一節所製作三類簡傳綜合分析統計的結果，進行解析。

（一）畫家朝代

1. 北宗方面：南宋人數均為各家之冠（詹 8／15、董 6／9、陳 7／10、
沈 4／9），有提及明代者其次（沈 3／9），顯示南宋的時代性格具備了
北宗的特質，而唐、五代、北宋、元各朝人數比例均甚低。

2. 南宗方面：除了南宋一朝比例皆列為最低者之外，在朝代的分佈上，
四家頗為平均。若依比例高低的前二名分別來說，詹（唐 5／18、五
代與元皆 4／18），董（北宋 6／19、五代與元皆 4／19），陳（北宋 5
／14、五代與元皆 4／14），沈（元 5／16、五代 4／16）。由以上可知，
五代為各家南宗畫之最愛，其次為元，再次為北宋。詹最為特殊，其
兼逸與作之妙者，北宋就佔了 7／13，已超過半數。

（二）畫家地域

1. 北宗方面：江北、江南的比例，陳繼儒為 1：1（5／10、5／10），其

餘三家均江南人比江北人多，分別爲詹（9／15）、董（6／9）、沈（7／9），總數比則江北 16：江南 27。

2. 南宗方面：除了陳繼儒迫近於 1：1（北 8／14、南 6／14）之外，具他三家亦江南人比江北人多，分別爲詹（13／18）、董（11／19）、沈（12／16），總數比爲江北 25：江南 42。

兩宗畫派之江南人皆比江北人多的這個結論，似乎應證了董其昌所謂「其人非南北耳」的說法，或者更可說明江南文藝風氣盛於江北的狀況。

（三）畫家身分

南北宗在畫工與道隱之士兩類，呈現兩極化的現象。北宗除詹景鳳極鮮少的比例（1／15）外，在道隱之士一類全部掛零，而在畫工一類，則全部占過半數的比例，依次爲詹（8／15）、董（5／9）、陳（6／10）、沈（6／9）。而南宗則相反，在畫工類全部掛零，而在道隱之士類，則皆佔最高比例，依次爲詹（10／18）、董（10／19）、陳（8／14）、沈（8／16）。

此外，文人官吏與貴族亦呈兩端的現象。北宗譜系中的貴族人數，僅次於畫工，比例依次爲詹（6／15）、董（4／9）、陳（4／10）、沈（3／9）；而北宗文人官吏類除陳繼儒的（1／10）之外，全部掛零。南宗則相反，貴族人數次低於畫工人數，比例爲詹（0／18）、董（1／19）、陳（2／14）、沈（1／16），而文人官吏則均以次高於道隱之士的比例出現，詹（8／18）、董（9／19）、陳（6／14）、沈（8／16），幾乎趨近於二分之一的半數。

上述南宗的現象，亦表現在董、陳的第三譜系上，貴族與畫工均掛零，皆爲文人所囊括，此可旁證董與陳的第三系實即南宗的脈系。

由此可知，南北兩派的畫家身分，有極鮮明的分野。北宗不是貴族，就是畫工（多指畫院畫工），皆與宮廷有關，南宗則不是在朝的官吏文人，就是在野的布衣文人（道隱之士中多仕途不得志的文人），由此畫家身分的分析看來，南北宗實意味著宮廷與文人兩大集團勢力的品味對立。

（四）畫風特色

1. 北宗方面：四類畫風的分布頗爲平均，工筆鉤勒以些微差距居冠，詹（10／15）、董（7／9）、陳（7／10）、沈（7／9），而水墨淡染（詹8／15、董5／9、陳6／10、沈3／9）與金碧山水（詹6／15、董5／9、陳5／10、沈4／9）緊跟在後。

2. 南宗方面：分佈有強烈偏向，水墨淡染四家均以拉距極大的滿點比例
   居首（詹 18／18、董 19／19、陳 14／14、沈 16／16），可知四家所列
   畫家全擅此道。相較之下，金碧山水（詹 1／18、董 2／19、陳 1／14、
   沈 1／16）與工筆鉤勒（詹 0／18、董 2／19、陳 2／14、沈 1／16）
   的比例則幾乎趨近於零。

由此顯出，北宗畫家對於各類畫風有較大的實踐力與寬容性，南宗畫家則對
畫風的撰擇較有好惡，偏愛水墨淡染。

　　另外在潑墨縱筆類，似乎看不出什麼特殊現象，若以總數之比來說，北
宗 14／43（約 1／3），南宗 11／67（約 1／6），顯示了北宗於此法較勝一籌。
而這個初步觀察的結果，乃是基於陳繼儒將此類畫風由南宗畫派另立一系爲
別具骨相者，以及董其昌獨列「逸品」譜系安排的結果。因爲董、陳二人從
南宗中再作釐析的兩系畫家畫風，潑墨縱筆的比例相當高（董 5／10、陳 4／
9），幾乎佔了半數，若再將這個比數加入南宗中，得南宗 20／86（約 1／4），
將原先 1／6 的比數拉高了許多，與北宗 14／34（約 1／3）可謂平分秋色。
如此看來，兩派畫家在潑墨縱筆畫風的運用上，皆有頗強的趨勢。

（五）山水素材

　　兩宗畫家作品，在南北地理景致的表現上，頗爲平均，並無一面倒的現
象。若嚴格計較，北宗畫家在北方素材的運用比例上，略佔多數（北物 31／
43，南物 18／43）。南宗畫家則比北宗畫家有較明顯的偏好江南景物的趨勢（北
物 29／67，南物 39／67）。

（六）小　結

　　經由以上對統計結果所作的解析，我們得到以下的結論：

1. 以朝代論，可說南宋的時代畫風具有北宗的特質，而南宗的特質則呈
   顯在五代（包括宋初）與元朝上。
2. 以地域論，南北分宗與畫家的地域及活動地帶並無直接明顯的關係，
   反而在整體上，歷朝以來的江南畫風比江北興盛。
3. 以身分論，北宗以畫工與貴族等活躍於宮廷的勢力爲主，南宗則以在
   朝的官吏文人與在野的布衣文人（多爲道隱之士）爲主，由南北宗身
   分的兩極化，導引出宮廷品味與文人品味的對立性。
4. 以畫風論，北宗畫家對各類畫風較具寬容性與實踐力，顯示出職業身

分在各類技法上，訓練有素，這由在工筆鉤勒類較南宗高出許多比例的情況上可以得知，而南宗畫家則明顯偏向較可自由揮灑的水墨淡染。

5. 以素材論，兩宗畫家皆以筆涉南北方的景物。此處需再加以說明，所謂北方素材，概可分成兩類，一爲由李思訓爲代表的，總結了六朝以來對仙山境界嚮往的金碧山水，〔註29〕所畫多爲北方峻削陡嚴聳拔的山峰，如唐人的〈明皇幸蜀圖〉（附圖 22）。另一類則由唐代松石格所發展至北宋時期，對大自然雄偉壯闊印象以較寫實的手法畫出者，多爲堂堂巨嶂的北方山水，如范寬的〈谿山行旅圖〉（附圖 4，參見頁 50）。

至於南方景物，則包括自五代南唐以來，對江南煙橋漁渚等等景物描繪的董源傳統，以及由宋代文人

附圖 22、唐〈明皇幸蜀圖〉局部
55.9×81cm，絹，彩，台北故宮

附圖 23、董源〈瀟湘圖〉局部
50.2×140cm，絹，淡彩，北京故宮

〔註29〕在中國的山水畫史中，後世的古典形式，往往是指唐代創立以青綠爲主的裝飾性畫風。有學者將青綠山水的發生，上推到顧愷之〈畫雲台山記〉的時代，而與宋代以來鑑賞用之山水畫不同類型。〈畫雲台山記〉所欲表達的，是以繪畫形式圖解葛洪的神仙傳，以及由此發展而來的青綠山水，有著濃厚仙鄉嚮往與超現實自然的意味。相關論述，請參閱鈴木敬著，魏美月譯《中國繪畫史（上）》（故宮，1987）「唐代繪畫」關於李氏父子一節，以及「魏晉南北朝時代之繪畫」關於顧愷之一節。

花園作品發展而成明代對江南湖山景致與文人生活紀錄爲主的園林傳統，前者如董源的〈瀟湘圖〉（附圖 23），後者如沈周的〈東莊圖冊〉（附圖 24）等。

附圖 24、沈周〈東莊圖冊〉之二「西谿圖」
28.7×33cm，紙，彩，南京博物院

北宗畫家對北方景物與南宗畫家對南方景物的偏好，大致是表現在前述的兩個傳統上。

儘管在民國初年的許多學者，對南北分宗的標準不一質疑，並以嚴格的考據眼光批駁之爲僞畫史，〔註30〕今筆者仍不厭其煩的將各家說法予以更細步的整理比對，並以量化的統計尋求精準的分析，旨並不在還原晚明文人畫史說的面貌，而欲爲董其昌的逸品觀勾勒出紮實的畫學背景。

五、結　語

從前文的綜合解析看來，晚明諸位文人的分宗說，乃具有一貫的藝術宗旨。若以黃休復的四品來分別他們心中的南北，大致上可認定南宗爲逸品、神品系統，而北宗爲妙品、能品系統。〔註31〕前者多半指具有優異資才的文人，後者則爲僅守精謹技法的畫工而已。此外，最重要的區分點，還是以「人品」爲第一優先，因此由身分帶來人格氣韻的顧慮，似乎優於畫風的認定。即連董其昌在畫風上並不諱言夏圭與二米的關係，〔註32〕但由於缺乏文化修

〔註30〕關於民初對南北宗斥爲僞畫史的說法，請參見本論文〈附錄一〉的綜合整理。

〔註31〕關於四品二分的說法，南宋末宗室趙孟溁曾云：「畫謂之無聲詩，乃賢哲寄興，有神品，有能品。神者才識清高，揮毫自逸，生而知者也。能者源流傳授，下筆有法，學而知之者也。」《鐵網珊瑚》將原先逸神妙能四品判爲神能二品，實以神品包含逸神二品，以能品包含妙能二品。而明人有言：「上古之畫盡於神，中古之畫入於逸。」（文徵明語）亦將古來畫家的最高典範，盡之以神逸二品。

〔註32〕董其昌云：「夏圭師李唐，更加簡率，如塑工所謂減塑者，其意欲盡去撫擬蹊逕，而若滅若沒，寓二米墨戲於筆端，他人破觚爲圓，此則琢圓爲觚耳。」（《大

養導致的卑下人品，仍使具有精湛畫藝的他們，難與文人登上同榜。在畫院制度極盛的宋代，便早有以人品爲主導的現象：

> 寶錄宮成，繪事皆出畫院，上（按指徽宗）時時臨幸，少不如意，即加漫垩，別令命思。雖訓督如此，而眾史以人品之限，所作多泥繩墨，未脫卑凡，殊乖聖主教育之意也。（鄧椿《畫繼》卷一）

這便是畫工在文化修養所限之下，歷來畫評家給予他們人品卑下的共同輕蔑。此外，畫工服務宮廷「竭盡心力，以副上意」（同上引）的作畫目的，到了明代後期，尤其在晚明文人美學意識中，對彼爲迎合皇室貴族品味的作畫態度，亦發出近乎道德性遣責（詳見下節），故這些文人會有盡以院人畫工安排於北宗譜系中的動作，自不難理解。對院人有了這樣的認定，一旦牽涉到畫風的討論時，若太豪放，則被指爲躁硬不加節制，若太謹慎，則又被指爲板滯而乏氣韻。對李派評爲「精工」，乃由於這種要求物象更加精準、著色愈加濃艷的畫法，愈能迎合俗眾的口味，這是文人們所亟欲互勉警戒的：

> 吾輩胸次自應有一種風規，俾神氣儵然，韻味清遠，不爲物態所拘，便有佳處，況吾所存，無媚於世，……要在悟此。（《佩文齋書畫譜》卷51，引〈松隱集〉）

對於媚世、爲物態所拘的畫風，董其昌則以另一種方式批評：

> 畫之道，所謂宇宙在乎手者，眼前無非生機，故其人往往多壽。至如刻畫細謹，爲造物役者，乃能損壽，蓋無生機也。黃子久、沈石田、文徵仲，皆大耋，仇英知命，趙吳興止六十餘。仇與趙雖格不同，皆習者之流，非以畫爲寄，以畫爲樂者也。（《畫旨》）

> 實父作畫時，耳不聞鼓吹闐駢之聲，如隔壁釵釧戒，顧其術亦近苦矣。（《畫旨》）

如仇英近乎苦修的作畫態度，畫出了和趙孟頫若干模古謹細相同的畫，這不足以作爲文人倣習的目標，爲了畫「精工」的作品，而行苦修之術，乃至損壽的結局，不是文人寄樂於詩畫的人生價值觀所能接受。

與崇高的人品與寄興不求媚俗的作畫態度相關聯的畫風，即爲南宗，包括其最高標準逸品的典範，本文則歸結其爲抒情的畫學特質，已闡述如第一節。

觀錄》卷15，董題〈夏圭晴山歸棹圖卷〉）

第四節　李郭與董巨畫風的消長

一、問題的導出

　　如上節所析，詹景鳳將北宋畫家李成列在作家（行家），陳繼儒則列之於文人畫派，但是陳繼儒卻又將與李成並稱爲「李郭畫派」的郭熙列在北宗，而詹景鳳則將郭熙列於「兼逸與作之妙者」（按細節請參看本章第三節「南北宗諸說」相關引文）。即使今人余紹宋亦曾云：

> 大癡以前論畫山水之作，惟郭河陽韓純全兩家，郭爲北宗，韓屬院體，故皆主法度立言。此編（按指黃公望〈寫山水訣〉）則不純主法度。蓋大癡爲元四家領袖，屬於南宗，持論自稍殊也。後來諸家作寫山水訣及論畫山水者，大率本此。（《書畫書錄解題》「黃公望寫山水訣」條）

余則以郭熙爲北宗，與黃公望對舉。在這些略呈分歧的意見中，董其昌的想法爲何？我們必須再次回憶他那段極有名有關南宗文人畫譜系的說法：

> 文人之畫，自王右丞始。其後董源、巨然、李成、范寬爲嫡子；李龍眠、王晉卿、米南宮及虎兒，皆從董巨得來。直至元四大家黃子久、王叔明、倪元鎮、吳仲圭，皆其正傳。我朝文沈，則又遠接衣缽。（《畫旨》）

這段文字在王維之下，竟跨越了一個唐朝，直接上董巨，而作爲嫡子的董巨李范，表面上看來，似乎是處在平等的地位，然再細讀下去，始發現「李龍眠、王晉卿、米氏父子」與「黃子久、王叔明、倪元鎮、吳仲圭」以及「文、沈」三組名單，則皆以不同的名稱接續「董巨」的傳統。這段文字中，若以王維只是一個空有的招牌，而實奉董巨爲文人畫派宗師的說法，並不爲過。與本段文字同爲文人畫譜系的另一則文字，則較簡化：

> 禪家有南北二宗，唐時始分。……南宗則王摩詰始用渲淡。……其傳爲張璪、荊、關、董、巨、郭忠恕、米家父子，以至元之四大家。（同上）

這是一列較爲簡化的譜系，在此由於述及王維的渲淡法，故將唐代水墨之祖的張璪列出，又除荊、關、郭忠恕三人外，其餘皆與上文相同，惟省略更多，其省去的畫家有李成、范寬、李龍眠、王晉卿與明代文、沈等六人。其中爲

後世稱為百代宗師的北宋大家李成，〔註33〕竟已被刪去。若將這則董其昌濃縮而簡化的文字，結合前一則兜著圈子推奉董巨的引文來看，那麼在此略去「李成」的作法，則具有補充性的重大意義。這兩段文義的結合，在另兩則述敘元代畫史的文獻中，有了更清楚的陳述：

> 元季諸君子惟兩派，一為董源，一為李成。成畫有郭河陽為之佐，亦猶源畫有僧巨然副之也。然黃、倪、吳、王四大家，皆以董巨起家成名，至今隻行海內。至如學李郭者、朱澤民、唐子華、姚彥卿輩，俱為前人蹊徑所壓，不能自立堂户。此如五宗子孫，臨濟獨盛，當亦紹隆祖法，有精靈男子耶。(《畫禪室隨筆》「畫源」)

董其昌將元以來的畫風分成董源（包括巨然）、與李成（包括郭熙）兩派，在他看來，追隨李郭的朱、唐、姚等人，實遠不及以董巨起家的元末黃、倪、吳、王四大家。

> 元時畫道最盛，惟董巨獨行，此外皆宗郭熙。其有名者，曹雲西、唐子華、姚彥卿、朱澤民輩，出其十不能當黃、倪一，蓋風尚使然，亦由趙子敏提醒，品格眼目皆正耳。余非不好元季四家，直溯其源委，歸之董巨，亦頗為時人換眼，丁南羽以為畫道一變。(同上「評舊畫」)

此則文義，甚至將李郭的價值貶為董巨之十一而不如。董贊成其友丁南羽的意見，認為元代畫史因董巨因素的加入，而產生了新面貌，因此揭示他之所以宗元末四家，是為了追溯其董巨之源。董的復古乃是站在以董巨為尊的立場上而言，至此則可明瞭董其昌造了一列南宗譜系，其實是為董巨畫風作張本。

　　晚明文人對李郭畫派，尤其是郭熙的地位，在分宗上似乎產生了不少困惑：或是如陳繼儒將並稱的李、郭分開來處理；或是如詹景鳳將郭熙置於折衷的位置；其中以董其昌褒董巨、抑李郭的意見最為明確，但他也是經過了一番刪減的工夫。「李郭」這樣一個為北宋山水畫壇立下百代規模的畫風，何以到了晚明文人手中，發生了這麼大分宗上的困擾？而在北宋期間原不受重視的董巨畫風，又何以竟能超越雄峙北宋畫壇的李郭畫派，一躍成為文人畫

〔註33〕在北宋期間，李成的地位初與關仝、范寬三家鼎峙並立（見郭若虛《圖畫見聞志》）。至代表皇室品味的宣和朝以後，則已躍居為畫家之最高峰，如《宣和畫譜》云：「至本朝李成一出，雖師法荊浩而擅出藍之譽，數子之法，遂亦掃地無餘，如范寬、郭熙之流，固已各自名家，而皆得其一體，不足以窺其奧也。」（卷10「山水敘論」）

逸品的最高典範？這兩股畫風在畫史上的勢力消長，以及其何以消長的原因，足以爲我們解答上述的疑難，這正是本節所欲進行探討的主旨。

二、李郭畫派正統地位的成立

五代政治紛擾，約以長江作爲北方五代、南方十國的界線。北方後梁的李成，與南方南唐的董源，在地理上即可分占北南。宋初繼承五代的山水畫，隱隱有南北之分，然而定都在汴京的北宋，大部分優秀的山水畫家，都出自華北，一般是以關仝、李成、范寬三家鼎立。劉道醇以神妙能三品評定五代北宋畫家，在「山水林木」下，列荊、關、李、范四人爲神品，〔註34〕稍晚於劉的郭若虛則列營邱李成、長安關仝、華原范寬三人爲百代宗師。〔註35〕當時文人舉山水畫家，有時「關李」並稱，有時「李范」並稱，〔註36〕無論如何標舉，惟李成的地位始終不搖。

宋初三家鼎立的局面維持了北宋一朝，至北宋末年，《宣和畫譜》所錄御府收藏李成畫共一百五十九件，與其他畫家存世的作品相較，算是相當大的數量，這在稍晚的米芾眼中看來，絕無可能。米所認定的李成眞蹟只有兩件，因此對於滿天飛的贗品情況，視爲「皆俗手假名」，故「欲爲無李論」（《畫史》語）。李成贗品之多，顯示他在畫壇上所受到的歡迎程度，這也是他在市井普及的必然結果，如孟元老所說：「宋家生藥鋪、本鋪中兩壁皆李成所畫山水」（《東京夢華錄》卷3「相國寺東門街巷宋家」條），無論兩壁的畫由來如何，但李成普及民間的程度，可見一斑。爲徽宗朝建立完備畫院藝學，由韓拙所編撰以教育院人的格法書──《山水純全集》中，以李成獨標前賢，〔註37〕

〔註34〕荊關二人爲《五代名畫補遺》所列，李范二人爲《宋朝名畫評》所列，此二書皆劉道醇所著。

〔註35〕郭若虛云：「畫山水惟營邱李成、長安關仝、華原范寬，智妙入神，才高出類，三家鼎峙，百代標程。前古雖有傳世可見者，如王維、李思訓、荊浩之倫，豈能方駕。」（《圖畫見聞志》敍論）

〔註36〕如錢易《南部新書》以「關李」並稱，郭熙《林泉高致》則並舉「李范」爲眾人摹學。

〔註37〕韓拙爲徽宗朝畫院中人，其所編《山水純全集》多言山水畫之規矩格法，如論山、水、石、林木、雲霞、煙霧、靄光、風、雨、雪、人物、橋杓、關城、寺觀、山居、舟車、四時之景等，又特別言用筆墨格法氣韻之病，應可視爲畫院畫工習畫的格法範本。其對李成的看法：「五朝有荊浩關仝超出古今，至宋朝初，又有李成范寬，李雖師於關（仝）而過之，可謂青出於藍矣。」（「論三古之畫過與不及」），對李成極爲推崇。

而代表宮廷藏畫權威的《宣和畫譜》，則以李成爲古今山水畫之第一。〔註38〕至於文人的意見，與宮廷畫院並不相違背，莫不以李成畫作爲品評的勝場，甚至推崇爲藝林百代之師。〔註39〕

　　約於北宋中期，李成畫風（詳見本論文第二章第三節）經後繼巨匠燕文貴、郭熙所融合發揚，尤其是郭熙，他將李成平遠山水的形式擴展爲巨幅畫風之後，李成的山水畫，便以郭熙的新面貌在畫史上賡續著，後世並稱爲「李郭」。這樣的畫風，極令當朝的神宗所激賞，〔註40〕郭熙曾奉神宗之命，作宮中及御書院的畫，並教授御書院藝學之事，由於皇室的偏愛，鼓動了皇戚貴族競相收藏，郭熙因此而不斷被要求爲衙署官廳製作合其品味、大畫面垂飾之壁屏畫，〔註41〕這股熱潮，實爲宮廷所帶動的風尚。

　　李成的畫風經由郭熙的擴大發揚，〔註42〕由格法化趨於定型，《宣和畫譜》

〔註38〕《宣和畫譜》云：「故所畫山林藪澤，平遠險易，縈帶曲折，飛流危棧，斷橋絕澗，水石風雨晦明，煙雲雪霧之狀，一皆吐其胸中，而寫之筆下。……於是凡稱山水者，必以成爲古今第一。」（卷11「山水」二）。

〔註39〕文人對李成的意見，如劉道醇云：「成之命筆，惟意所到，宗師造化，自創景物，皆合其妙。耽於山水者，觀成所畫，然後知咫尺之間，奪千里之趣，非神而何，故列神品。」（《宋朝名畫評》）如郭若虛云：「李成……志尚沖寂，高謝榮進，博涉經史外，尤喜畫山水寒林，神化精靈，絕人遠甚。」（《圖畫見聞志》卷3）如董逌云：「（李）寓象賦景，得其全勝。」（《廣川畫跋》）皆不約而同地將李成評爲北宋畫家之最高典範，其推崇至極者如王闢之云：「成畫平平遠寒林，前所未嘗爲，氣韻瀟灑，煙林清曠，筆勢穎脫，墨法精絕，高妙入神，古今一人，眞畫家百世師也。雖昔王維、李思訓之徒，亦不可同日而語。」（《澠水燕譚錄》卷7「書畫」）則已將李成推上了百世宗師之高位。

〔註40〕郭熙受神宗朝激賞，葉夢得說：「元豐（神宗年號），既新官制，建尚書省於外，而中書、門下省、樞密、學士院設於禁中，規模極雄麗，其照壁屏下，悉用重布，不紙糊。尚書省及六曹，皆書周官。兩省及後省、樞密、學士院皆郭熙一手畫，中間甚有傑然可觀者。」（《石林燕語》卷4）可知神宗元豐年間，朝廷喜用郭熙畫作布置。又鄧椿亦云：「昔神宗好熙筆，一殿專背（褙）熙作」。又郭熙之子郭思在〈畫記〉（收於《林泉高致》）曾記錄：「二十年遭遇神宗，具被眷顧，恩賜寵賚在流輩中，無與比者。」〈畫記〉一篇，多記述其父郭熙在神宗時所受寵遇事。

〔註41〕郭熙爲衙署官廳製作大畫面壁屏畫的盛況，可參看郭思著〈畫記〉（收於《林泉高致》），例如「蒙三司使，……召作省壁。續於開封尹，……召作府廳六幅雪屏。次於都水爲判監，……畫六幅松石屏。次吳正憲爲三鹽鐵副使，召作廳壁風雪遠景屏。又於諫院，……作六幅風雨水石屏。又相國寺，……作溪谷平遠。」文繁不備列。

〔註42〕關於北宋華北畫風自李成後，藉郭熙之手，逐漸朝大觀式畫風的方向發展，詳參同註29，鈴木敬《中國繪畫史（上）》八〈宋代繪畫〉。

對李成的稱譽已如上述，對郭熙的推崇如何呢？記錄如后：

> 郭熙……爲御畫院藝學。善山水寒林，……稍稍取李成之法，布置
> 愈造妙處。……論者謂熙獨步一時，……言皆有序，可爲畫式。……
> 至其所謂「大山堂堂，爲眾山之主，長松亭亭，爲眾木之表」，則不
> 特畫矣，蓋進乎道歟？（卷11「郭熙」條）

文中除了說明與李成的關係外，還認爲他獨步一時，可爲「畫式」。尤其出於
《林泉高致》的那段話，不只是畫的布置造妙，更進乎道，這都是對郭熙相
當高的推崇。李郭畫風所充分反映的畫論著作——《林泉高致》，以及他們相
應的畫風，終於成爲北宋畫院中的最高型範。由皇室與文人諸家對李郭推崇
備至的譽詞看來，李郭畫派於北宋中晚期的畫壇上，眞可說是如日中天，無
論在院內或院外，都儼然被認爲是山水畫的正統。〔註43〕

三、董巨畫風的崛起

到了北宋末年，五代南唐的董源，突然在畫史上受到米芾的關注，是否
因米氏個人好惡所左右，對華北畫風起反感而欲以未受到重視之董巨作爲米
家山水之祖，不得而知。但如上文所探討，北宋一朝的畫史背景，籠罩在以
李郭畫風爲主流的氛圍中，董巨居間，充其量不過是以江南的地方風格勉強
被繼承下來而已。據鈴木敬氏考察，《圖畫見聞志》與《宣和畫譜》載有董源
小傳，沈括《夢溪筆談》略述其畫風，以及米芾在《畫史》中推許其畫風，
在此之前，無論北宋的別集、雜著或其他書籍，幾乎都未見關於董源事蹟與
作品的記載。從董源不受主流畫風青睞，而獨獲鍾情於米芾的情形看來，在
《宣和畫譜》記載內府收藏的董源畫作共78件，或許可認爲是根據任職書畫
學博士的米芾眼光與觀點所主導而來的。〔註44〕

董源的畫風，據記載有兩種，一爲《宣和畫譜》「董源」傳所陳述：

> 董元……所畫山水，下筆雄偉，有嶄絕崢嶸之勢，重巒絕壁，使人
> 觀而壯之。……畫家止以著色山水譽之，謂景物富麗，宛然有李思
> 訓風格。今考元所畫，信然。蓋當時著色山水未多，能倣思訓者亦

〔註43〕北宋末年，將李郭畫派在院內院外皆視爲畫壇正統的說法，引自何惠鑑著〈李
　　　　成略傳〉（《故宮季刊》5：3，1971），另有關李成的生平與身世的詳細考察，亦
　　　　請同參。

〔註44〕本段文字參自同註42，鈴木敬書，頁131～136。

少也，故特以此得名於時。（《宣和畫譜》卷 11）

上述畫風，爲李思訓風格的青綠著色山水，同類的記載尚有：

> 設色金碧，如唐李將軍、宋董源、王晉卿諸家可法。（饒自然《繪宗
> 十二忌》）

> 董源又工人物，後主坐碧落宮，召馮延巳論，至宮門，逡巡不敢進，
> 後主使趣之，延巳云：有宮娥著青紅錦袍當門而立，未敢竟進，使
> 隨共諦視之，乃八尺琉璃屏，畫夷光於上，蓋源筆也。（《十國春秋》）

《宣和畫譜》說董擅畫龍，郭若虛言董「兼工畫牛虎」（《圖畫見聞志》卷 3），
二者與《十國春秋》所敘述的那段傳奇一樣，顯示董源在設色精工用筆細緻方
面的工力，與其金碧山水的風格實爲一致。另一類的畫風則如沈括所言：

> 江南中主時，有北苑使董源善畫，尤工秋嵐遠景，多寫江南眞山，
> 不爲奇峭之筆，……大體源及巨然畫筆，皆宜遠觀，其用筆甚草草，
> 近視之不類物象，遠觀則景物粲然，幽情遠思，如睹異境。如源畫
> 落照圖，近視無功，遠觀村落杳然深遠，悉是晚景，遠峰之頂，宛
> 有返照之色，此妙處也。（《夢溪筆談》卷 17「書畫」）

「近視之不類物象，遠觀則景物粲然」的畫風，不以奇峭之草草用筆，與上
述金碧富麗者絕不相類，董的這種畫風應爲水墨表現的作品，由此可知董源
有兩種不同類型的畫風，正如郭若虛所歸納：「水墨類王維，著色如李思訓」
（《圖畫見聞志》卷 3）。

　　董源所擅著色與水墨的兩種畫風，在米芾《畫史》的記載上，則一面倒
向水墨風格。米芾對董源，以及董的傳人巨然二者畫風的描述記載如下：

> 董源平淡天眞多，唐無此品，在畢宏上，近世神品，格高無與比也。
> 峰巒出沒，雲霧顯晦，不裝巧趣，皆得天眞。嵐色鬱蒼，枝幹勁挺，
> 咸有生意，溪橋漁浦，洲渚掩映，一片江南也。
> 余家董源，霧景橫披，全幅山骨隱顯，林梢出沒，意趣高古。
> 董源峰頂不工，絕澗危徑，幽墅荒迴，率多眞意。
> 巨然師董源，……嵐氣清潤，布景得天眞多。
> 巨然山水，平淡奇絕。巨然明潤鬱蔥，最有爽氣。（以上均引自《畫
> 史》）

米芾所陳述的董源畫風，絕口不提設色金碧如李思訓之流的作品，特標以霧
景、嵐色等不裝巧趣的水墨表現爲主（附圖 23，參見頁 123），對於巨然的描

附圖25、巨然〈溪山蘭若圖〉
185.5×57.5cm 絹，墨克利夫蘭美術館

述，亦相類（附圖25），皆給予二者「平淡天眞」的評價。米芾對董源水墨畫風的高標，以及對董巨水墨江南景致的偏好，影響了後世對董源畫風的認識。

米芾以個人對江南景物的愛好，除了抬高董源在北宋一朝始終不爲人重視的地位，也以此觀點扭轉了原先華北畫家受盡尊重的局勢，他對華北山水畫，尤其是巨幅大嶂，表示了不耐其俗的心態：

> 李成……石如雲動，多巧少眞意。
> 許道寧不可用，模人畫，太俗也。
> 關仝人物俗。
> 關仝粗山，工關河之勢，峰巒少秀氣。
> 知音求者，只作三尺橫掛，三尺軸，惟寶晉齋中掛雙幅成對，長不過三尺，褾不及椅所映，人行過肩汗不著，更不作大圖，無一筆李成、關仝俗氣。（以上引自《畫史》）

關仝、李成、許道寧這些備受尊崇的華北畫家，在米芾看來，不是巧，就是俗，這個畫史意見的扭轉，不見得須全歸因於米芾品味的偏斜，或許這亦反映出畫史上對華北山水題材的興趣，逐漸趨向疲軟，以及接上了時代賦予政權中心南移的新契機。這兩個因素的配合，使得米芾新穎而奇特的畫評意見，在元明兩

代竟普遍爲文人們奉爲圭臬。

　　儘管米芾對李成式郭熙的大型圖構，以及寒林蟹爪枝的技法，以其乏眞近俗而貶抑，但他對李成畫面氣氛「淡墨如夢霧中」的描述，卻仍一貫其對墨的關注，「淡墨」即黃公望所謂李成的「惜墨如金」，〔註45〕黃解釋其以淡墨爲主調，在模糊的墨色中，用焦墨、濃墨分出遠近。米芾不著意於李成以枯筆寫成，具龍蛇怒張之狀的寒林枝枒，而去強調其淡墨爲主調施以焦濃變化的墨法，正好符合了米芾從董巨山水畫中所得到之用墨的啓示。

　　據鈴木敬的考據，原先受神宗寵遇的郭熙畫蹟，隨著神宗的去世，逐漸地從官衙、宮中被取走。〔註46〕宋徽宗之後，幾乎再也無人眷顧郭熙的畫了。在北宋中晚期逐漸成立的李郭式大型山水畫風格，入南宋後，走向與成立經過完全相反的方向，畫幅與取景開始激烈地分化而變得矮碎，終於產生了馬夏「一角」與「半邊」局部性取景組構在微幅的扇面中。

　　原先北宋一朝對李郭的推崇與對董源的漠視，經過了北宋末年米芾獨排眾議的反轉後，在元代批評史上出現了新的均勢說，如湯垕首倡：

　　　　宋畫家山水超絕唐世者，李成、范寬、董源三人而已。……董源得
　　　　山之神氣，李成得體貌，范寬得體法，故三家照耀古今。（《畫鑑》
　　　　「范寬」條）

已將董源列入，而夏文彥的《圖繪寶鑑》，亦在北宋三大家中，加入了董源，成爲「李成、關仝、范寬、董源」（卷 1「古今優劣」條）四家並列。到了黃公望記錄元末畫風傾向時，則說：「近代作畫，多宗董源、李成二家」（〈寫山水訣〉）。畫評史演變至此，正如何惠鑑先生所說：「宋元四百年間，由東西兩派的對峙（按東西兩派所指爲代表東方齊魯地帶的李成畫派，與代表西方關陝地帶的范寬畫

〔註45〕陶宗儀《輟耕錄》收黃公望〈寫山水訣〉所云：「作畫用墨最難，但先用淡墨，
　　　積至可觀處，然後用焦墨、濃墨，分出畦逕遠近，故在生紙上有許多滋潤處，
　　　李成惜墨如金是也。」

〔註46〕此乃鈴木敬根據鄧椿的記載推測而來。鄧的記載如后：「先大夫在樞府日，
　　　有旨賜第於龍津橋側。先君侍郎作提舉官，仍遣中使監修。比背畫壁，皆
　　　院人所作翎毛花竹，乃家慶圖之類。一日先君就視之，見背工以舊絹山水
　　　揩拭机案，取觀，乃郭熙筆也。問其所自，則云不知。又問中使，乃云：
　　　此出內藏庫退材所也。昔神宗好熙筆，一殿專背熙作，上（徽宗）即位後，
　　　易以古圖，退入庫中不止此耳。先君云：幸奏知，若只得此退畫足矣。明
　　　日有旨盡賜，且命輦至第中，故第中屋壁，無非郭畫，誠千載之會也。」（《畫
　　　繼》卷 10 論近）。從以上的記載看來，當時從宮衙殿閣中被取下的郭畫似
　　　乎不在少數。

風），**轉變爲南北大傳統的分庭抗禮**（按南北各爲代表江南傳統的董源畫風，與代表北方傳統的李成畫派），不但是山水畫史上一個劃時代的大變革，反映了行家和利家、或職業畫人與士大夫之間的趣尚的推移，且與宋元文化經濟中心由北南移這一連串的史實相表裡。」〔註47〕董巨畫風由北宋到元代，呈現地位節節攀升，終致成爲南方畫風的傳統，若與代表北方畫風傳統李郭畫風的發展對照地看，的確具有畫史上重大的意義。

四、元代李郭與董巨畫風的消長

> 元季諸君子惟兩派，一爲董源，一爲李成，成畫有郭河陽爲之佐，
> 亦猶源畫有僧巨然副之也。然黃、倪、吳、王四大家，皆以董巨起
> 家成名，至今隻行海內。至如學李郭者：朱澤民、唐子華、姚彥卿
> 輩，俱爲前人蹊徑所壓，不能自立堂戶。（《畫禪室隨筆》「畫源」）

儘管有許多學者，對董其昌在晚明時期提出元代山水畫局面，呈現各自獨立，而以董巨爲尊的說法，深感不滿，因而興起了一股對與董巨畫風相抗衡的李郭畫派研究的風氣。〔註48〕其中鈴木敬先生強調：「元代李郭風的山水畫是很時髦的，它不僅爲職業畫家所喜愛，而且也同時被文人畫家所崇尚。」鈴木敬的說法，與董其昌所說在某種程度上並不抵牾（如董亦舉例說朱澤民、唐子華、姚彥卿這三位文人，學李郭）。但董最受爭議之處乃在於其說：「元時畫道最盛，惟董巨獨行」（同上「評舊畫」），暗示了李郭派在元代已凋謝的局面。李鑄晉先生作了修正，他認爲元代李郭傳統受抑於董巨傳統，是在藝術的意義和傳統交替的數十年後才產生的，〔註49〕亦即兩派的消長，並非始於元初，而可能延至元末才發生。由此說來，明末的董其昌對這兩股分別代表南北傳統畫風勢力的消長，在認知上並不錯誤。究竟，李郭與董巨兩股勢力消長的實際狀況爲何？其背後又具有休麼樣的文化意義？這是本文所將探討的主旨。〔註50〕

〔註47〕引自同註43，何惠鑑文。

〔註48〕在姜一涵先生的短文〈「對元代山水畫的一種新觀點」摘要〉中，即簡要提出了對董論點所引起幾個問題的檢討。此中敘及了席克曼、羅樾、高居翰、方聞、李鑄晉、傅申、鈴木敬等許多學者，均曾多少涉及了元代李郭畫風的問題。此外關於該畫派個別畫家的研究，有佘城著〈唐棣其人其畫〉（《故宮季刊》8：2，1972），以及石守謙著〈有關唐棣（1287～1355）及元代李郭風格發展之若干問題〉（《藝術學研究年報》第5期，1991）。

〔註49〕鈴木敬與李鑄晉二位先生的觀點，引自同註48，姜一涵文。

〔註50〕石守謙〈有關唐棣（1287～1355）及元代李郭風格發展之若干問題〉（同註

　　元代初期以大都（北京）為中心的繪畫傳統，自然地接續了金代南都（汴京）的傳統而加以發揚。金代大定、明昌文治期間，影響最大的士大夫畫家：楊邦基、任詢、耶律履以及王庭筠，四人以絕藝名世，元初重要的文人畫家有不少直接或間接的師承之。金代對於北宋的繼承，可表現在兩方面：第一就畫風方面而言，北方傳統的李郭畫風支配了金代大部分尤其是宮庭的畫壇，而代表士大夫傳統的蘇、米書畫風格，則成為金代文人爭相學習的對象。〔註51〕第二就理論與鑑賞方面而言，北宋蘇軾、米芾的意見，透過了南都文士集團之手，成為金末主導的藝術思想，由元好問的一段話可見端倪：

> 宋畫譜，山水以李成為第一。國朝張太師浩然、王內翰子端，奉旨品第書畫，謂李筆意繁碎，有畫史氣象，次之荊、關、范、許之下，密公賞識超詣，亦以此論為公。（〈跋密公寶章小集〉）

張、王二人認為李成的畫具畫史氣象，應次於荊關等人之下，獲密公所賞識。密公（完顏璹）為金代兩位最大皇室收藏家之一，以宗室貴游的身分主持風雅，文中的王子端即黃華老人王庭筠。包括元好問、完顏密公、王庭筠等人在內的南都文士集團，在當時處於與前代米芾相同的境域，對於金代宮廷畫院強大的李郭畫風持品第上反對的立場，他們所反對的正是金代院畫的風格。金代著名的御前畫家如張瑀、張珪等人，均為李郭畫風的能手。以米芾意見為主反對李郭崇尚董巨，則是金代末期的新思潮。〔註52〕簡言之，金代繼承北宋的傳統，畫壇大勢表現了畫院重李郭與士夫重董巨的局面。

　　李郭畫風自北宋米芾以下，一向被視為具有職業傳統的性質，然而繼承米芾崇董貶李，於金末主導的美學新意見，入元之後，卻沈寂而不張。有趣的是，元代文人不但未風行金末繼承北宋文人理念的美學見解，反倒有許多士大夫們競相從事原為元好問、王庭筠等人所貶抑的，代表金代或北宋宮廷的李郭畫風，這的確是一個耐人尋味的問題，這個疑問直接地牽引出元代李郭與董巨兩大傳統交替的畫史現象。

48），考據與推理均相當精審，極具啟發性，本論文之敘述觀點得益於該文者甚多。

〔註51〕金代文人士夫的書法中有明顯的蘇米傳統，趙秉文與王庭筠即是最佳的例子。關於金代書風的蘇米傳統，詳參同註8，夏賢李著〈金代書法中的蘇、米傳統〉（台大史研碩論，1992）。

〔註52〕關於金代畫壇上以宮廷為主，繼承北宋正統的李郭畫風，以及以文人士大夫為主，承接北宋蘇米理論而重董巨畫風的大勢，詳參同註8，何惠鑑著〈元代文人畫序說〉。

　　李郭畫風在元代初、中期，達於鼎盛，然 1350 年之後則迅速失勢，〔註53〕而元末趁李郭衰落之勢而來的董巨畫風，逐漸在南方興起。比較從事兩種畫風的畫家身分背景，可得到一個簡單的結論：他們雖同爲文人，但從事李郭畫風的唐棣、朱德潤、曹知白等畫家，全爲承平時代下有仕途經歷的士大夫，其中唐、朱二人均有以畫藝干謁的紀錄。至於從事董巨畫風的元末四大家，則全是動亂時期退居鄉林的道隱之士。〔註54〕這種李郭畫風的興衰與畫家仕宦背景之間的考慮，已暗示了元代畫家可以創作某種特定的山水畫型式，此型式可爲人所理解、接納、或甚至受到鼓舞，並以之作爲在社會網絡、或政治環境中進行活動的媒介。這個猜測，在元代政治承亂的轉接與李郭畫風的興衰相互符合的狀況下，得到了肯定。〔註55〕

　　除了元代進用官吏不分文事、技藝，皆可以薦舉的外在因素之外，唐棣、朱德潤等人的繪畫，能作爲入仕的捷徑，李郭畫風本質上就具有濃厚的政治意涵。世爲山東儒門士族的李成，卒成百代宗師，一方面是地理風貌使然，使他創造了與齊魯原隰丘陵相同視點的遠近構圖法，又因他集五代北方魯、秦、晉地方畫風傳統之大成，在畫風由來的本質上，有儒家傳統綜合並包的文化精神，而畫面的視覺觀感，又足以反映出儒家思想中平遠闊大、向和平

〔註53〕 1350 這個年代，乃依照元代兩大李郭派畫家——唐棣、曹知白的卒年（均爲1355），以及元末動亂的起始點（1352 年）而定的概稱，原先熱衷於此畫風的朱、姚等畫家，此後有了改弦易轍的跡象。詳參同註48，石守謙之文。

〔註54〕 李郭畫風者——
　a. 朱德潤：得高友恭賞識，經趙孟頫推薦，知遇英宗。碩德八剌，官至鎮東行中書省儒學提舉。
　b. 唐棣：隨馬煦北上大都，憑才藝獲得皇帝賞識，畫嘉禧殿御庭屏風，得待詔集賢院，官至吳江知州。
　c. 曹知白：一生雖無仕宦，但早年積極經營爲宦，曾爲地方官員大獻政策，參與松江水利工程計畫。後辭去昆山教諭，北上另謀機會，於仕進頗具企圖心。
　董巨畫風者——
　a. 黃公望：入全眞教，往來杭州、松江等地，賣卜爲生。
　b. 吳鎮：隱居鄉里，於錢塘一帶賣卜爲生。
　c. 倪瓚：由禪宗入全眞教，扁舟箬笠，往來震澤、三泖間。
　d. 王蒙：棄官隱居於黃鶴山。

〔註55〕 參見同註48，石守謙文。石文考察出元代初中期，許多文人畫家熱衷於李郭畫風，且此風格居然與官像仕宦階級產生某種呼應關係。石先生檢討前人研究後，提出唐棣生卒年的修訂，探討唐棣與趙孟頫的關係，更重要地考察了李郭風格的山水畫如何被理解，以及如何被接納，因而得到仕宦鼓勵，該文之相關論述極爲精審。

的、休憩的、擴展的、樂觀的，
以及向遠方憧憬的外延精
神。〔註56〕而繼承李成畫風的
郭熙，其傳世鉅作〈早春圖〉
（附圖26），巨型構製中的恢
宏秩序與充沛生機，適足表現
出帝國氣度，此圖甚至可說就
是北宋王朝的精神象徵。代表
郭熙〈早春圖〉作畫理念的《林
泉高致》中有段重要的記載：

附圖26、郭熙〈早春圖〉
158.3×108.1cm，絹，墨，台北故宮

> 大山堂堂爲眾山之
> 主，所以分布以次岡阜
> 林壑，爲遠近大小之宗
> 主也。其象若大君赫然
> 當陽，而百辟奔走朝
> 會，無偃蹇背卻之勢
> 也。長松亭亭爲眾木之
> 表，所以分布以次藤蘿
> 草木，爲振挈依附之師
> 帥也。其勢若君子軒然
> 得時，而眾小人爲之役使，無憑陵愁挫之態也。

將錯綜複雜的自然山水景觀，撿擇並重組成一個擬爲理想政治實體的恢宏秩
序，大山、長松爲眾山、眾木之主帥，其旁圍依遠近大小之次第，分布其餘
的岡阜林壑與藤蘿草木，這樣經過理性安排後的山川秩序，在視覺與心裡上
的效果，正符合了北宋神宗朝屬精圖治之變法所欲追求的偉大帝國氣象。

　　在元代從事李郭畫風的名人朱德潤，有段文章云：

> 四極八柱，河圖所經；三河九江，大禹攸疏；仁者樂山，以靜而壽；

〔註56〕關於李成畫風意識的本質與儒家的關係，詳參同註43何惠鑑文。文中尚提及
　　　　許道寧的〈寒林圖〉，亦是平遠的構圖。李、許這種不斷橫向遠方開展的畫面，
　　　　以及許圖中以橫直相間的勢造成的動感，實與道家漁隱式的圖中所強調的靜
　　　　謐感迥異。

知者樂水，以動而樂。故君子以果行育德，象山下出泉；以返身修
德，象山上有水；以懲忿窒欲，象山下有澤；以虛受人，象山上有
澤。書不盡言，并著象意。(《存復齋文集》卷7「山水圖跋」)

在這段跋文中，並未見對自然景緻的歌誦，而是以山水意蘊象徵君子各種處
境。原來山水畫極適於隱逸理想的寄託，不適於表達道德觀念，但在儒家教
化的政治下，山水景物的條理，亦可被納入而賦予道德上的象徵意涵，朱德
潤便是以李郭畫風達成這樣的作畫目的。這種富含政治內涵的山水意象，表
現在大幅巨幛的絹素上，供宮廳官衙作為垂飾而懸掛時，文武百官，怎不將
之視為王朝理想的象徵，而時時興起帝國氣度的感動呢？郭熙將李成以寒林
母題暗示「君子在野」、「小人在位」〔註57〕的亂世景象，轉為以大山長松作
主帥，表達王朝理想秩序的承明意象，將李成的晦暗面，推向清明，他這種
將政治理想與山水意象相互結合參證的理念和創作，不但搏取《宣和畫譜》
對其「進乎道」（卷11）的的美譽，更為李郭畫風贏得了北宋以及後來元、明
等王朝貴族長期的青睞。

　　明瞭了李郭山水畫的政治象徵意涵後，元代當朝權宦對此歌功頌德的畫
風，必然全盤接受。而大批文士對李郭的風靡，可說有很大部分的原因欲以
描畫理想政治世界的繪藝，作為入仕之階，包括來自南方的文士，不採取趙
孟頫所革新微小畫幅的的南方式李郭畫風，皆選擇了北宋高幅巨幛的古典途
徑，目的即是要以這種畫風去與當時的統治階級產生共鳴。

　　由北方大都為中心的文化環境，隨著太湖流域地區經濟的發達，加上時
局的動亂，前者使得經濟超越了政治因素成為推展文化活動的主力，後者則
使得政治中央應付亂局而無暇閒賞藝術作品。這個現象，明顯地導致了雅集
成員結構的改變，雅集原為北方權貴所主導，到了元末呈現出以南方文人布
衣為主的狀況。當北籍權宦逐漸地退出南方的文化世界後，文人雅集的功能
亦逐漸地拋棄了原來求薦引介的成分，山水畫的型式，不再帶有附合權貴品

〔註57〕鄧椿〈畫繼〉云：「李營邱，多才足學之士也。少有大志，屢舉不第，竟無所
　　　成，故放意於畫。其所作寒林，多在嚴穴中，栽簡俱露，以興君子之在野也。
　　　自餘窠植，盡生於平地，亦以興小人在位，其意微矣。」（卷9）鄧椿認為李
　　　成的寒林母題，隱喻了君子與小人的易位處境，由於李成身處五代的亂世時
　　　期，故與身居神宗承明時期的郭熙，感受自是不同。但鄧椿將李成畫解釋為
　　　亂世的象徵，基本上與郭熙《林泉高致》大山長松的政治清明象徵，同為表
　　　達政治的詮釋脈絡。

味的政治意涵，轉而成爲亂世文人彼此交流情誼的媒介。這個新的文化環境的形成，遂使黃、吳、倪、王等文人，改繪董巨隱居風格的山水畫，爲元末畫壇締造新契機。〔註58〕

五、明代李郭與董巨畫風的消長

　　元末文化環境扭轉了畫壇形勢，轉以董巨爲主流，入明後，則故態復萌。太祖新定都於金陵，稍後成祖北上建都京城，在王朝接替之後，必要大興土木，起建彝宮，自然有大批工匠的需求。明初於是恢復趙宋之遺軌，於朝廷復設畫院，期爲新一統的漢族大帝國裝飾門面。畫院畫家的職掌，以皇室裡外廳室的建築裝飾爲首要任務，並且因應需要被派赴高官邸舍從事同性質的工作。因此大畫面壁屏或掛軸的形式與內容，便是決定畫院畫家製作的方針。由於壁屏巨幅與扇面冊頁的製作構想迥異，前者的空間氣勢，絕非小型冊頁放大了尺寸所可達致；而以泥金青碧的色彩及墨線交相運用所呼之欲出的堂皇富麗，也不是輕染水墨的淡雅韻味可以比擬。於是明代建國之初所亟欲裝飾大型公共建築的畫作，是不可能以元末隱士的水墨淡染或文人扇面冊頁的構圖所能勝任，是故與元代宮廷一樣，以李郭爲主流，具有雄峙磅礡的華北山水巨構，特別受到宮廷權貴的喜愛。

　　由於這種宮廷裝飾需求的導向，使得元末畫壇曾大放異彩的畫家如倪瓚、王蒙、陳汝言、徐賁、趙原等文人受到冷落，許多甚至因政治事件而喪命。〔註59〕究其實，這些處在元末動亂時局中的畫家擅長具退避隱逸思想的抒情畫風，與新王朝百廢待興的裝飾需要，當然扞格不入。董巨的畫風，沒有豐富的故事情節，沒有複雜強勢的造形與筆墨，更沒有富麗耀眼的華美色彩，這種含蓄內斂的作風，與明皇室酷愛活潑生動雜劇的品味，畢竟難以一致。〔註60〕而明代

〔註58〕元末由政治局勢與經濟因素的影響，使得北籍權宦逐漸退出了文化圈，雅集的主力，改由南方文人接手，此形勢之變，連帶地造成了具有政治意欲之李郭畫風的從事，成爲沒有意義的舉動，轉而朝向私密性高可以交流內心情誼的董巨畫風爲主流畫風。此間轉變的抉機，詳參同註48石文，第六「元代文化環境之變與李郭山水畫風之衰落」一節。

〔註59〕元末明初的畫家在朱元璋政權下的悲慘遭遇，詳見張仲權著〈朱元璋對畫家的迫害〉一文，轉引自石守謙著〈浙派畫風與貴族品味〉（《東吳大學中國藝術史集刊》第15卷，1986），註釋第9條。

〔註60〕明朝以平民出身馬上得天下的皇室性格，由此品味而應運而生的浙派畫風，以及正文中所徵引的圖作例證與分析觀點，皆參自同上註，石守謙文。

由平民建國的新皇族性格,基本上也與延續北宋徽宗精緻文化教養而偏安一隅的南宋皇室性格,大異其趣。南宋因於特殊的政治地理與文化教養,經由畫院所蘊育出來的馬夏邊角構圖,〔註61〕以蒼勁的筆觸,經過細膩豐富的墨調變化,達到含蓄深遠的詩情畫韻,這種精緻的教養,在雖有恢復漢室文化制度企圖的明代畫院大力推動下起了變化。這種變化的原則,是捨棄南宋院體的微型畫幅、邊角構圖與靜態的深遠韻致,只取馬夏蒼勁有力的筆墨,置入李郭、范寬華北山水雄渾的氣魄中。譬如明初畫家王履傳世有名的〈華山圖冊〉(附圖 27),〔註 62〕是以夏圭堅硬勁利的斧劈皴行筆(附圖 28),表達中年畫家寫生筆下華山石骨堅凝的特質(按履約於五十歲左右登上華山),然而其以方折勁硬鉤出物象的夏圭筆觸,整體營造的卻是類似范寬對關陝一帶華北山勢的雄渾氣象(附圖 4,參見頁 50)。由於王履曾任太祖次子朱棣府的良醫正,與宮廷關係密切,沐浴在明代皇室的文化氣氛下,使他摸索

附圖 27、王履〈華山圖冊〉之一

34.7×50.6cm,紙,彩,分藏北京、上海

附圖 28、夏圭〈溪山清遠圖〉局部

46.5×889.1cm,紙,墨,台北故宮

出以馬夏勁筆融合范寬雄峻構圖的必要性。雄渾氣勢的來源,從畫幅尺寸的比

〔註61〕馬遠,南宋畫家,生於錢塘,為畫院待詔。筆法宗李唐斧劈皴,道勁峭拔,構圖多作一角之景,人稱「馬一角」。夏圭,南宋畫家,錢塘人,寧宗朝畫院待詔。師承李唐,用禿筆帶水作大斧劈皴,構圖常取半邊,焦點集中,人稱「夏半邊」。邊角構圖即指馬夏的特有畫風。

〔註62〕〈華山圖冊〉乃王履於洪武 16 年(1383)秋遊華山,以自然實景為師而作的寫生圖,有四十幅,另有記、詩、跋等文,合計六十六頁成一冊,描繪華岳三峰奇險峻偉的景色,構圖有近、中景的處理,亦有氣勢磅礡的全景。

較中，即可得知，王履的〈華山圖〉雖然是冊頁（縱 34.7 公分橫 50.6 公分）的型式，若與南宋院體中山水冊頁的尺寸相比，則約三到四倍。〔註63〕

　　另一明顯的例子是成祖永樂年間，供事內廷的院人郭純，文獻記載其學於元代職業畫家盛懋，長於佈置茂密的畫風，傳世唯一的作品〈青綠山水〉軸，其畫風與王履相同，將南宋小幅山水的畫幅加大之外，並將馬夏邊角構圖予以調整，一個傾斜而碩大的倒三角形山塊，似懸掛般，因不穩而造成一股動勢。該畫脫離馬夏風格內斂的韻致，由大幅茂密且具動勢的構圖，喚出雄悍的外顯力感。關於郭純的一段記錄，更可確知明代馬夏畫風變調的政治意涵緣由：

　　　長陵（成祖永樂）於書，
　　　獨重雲間沈度，於畫最愛
　　　永嘉郭文通（純），以度
　　　書豐腴溫潤，郭山水佈置
　　　茂密故也。有言夏圭馬遠
　　　者，輒斥之曰：是殘山剩
　　　水，宋僻安之物也，何取
　　　焉？（葉盛《水東日記》

附圖 29、邊景昭〈春禽花木圖〉
137.7×65.5cm，絹，彩，上海博物館

〔註63〕若與《中國美術全集》「〈南宋繪畫（下）〉」（同註19）一冊所登錄之 32 幅山水冊頁作比較，南宋此類題材的畫幅平均縱橫均約為 25 公分左右，約只佔〈華山圖冊〉畫幅（縱 34.7 公分，橫 50.6 公分）1／3～1／4 而已。

卷 3）

由葉盛的記錄看來，明朝皇室不滿偏安一隅的政權，故對在此政治局面下的
繪畫風格自然鄙夷，於是乃將具有剛勁力量的馬夏斧劈皴，融入北宋雄渾的
山水構圖中。這種狀況在院人邊景昭的花鳥作品如〈春禽花木圖〉（附圖 29）
表現亦然。他以中鋒筆致勾勒，設色明麗，搭配適合懸掛廳堂的高軸尺幅，
也是越過了南宋如林椿等名手的扇面折枝花鳥類題材（附圖 30、附圖 31），
直追北宋崔白〈雙喜圖〉軸（附圖 32）活潑躍動的生氣。〔註64〕

附圖 30、林椿〈果熟來禽圖〉頁　　　　附圖 31、南宋〈出水芙蓉圖〉頁
　26.5×27cm，絹，彩，北京故宮　　　　23.8×25.1cm，絹，彩，北京故宮

　　與院體在院外互相唱和的浙派，名家如戴進、吳偉，〔註65〕由於獲得
明初京城所在地金陵一帶的貴族支持，亦呈現出與宮廷畫院趨於一致的畫
風。戴、吳二人經過此地皇室藝術品味的代表——金陵貴族——的引薦，得
以進入北京宮廷，而達到備受榮寵的畫業顛峰，這其實真是一條職業畫家成

〔註64〕邊景昭在永樂年間，被召至京師授武英殿待詔。宣德間，供事內殿，精勾勒
　　　　花鳥，設色沈著妍麗，爲明代早期花鳥畫之高手。林椿，南宋錢塘人，孝宗
　　　　淳熙年間爲畫院待詔，善畫花鳥，喜愛冊頁扇面折枝小景，極爲精緻細膩。
　　　　崔白，北宋畫家補畫院藝學，以〈雙喜圖〉聞名於時。
〔註65〕戴進（1388～1462），錢塘人，宣宗徵入宮廷，值仁智殿。吳偉（1459～1508）
　　　　江夏人，曾任仁智殿待詔，孝宗時賜「畫狀元」印，創江夏派，爲浙派支流。
　　　　「浙派」名稱約始於明代中晚期，乃文人畫家對職業畫家的封號，所指應爲
　　　　明代初期，受皇室榮寵的戴進及其後學者如吳偉、張路、夏芷等相近的畫風。
　　　　由於戴爲錢塘人，所遠師承的南宋院體馬夏亦爲錢塘人，南宋之後，錢塘一
　　　　地便具有職業畫鼎盛之風，此約爲「浙派」以地名派的緣由。

功的典型路線。由於以畫藝受薦，金陵貴族的品味，自然是他們作畫所應遵
從的取向。如戴進〈雪景山水圖〉（附圖 33）中山塊的描寫，之所以在畫面
上造成躍動的力量，乃是馬夏遒勁奔放的筆墨，在李郭山水中自由的發揮，
他以兩派畫法融合後的狂簡傾向，上追北宋巨幛山水的氣勢，這種較院畫更
具力勢的狂放作風，乃是由金陵貴族所主導的品味，促使戴進為整個浙派立
下典範。繼承戴進強烈力勢作風的浙派第二代大師吳偉，在畫法上，有更大
膽的演出：

附圖 32、崔白〈雙喜圖〉
193.7×103.4cm，絹，彩，台北故宮

附圖 33、戴進〈雪景山水圖〉
144.2×78.1cm，絹，彩，北京故宮

　　偉有時大醉，被召，蓬首垢面，曳破皁履，踉蹌行。中官扶掖以見，
　　上（按指憲宗）大笑，命作松風圖。偉詭翻墨汁，信手塗抹，而風
　　雲慘慘生屏障間，左右動色，上歎曰：真仙人筆也。（《畫史會要》
　　卷 4）

臨繪用墨如潑雲，旁觀者甚駭，少傾揮灑，巨細曲折，各有條理，若宿構然。（周暉《金陵瑣事》卷2）

吳小仙飲友人家，酒邊作畫，戲將蓮房濡墨，印紙上數處，主人莫測其意。運思少傾，縱筆揮灑，成捕蟹圖一幅，最是神妙。（周暉《金陵瑣事》卷4）

推翻墨汁、潑雲、信手塗抹之後，隨成自然條理的作畫法，不就像是唐代王墨、張志和、顧生等人逸格的水墨畫風嗎？而酒後以蓮房濡墨揮灑，又仿自北宋末年米芾的墨戲作風，吳偉利用酒後精神的解脫，以放縱筆墨的快速運動，將自然印象與繪畫動作瞬間結合。吳偉所表現出筆墨酣暢、具速度感、猛氣雄力近於恣意狂亂的風格，如〈長江萬里圖〉（附圖34）中描寫山石質感的誇張筆法，可謂將戴進的馬夏變調推向極致。明憲宗以「仙人筆」呼之，一方面是對其畫藝「神乎其技」的讚歎，而由繪畫當時的表演性質看來，吳偉的作畫過程，亦迎合酷愛活潑熱鬧雜戲的皇室性格。〔註66〕

風格的遞嬗，除了該畫派末流呈現出疲軟劣質化遭人唾棄的繪畫自律性

附圖34、吳偉〈長江萬里圖〉局部
27.8×976.2cm，絹，墨，北京故宮

發展因素外，更繫乎文化支持結構調整的客觀因素。元代李郭與董巨畫風勢力的消長，其實就是北籍權宦與南方文人二者主導能力的消長，這個以文化氛圍為準的觀點，亦在明代中期浙派、吳派的爭勝中得到了印證。原來在明朝嘉靖之前，金陵為藝術家提供了一個以貴族品味為主導的文化環境，但在吳偉死後約半個世紀左右，逐漸產生了結構性的變化，改由文人躍升為金陵的文化新貴。約在嘉靖中期，金陵畫壇上屬於貴族品味的浙派風格驟衰，為來自蘇州以私人遣興的吳派文人風格所逐漸控

〔註66〕正文處關於戴進、吳偉的事跡紀錄以及畫作分析，乃參引自同註59，石守謙文，頁313～頁320。

制。〔註67〕於是由北宋末期蘇、米等人揭開序幕，經過了金代南都文人集團的發揚，傳至元末四大家隱逸理想寄寫胸中意氣的遣興畫風，在吳派沈周、文徵明等具有氣節的文人手中，又加入了繪畫絕不爲皇戚權貴服務的道德使命感，這種新觀念可以文徵明的追隨者翰林何良俊的一段話作印證：

> 如南京蔣三松（嵩）、汪孟文（質）、江西之郭清狂（詡）、北方之張平山（路）（按以上均爲浙派之傳人），此等雖用以楷抹，猶懼辱吾之几榻也。（《四友齋叢說》卷29）

這樣對與貴族關係密切的浙派之無情撻伐，背地裡是含有對其趨炎附勢的道德貶抑在內。〔註68〕

　　明初大一統後，在朝廷興建廟堂與皇室特有的性格主導下，使得融合南宋馬夏筆墨與北宋李郭山水型式的院畫與浙派畫風，達到了空前的興盛，然而這個局面在嘉靖之後，因文化集團勢力的消長而興起的吳派畫風取得了畫壇的主導權，這樣一個文化局面的扭轉，也正代表著文人品味眞正有效控制中國畫壇的時機的到來，這股文化氛圍，正是蘊育明代晚期董其昌畫學修養的溫床。

〔註67〕金陵文化環境如何扭轉了貴族的主控形勢，最主要的原因，乃是文人士大夫躍爲金陵文化界的主流地位。這種主導品味的根本變化，約產生於嘉靖中期，這批文化新貴有許多來自於外地，而以蘇州文人的加入最爲重要。對浙派詆毀最力的何良俊，即是文徵明的崇拜者。學者以爲持著蘇州品味的文士們，對浙派的詆毀，包含著政治上「世家大禮議」（按「大禮議」詳參本論文第五章，註13）連帶而來對忠奸之辨的影射。一批包括文徵明在內，在此政治鬥爭中失敗的保守知識分子，紛紛離開北京，退下政治身段，便在各地形成了凝聚力極強的文士集團，互相唱和，金陵文人，便是此集團勢力的一支。關於「大禮議」中保守士大夫失勢而退出政治圈，投身於藝術的繪畫例子，詳參同註13，石守謙著〈嘉靖新政與文徵明畫風之轉變〉。而關於金陵文化集團結構的改變，詳參同註59，石文第柒「金陵文化環境之改變與純文人藝術品味」一節。

〔註68〕關於對浙派的詆毀所暗藏的道德性意味，詳參同註13，石守謙文。

第四章　董其昌逸品觀之畫學特質

　　董其昌的逸品觀，大致表現在他對前代逸品畫家的詮釋中。本文首節將從此角度尋繹其逸品觀的若干特質，包括：「墨戲」的作風、超逸的變革精神，以及對於隱逸脫俗生活型態的慕求。詩畫融通的歷程以晚明為最高峰，神韻詩與逸品畫同樣皆以營造縹緲天趣之境界為最高旨歸，明末清初的詩學，以王漁洋的神韻說為代表，恰好與董其昌逸品畫的觀念相接合，二者以蘇軾所讚譽詩境畫境相通的王維為接合點，詩境的色相俱空與畫境的平淡天真，二者實為同調。董其昌逸品觀的畫學特質，透過與漁洋神韻詩之創作過程與意境的融通對照後，更能清晰地掌握。董其昌的繪畫實踐，融合了前人的畫法與構圖而自出一格，例如將米氏父子的墨點，結合簡化的倪瓚折帶皴，從事各種筆墨的實驗，又努力在構圖：條塊的結組與皴線的指引上營造動勢，他以自我特殊的筆墨實驗，深切表達了書法性的筆墨遊戲，超越古人自出機杼的變革精神，在畫面上構築自足私密的隱逸空間，凡此皆董其昌以實際畫作呼應逸品的理論。

第一節　對前代逸品畫家之詮釋

　　在前文「南北宗諸說」一節曾述及，董其昌與陳繼儒別立第三系的這些人原在其他三家的南宗之列，故可視為南派畫的另番風貌。然何以在南宗之外，尚需另立一系？是否這些名為逸品的前代畫家，除了符合南宗的一般特質之外，更有殊勝之處？本節乃針對董其昌散於著作中的相關文字，尋繹出屬於逸品的特質，並以之串連出逸品畫家彼此的繫聯關係。

一、對逸品相關畫家的詮釋

> 倪迂……晚年……一變董巨，自立門庭，眞所謂逸品在神妙之上者。
> （《書畫鑑影》卷20題倪瓚〈漁莊秋霽圖軸〉）

> 倪迂在勝國時，可稱逸品，昔人以逸品置神品之上，歷代唯張志和、
> 盧鴻可無愧色。宋人中米襄陽在蹊逕之外，餘皆從陶鑄而來。元之
> 能者雖多，然率承宋法，稍加蕭散耳。吳仲圭大有神氣，黃子久特
> 妙風格，王叔明奄有前規，而三家未洗縱橫習氣，獨雲林古淡天然，
> 米癡後一人而已。（《畫旨》）

董其昌以元朝倪瓚爲逸品的最高典範，可上溯到唐代張志和、盧鴻及宋代的
米襄陽。逸品因其「古淡天然」脫去畫家蹊逕與縱橫習氣，成爲畫史比神品
更優先的品位，元四家除倪之外，吳、黃、王由於仍有陶鑄蹊逕，僅可列於
神品而已。盧鴻傳世作品〈草堂十志圖〉爲其隱逸理想的表徵，盧留世的名
聲，概與其畫跡內容一般，是以亢潔懷抱爲後人所傳誦，唐書將之列爲隱逸
傳，傳載其固辭不就，並曾受到皇帝至高的榮寵，〔註1〕盧的行誼，就是後世
文人隱逸的最佳典範。董其昌在提到盧鴻時，除了標榜其書畫的成就之外，
亦特別從唐書中錄載了他的隱逸事跡：

> 盧鴻，又名盧乙，字浩然。唐玄宗時隱於嵩山，應詔入長安，見帝不
> 拜。宰相使人問之，曰：禮者，忠信之薄，不欲以薄待君父耳。除諫
> 議大夫不受，還山爲搆草堂，堂有十景，鴻皆自爲賦。鴻又善畫，與
> 王右丞埒，故世傳草堂圖，多名人所轉相臨撫也。（《畫旨》）

至於張志和與元代畫家的關係，乃由於漁隱的題材（按張志和的逸品畫風，

〔註1〕《舊唐書》卷192列傳云：盧鴻一，字浩然，本范陽人，徙家洛陽，才有
學業，頗善籀篆楷隸，隱於嵩山。……開元初，鴻一赴徵。……至東都，
謁見不拜，宰相遣通事舍人問其故，奏曰：「臣聞老君言，禮者，忠信之所
薄，不足可依，山臣鴻一，敢以忠信奉見。」上別召升內殿，賜之酒食，
詔曰：「盧鴻一，應辟而至，訪之至道，有令淳風，爰舉逸人，用勸天下，
特宜授諫議大夫。」鴻一固辭，又制曰：「嵩山隱士盧鴻一，抗跡幽遠，凝
情篆素，隱居以求其志，行義以達其道，雲臥林壑，多歷年載，傳不云乎："
舉逸人，天下之人歸心焉"。是乃飛書巖穴，備禮徵聘，方佇獻替，式弘
政理，而矯然不群。……固辭榮寵，將厚風俗，不降其志，用保厥躬。……
宜以諫議大夫放還山，歲給米百石，絹五十匹，充其藥物。……」將還山，
又賜隱居之服，并其草堂一所，恩禮甚厚。《新唐書·隱逸列傳》卷196尚
有補充：鴻到山中，廣學廬，聚徒至五百人，及卒，帝賜萬錢，鴻所居室，
自號寧極云。

於本文第二章已論及)，董說：

> 宋時名手，如巨然、李、范諸公，皆有漁樂圖，此起於煙波釣徒張
> 志和，蓋顏魯公贈志和詩，而志和自為畫，……多寓意漁隱耳。元
> 季尤多，蓋四大家皆在江南菱菼間，習知漁釣之趣故耳。(《畫旨》)

董在壯年時期，對於潑墨畫法即顯得興趣盎然，他在三十七歲南歸松江華亭
時，便「大搜吾鄉四家潑墨之作」(〈題董源龍宿郊民圖〉)。這樣的傾向，使
得董的繪畫創作，在對前代逸品畫家的選擇上，以米氏父子作為他所欲極力
效尤的對象。關於米氏以墨調變化表現出煙雲魅力的特殊畫風(附圖 10，參
見頁 64)，董其昌找到了畫史上的淵源：

> 世傳雲山圖為米氏父子所作，殊未知本於王洽。……此瀟湘白雲，米
> 實臨洽筆也，余復摹之，一傳而三矣。(《董華亭書畫錄》〈瀟湘白雲
> 圖卷〉)

> 雲山不始於米元章，蓋自唐時王洽潑墨，便已有其意。董北苑好作
> 煙景，煙雲變沒，即米畫也。余於米芾瀟湘白雲圖，悟墨戲三昧，
> 故以寫楚山。(《畫旨》)

米氏雲山的墨
調，始於唐代王
洽的潑墨(按王
洽於唐代所表
現 的 逸 品 畫
風，本論文第二
章 已 論 述)，以
及董源江南山
水的煙景，而米
氏落茄點的源
頭，又出於董源
的 樹 法 (附 圖
35)：

附圖 35、董源〈瀟湘圖〉局部
50.2×140cm，絹，淡彩，北京故宮

> 董北苑畫樹，都有不作小樹者，如秋山行旅是也。又有作小樹，但
> 只遠望之似樹，其實憑點綴以成形者，余謂之此即米氏落茄之源委。
> 蓋小樹最要淋漓幻略，簡於枝柯，而繁於形影。(《畫旨》)

宋代之後，承董米之法得「煙雲淡蕩，格韻俱超」(《畫旨》)者，當以高克恭爲代表，《存復齋續集》曾對高克恭的畫法有所說明：「高侯畫學，簡淡處似米元暉，叢巒處似僧巨然，天眞爛漫處似董北苑。」便是對高克恭繼承董巨與米法的簡要說明(附圖36)。董其昌對高的畫藝，亦極爲推崇：

> 高彥敬尚書，畫在逸品之列，雖學米氏父子，乃遠宗吾家北苑，而降格爲墨戲者。(《畫旨》)
>
> 余嘗見勝國時，推房山(高克恭)、鷗波(趙孟頫)居四家之右，而吳興(亦趙之別名)每遇房山畫，輒題品作勝語，若讓伏不置者，顧近代賞鑑家或不謂然，此由未見高尚書眞跡耳。……得其巨軸，煙雲變滅，神氣生動，果非子久、山樵輩所能夢見。(《畫旨》)

對於這類煙雲畫風的喜愛，董甚至爲自己找到與高血源相關的身分，以及連帶而來的天賦：

> 余曾王母高夫人，即尚書之孫也，余是以骨帶

附圖 36、高克恭〈春雲曉靄圖〉
138.1×58.5cm，紙，彩，北京故宮

　　　　煙霞，亦高家一脈。(《寓意錄》卷四〈仿高房山山水軸〉)
由此可知他對逸品畫風強烈的實踐動力。

　　在此願特別補充一點，陳繼儒所提及的逸品畫家，均不脫董其昌的範圍，唯多出鄭虔與郭忠恕二家，其中鄭在文獻記載上云，畫山饒墨，用墨富變化，王洽曾師事之，可知其與王洽的關係。而郭忠恕在畫史中的名聲，一般是以界畫見長，何以獨受陳繼儒逸品定位的青睞，有段傳說，可爲明證：

　　　　郭忠恕僑寓安陸（湖北省），郡守求其畫莫能得，因以縑屬所館之寺
　　　　僧，時俟其飲酣請之。乃令濃爲墨汁，悉以潑漬其上，亟攜就澗水
　　　　滌之，徐以筆隨其濃淡爲山水之形勢，此與封氏（按指封演）聞見
　　　　所說江南吳生畫同，但彼尤怪也。（王得臣《麈史》）

郭忠恕以澗水潑滌，用筆隨墨汁爲山水形勢的傳說，不就是王洽、李靈省等人墨戲的畫風嗎？

　　　　宋人畫，趙大年、馬和之可稱逸品，蓋元鎮所自出也。（《容台別集》
　　　　卷6〈趙令穰湖莊清夏圖卷〉）

　　除了米氏一系之外，宋代尚有兩位畫家可當逸品之名者——趙令穰與馬和之。趙可稱逸品的理由，一方面乃其用墨所造成的生動韻緻，脫去用筆痕跡：

　　　　趙大年畫平遠，不落當時畦逕，自有一種風味，眞宋之士夫一派。
　　　　其用墨不以物染，令如氣蒸冉冉欲墮，有生動之韻。（《董華亭書畫
　　　　錄》〈仿趙大年畫卷〉）

　　　　趙令穰〈江鄉清夏卷〉筆意全仿右丞。……趙與王晉卿皆脫去院體，
　　　　以李咸熙、王摩詰爲主。然晉卿尚有畦逕，不若大年之超軼絕塵也。
　　　　（《畫旨》〈仿趙令穰江鄉清夏圖卷〉）

另一方面則是他與王維的關係，具宋士大夫所特有的味外味：

　　　　趙大年畫平遠，絕似右丞，秀潤天成，眞宋之士夫畫，此一派又
　　　　傳爲倪雲林。雲林工致不敵，而荒率蒼古勝矣。今作平遠及扇頭
　　　　小景，一以此二人爲宗，使人玩之不窮，味外有味可也。（《畫禪
　　　　室隨筆》）

至於馬和之，則亦洗刷院體，以飄然欲仙的韻致登逸品之列：

　　　　宋侍郎馬和之畫，……學李龍眠，而稍變其法，以標韻勝。不獨洗
　　　　刷院體，復欲去伯時骨力蹊徑，而凌出其上。如深山道士，專氣致

柔，飄然欲仙，鴨犬拔宅，遙隔塵境，眞畫家之逸品也。(《石渠寶笈續編》，〈御書房〉，董題〈馬和之畫陳風圖卷〉)

在結束逸品畫家的探討之前，有一位最重要的畫家不可漏列：王維，他同時開了神品與逸品的源頭：

右丞以前作者，無所不工，獨山水神情傳寫，猶隔一塵。自右丞始用皴法，用渲染法，若王右軍一變鍾體，鳳翥鸞翔，似奇反正。右丞以後作者，各出意造，如王洽、李思訓輩，或潑墨瀾翻，或設色娟麗，顧蹊逕已具，模擬不難。此於書家歐虞褚薛，各得右軍之一體耳。(《畫旨》)

董其昌將山水畫之始祖推向王維，有了王維，才有潑墨瀾翻的王洽，以及設色娟麗的李思訓兩種截然不同的面貌。董其昌將王維視爲整個南宗畫的源頭，雖是出於畫史的推想，實則具有文化上的意義（容後詳），確然，王維在董其昌心中的地位，已進入參贊造化的境界：

要之摩詰所謂：雲峰石跡，迴出天機，筆意縱橫，參乎造化者。東坡贊吳道子、王維壁畫亦云：吾於維也無間然，知言哉。(《畫禪室隨筆》)

二、逸品畫家特質的歸納

（一）「墨戲」作風

以米氏父子爲中心，落茄點溯至董源「簡於枝柯、繁於形影」的樹法，雲山墨調則出於王洽潑墨，下至高克恭等，其畫風皆具有墨戲特質。從王洽、張志和或是醺酣，或是擊鼓，以風顛酒狂的姿態潑墨汁於絹上，隨墨走形的畫法，到米氏父子在紙上用水墨或潑、或點地紀錄下他們對自然山水的印象，態度即興，正如米友仁所自謂「戲寫」、「戲筆」的水墨遊戲，再到高克恭的煙雲變滅，皆同墨戲的本質。而董其昌亦以自謂逸筆草草的倪瓚爲「荒率墨戲」(《畫旨》)。

雖不被稱爲墨戲，而嗜好描寫渺茫平遠湖天景致的趙令穰，其擅長的畫材如〈湖莊清夏圖〉（附圖 37），畫面亦是水墨淋漓，充滿了各式墨點，由於平遠渺茫的畫面感覺，來自於水分與墨點佈置的作用，故有「氣蒸冉冉欲墮」的生動之韻。以這樣的觀點視之，趙的畫法，與墨戲的表現實有異曲同工之妙。

附圖37、趙令穰〈湖莊清夏圖〉

19.1×161.3cm，絹，彩，美國波士頓美術館

（二）「逸」的變革精神

除此之外，面對傳統畫法的方式，亦是逸品畫家的重要特質。趙令穰「不耐多皴，雖云學王維，而維畫正有細皴者，乃於重山疊嶂有之，趙未盡其法也。」（《畫旨》）米襄陽將線條皴的功能減至最低，創造了當時畫壇極新穎的畫法。馬和之從吳道子、李公麟的白描人物畫而來，但以自己特有的螞蝗描（按即粗細有致，行筆扭動的線描），更新了吳快速、而李細勁的蘭葉描，使其線條具有「飛動柔和」的效果

附圖38、（傳）馬和之〈鹿鳴之什圖〉
局部

28×874cm，絹，彩，北京故宮

附圖39、黃公望〈富春山居圖〉局部

33×636.9cm，紙，墨，台北故宮

附圖40、王蒙〈青卞隱居圖〉
141×42.2cm，紙，墨，上海博物館

（附圖 38）。至於以皴爲觀察點而言，元四家之黃公望以變化的董源——繁複豐滿的長披麻皴，表現江南山石鬆軟的質地（附圖 39）；王蒙則用極繁密穠稠的構圖、渴墨點苔與解索皴，曲盡林巒蒼鬱之景（附圖 40）；吳鎮則法巨然，間學馬夏的斧劈皴和刮鐵皴，以雄勁筆力及濕墨表現林木鬱茂之色（附圖 16，參見頁 84）。〔註2〕三家或是以緊稠的構圖、繁密的皴線及渴墨，或是以濕洌的墨筆、雄勁的皴線，表達江南山水蒼茫鬱茂之景。而倪瓚則很不一樣，除了早年之外，他並不如其他三家一般，力學董巨，而是上追更高古的「荊關遺意」（《畫旨》），畫面上僅有荊關樣式的疏簡折帶皴，加上淡躁的墨筆與精簡的構圖（通常是近岸疏林，遠岸遙岑的一河兩岸式構圖），如此虛朗的畫面（附圖 41），迥異於其他三家。

　　從趙令穰、米芾、馬和之面對南宋畫院精準寫實的工筆作風，各自發展出或是以濕潤的墨點、或是以扭走的線描新方法，皆可謂洗刷了院體的習氣。而倪瓚在崇尚以董巨鬆柔的披麻皴寫江南景色的畫壇風氣中，獨以荊關較方硬的折帶皴寫江南疏落水景之趣，此亦即董所說「三家未洗縱橫習氣」，「皆從陶鑄而來」，獨倪在蹊逕之外。這樣面對傳統而有變革，擺去了前代畫家習以爲常的窠臼，且不與時尚相合的作畫態度，他們在畫史上別出新裁的風格意義，正符合了逸品其

〔註2〕　關於元四家黃、王、吳的畫風簡述，參見《中國美術全集》（錦繡，1989）「繪畫編」元代部分，以及《中國美術辭典》（雄獅，1993）黃、王、吳條。

逸出既定規範的美學精神。

（三）「隱」的理想生活型態

前文述及的盧鴻，具有令後世文人欽慕的退隱經歷，以及傳世的〈草堂十志圖〉，張志和與顏真卿漁歌子合作而創造漁隱類的詩畫，倪瓚以樹木比喻六君子，以及江南樸實疏簡的水景，皆為後世隱逸理想的寫照，開啟文人逸人高士繪畫上的隱逸題材。即連不畫此類題材的馬和之，董對其意境的描述：「如深山道士，飄然欲仙，鴨犬拔宅，遙隔塵境」，亦是充滿了道隱的意味。董其昌所謂和隱逸生活型態有關的逸品特質，正可與陳繼儒「如方外不食煙火人，另具一骨相者」的說法相互印證。

三、董其昌逸品畫家的繫聯關係

從上節董的零散文字釐析出來的逸品畫家，源頭乃南宗祖師——王維，之下包括了唐代的盧鴻、張志和、王洽，五代的董源，宋代的趙令穰、二米父子、馬和之，以及元代的高克恭、倪瓚。以上述三個特質——墨戲

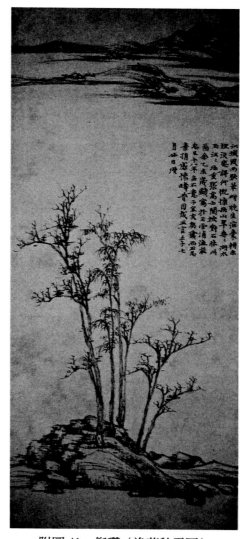

附圖 41、倪瓚〈漁莊秋霽圖〉

96×47cm，紙，墨，上海博物館

作風、「逸」的變革態度、「隱」的理想生活型態，實為王維作為南畫宗主的典範地位所盡括。此外，若要以此特質為王維以下的逸品畫家找出繫聯關係，則可得如下結果：

※以「墨戲」作風繫聯關係：

張志和、王洽→董源的小樹法→趙令穰夏湖之景、米氏雲山→高克恭煙雲變滅→倪瓚逸筆草草

※以「隱」之理想生活型態繫聯關係：

盧鴻、張志和（人品與生活方式）→馬和之（畫境）→倪瓚（綜合）

※以「逸」之變革精神繫聯關係：

張志和、王洽→趙令穰、米氏父子、馬和之→倪瓚

依據這些畫學上的特質所建立的逸品風調，在董其昌的心目中，較與同列南宗的神品風格，更居於優位的品級。

第二節　逸品畫與神韻詩之融通 〔註3〕

一、詩畫融通的發展歷程

詩與畫的融合，始自以詩人為主體的題畫詩，由於詩人在畫中引發了詩興，如董源的山水畫「使覽者得之，……足以助騷客詞人之吟思」（《宣和畫譜》卷11「董源」條），便是將繪畫作為詩歌吟詠的對象，此風氣大致是以唐代杜甫精湛的題畫詩開始顯著。〔註4〕北宋時期，文人將詩意視為表達畫境的理想，再加上素有文化修養之徽宗皇室畫學政策——以詩題甄試畫士——的推導，〔註5〕於是畫家為主體，以畫的形象去掌握由文字疊合而出的詩的意

〔註3〕 錢鍾書以為神韻派詩在舊詩中公認的地位，不同於南宗畫在畫史上公認的地位，因為傳統詩評否認神韻派是標準詩風，而傳統畫評則始終承認南宗文人畫為最高理想，故在正宗與正統這個關鍵點上，詩與畫並不一律。錢氏說：「相當於南宗畫風的詩不是詩中高品或正宗，而相當於神韻派詩風的畫卻是卻是畫中高品或正宗。」顯示了詩和畫的標準分歧是批評史裡的事實。錢鍾書這篇有名的論文，主要論點以為神韻詩的地位不及推尊杜韓等人的宋詩，且宋人論詩應為詩歌史上的正宗。龔師鵬程以為錢的說法有兩個疑點：其一，錢主宋詩的意見乃受其師承同光體詩學的影響，其二，宋詩並非如其所云，與神韻詩判然對立（詳參龔師著《詩史本色與妙悟》（學生，1986）一書）。關於神韻詩在詩史中的地位如何？此為一個詩評史上的重大問題，其旨無涉本文，故不擬探討。本文乃鎖定晚明時期同列詩畫高潮之董其昌逸品觀，論其與王士禎神韻說之相關處，此觀點則仍多得益於錢鍾書該文啟發。請詳參錢鍾書著〈中國詩與中國畫〉（收於舒展編選《錢鍾書論學文選》第六卷，廣東花城出版社，1990）。

〔註4〕 王漁洋云：「六朝以來，題畫詩絕罕見，盛唐如李白輩，間一為之，拙劣不工。……杜子美始創為畫松、畫馬、畫鷹、畫山水諸大篇，搜奇抉奧，筆補造化。……子美挹始之功偉矣。」（《蠶尾集》）這類作品約有十八首，便將杜甫視為題畫詩成熟之發端。

〔註5〕 關於徽宗畫院畫學以詩題試士，鄧椿有段記載：「益興畫學，教育眾工，如進

象，這種作風，又將詩畫融通的歷程向前推進了一大步。

由唐宋詩人在畫外題詩，到兩宋畫家以詩意作畫，發展到元末，文人（詩人）畫家普遍在畫幅上安排適當的位置題詩，他們透過絹素上詩與畫的互相闡發，以表達胸中意興，這乃是詩與畫於精神意境完成融合後，在藝術形式表現上的必然結果，此一進展，遂將詩畫融通的歷程推上了高峰。〔註6〕

宋代以來，關於詩畫二者關係的探討頗多，如南宋吳龍翰云：「畫難畫之景，以詩湊成；吟難吟之詩，以畫補足。」（曹庭棟《宋百家詩存》卷19）說明了詩人與畫家由於命意相似，詩與畫二者可互相補足。此外，有以畫之形象立場別二者的說法——「詩是無形畫，畫是有形詩」（郭熙《林泉高致》「畫意」、張舜民《畫墁集》卷1「跋百之詩畫」），有以詩聲韻之立場別二者的說法——「畫以有聲著，詩以無聲名」（岳珂《寶眞齋法書贊》卷13〈薛道祖白石潭詩帖〉），詩與畫則已分別跨越形與聲的藩籬，互相換位，〔註7〕以汲取彼

士科下題取士，復立博士，考其藝能。……所試之題，如『野水無人渡，孤舟盡日橫』，自第二人以下，多繫空舟岸側，或拳鷺於舷間，或棲鴉於篷背。獨魁則不然，畫一舟人臥於舟尾，橫一孤笛，其意以爲非無舟人，止無行人耳，且以見舟子之甚閒也。又如『亂山藏古寺』，魁則畫荒山滿幅，上出幡竿，以見藏意，餘人乃露塔尖或鴟吻，往往有見殿堂者，則無復藏意矣。……故一時作者，咸竭盡精力，以副上意。」（《畫繼》卷1「徽宗皇帝」條）徽宗所立畫學政策，不但拉近了畫與詩的距離，繪畫本身的發展，亦因此政策，而有新作風的產生，請詳參李慧淑著〈宋代畫風轉變之契機——徽宗美術教育成功的實例（上）（下）〉（故宮學術季刊1：4與2：1兩期，1984）。

〔註6〕詩與畫融合的歷程，由題畫詩，到以詩意作畫，到以作詩的方法作畫，到北宋如蘇黃等文人談「無形畫」、「不語詩」，使二者可以換位，再到元代文人畫家其畫幅留白以題詩的風氣大開，成爲融合歷程的頂點，這個歷程的進展，詳參徐復觀著〈中國畫與詩的融合〉（收於其著《中國藝術精神》，學生，1973。附錄一）。

〔註7〕詩與畫雖爲兩種本質不同的藝術，但由於二者在創作者心中命意的相似性，如吳龍翰所說，難畫的意象，可用詩文來完成，難以詩詠的景致，可用畫來補足，便說明了二者關係的密切，但仍未跨越二者的藩籬。及至詩與畫跳出了自己形與聲的領域，向另一方借取資源，如以詩意作畫，以畫境入詩等，各自侵入到對方的畛域中，營造新的表現，這便是所謂的換位。在藝術史上，由於文人的主導，使得畫向詩靠攏發展的傾向較爲明顯，所謂的換位，大致是以畫易其位到詩爲主，關於畫換位到詩的發展，請詳參龔師鵬程著〈說「文」解「字」——中國文學藝術發展的結構〉，收入氏著《文學批評的視野》，大安，1990。又「藝術換位」此一名詞原爲西方藝術理論家如法國 Gautier 所提出。關於此一命題的探討，請參饒宗頤著〈詞與畫——論藝術的換位問題〉（《故宮季刊》8：3，1972）。

此的資糧。這些觀念，乃是以蘇東坡闡發王維「詩中有畫，畫中有詩」，因而提出「詩畫本一律，天工與清新」的共通原則作爲理論基礎。

「抒情寫意」的本質，實已成爲詩畫共通之一律，無論是詩以文字、音韻或畫以圖象、線條，皆爲表達創作者的內在情意，故眞正決定作品感動者，乃是創作者內在情意的眞摯與否，於是作品將情意再現的同時，亦爲人品之再現。當詩畫的抒情原則確立了之後，其深層的涵義，亦同時確立了人品原則。中國詩畫理論家，始終保持著對藝術家人品的高度關注，甚至以藝術家之人品及其蘊發出來的情志爲詩畫內涵與外顯之最高指導原則，簡言之，可以人格修養視爲詩畫創作的最深根源。是故文人以爲詩畫風格因詩人或畫家之性情與人品而有不同，風格與人格統一，這是屬於文人特殊之審美意識，審美價值也因此定型。人格與風格一旦統一，詩格與畫格亦必然統一。

文人畫以詩爲養料的成長歷程，宋代仍著重於宣導這個新的文化意見，表現在繪畫創作上，還在墨戲性質的嘗試階段。入元，大量的題畫詩與書法性線條的寫意助力，強化了繪畫抒情的功能。到明朝，文人則常將詩畫互喻，尤其是以詩的情意法則、創作法則、境界風格來比喻畫。〔註8〕到了晚明，文人畫的正統地位已定，反而借畫來揰擊七子以來所持的詩論。如前所述，人格與風格的必然關係，晚明文人亦要求人文學問需回歸於性情人格中，詩畫藝術作品，並不以知識理性的面貌出現，而是以透過文化涵養而來的性情與人格面貌出現。因此明人詩畫共通理論則歸結到最終之人格修養上，自會以平淡、自然、天眞這些規範人品內涵的文化概念，作爲追求詩與畫成爲「逸品」的最高標準。

自畫壇的主導由工匠轉入文人的手中，繪畫理論多藉文人熟悉的詩歌原理轉化而來，逐漸演成將詩歌的情意思考模式取代繪畫原本的形似系統，促成了元明時期文人畫風之大盛。經此一轉折，詩與畫二者同樣皆以藝術主體情意的表現爲創作中心。明代文人詩畫共通的理論便是在宋元這樣的基礎上發展而來，在繪畫放棄形似的堅持之餘，由詩論的啓發，更強調依於純粹直覺的創作方式，要以營造縹緲天趣的境界爲最高旨歸，這正是在畫境上要求逸品，在詩境中要求神韻，詩與畫二者融通所共同具有的美學意識。〔註9〕

〔註 8〕 關於明代詩畫融通的理論分析，請參鄭文惠著〈詩畫共通理論與文人文化之成長——以宋明二代之轉化歷程爲例〉(《中華學苑》41 期，1991)。
〔註 9〕 由宋至明詩畫共通理論的發展，請參同上註鄭文惠文。

二、王漁洋神韻詩與董其昌逸品畫的融通

（一）逸品畫與神韻詩融通的美學背景

以上探討了詩畫互相融通的歷程，與二者以結合人品的「抒情寫意」性質作爲融通的意識基礎。儘管詩畫有如此親密的關係，然由於二者在歷史上有各自不同的發展脈絡，以及在演變中所面臨的不同問題，故落實在具體的考察上，詩史與畫史則呈現出各自的美學進程。簡言之，屬於南宗畫逸品的正統地位，在畫史傳統中，自宋代以來是逐步建立的，至晚明始完備。而神韻詩的地位則在詩論上，似乎經過了幾次翻轉，仍擾嚷不休，直到晚明，詩與畫可說是達到了空前的一致性。〔註 10〕

晚明的詩論，由於反對七子的格調說，要追求含蓄、深刻、有寄託、溫柔敦厚而不刻削直斥的藝術效果，因而產生對「詩史」說的反省與比興傳統的再發現，認爲杜詩非風雅正宗，尤其杜甫直陳時事的手法，不值得學習，〔註 11〕這種主張以景敘情、言情不盡而得溫柔敦厚之意，講究比興含蓄詩風的詩論，由王夫之作前導，〔註 12〕一變而成爲王漁洋的神韻說。明末清初的詩學由詩史的反省到神韻的提倡，其前驅恰好是畫論上南北宗逐漸定型的階段，漁洋將神韻視爲詩的本色，論詩欣賞司空圖「不著一字，盡得風流」的說法，認爲李、孟詩「色相俱空，正如羚羊掛角，無跡可求，畫家所謂逸品也。」（《分甘餘話》）其實已將神韻詩接上了逸品畫。在這個意義上，漁洋詩論的內涵，若干程度由董其昌繪畫的南宗逸品觀而來。

王漁洋（1634～1711）在時代上雖較董晚了約一個世紀，但董爲繪畫所提出的南宗逸品理論，一方面入清爲以仿古重建古法正傳代表正宗畫派的六家——四王（王鑑、王時敏、王翬、王原祁）、吳（歷）、惲（壽平）——所繼承；另一方面則由講究以自我面貌獨創個人繪畫語言的八大山人與石濤所

〔註 10〕詩與畫各自發展，到晚明達到了空前的一致性，此說法參自同註 3 錢鍾書文。

〔註 11〕明末清初的詩學，因爲要反七子，追求含蓄、深刻有寄託的藝術效果，又開始強調比興的重要，認爲杜甫直陳時事的手法，正是杜詩的病痛所在。這些由反省詩史，而重新對比興傳統的重視，進而發展出幾種詩歌的新路向，王漁洋的神韻說，即爲其中重要的一支。請詳參龔師鵬程著〈論詩史〉，收於同註 3，氏著《詩史本色與妙悟》。

〔註 12〕神韻詩的理論內涵，郭紹虞認爲是由王夫之情景融浹的說法作前導，而由王漁洋拈出了「神韻」二字。詳參郭紹虞著《中國文學批評史》（藍燈，1988）第 68 條「從王夫之到王士禛」。

繼承。這個後董其昌時代，亦正是詩壇上大舉神韻的時期，明末清初的逸品畫與神韻詩的確呈現互相激盪融通的狀況。本文欲探討董其昌、王漁洋兩人理論的相關處，作為此期藝術史的一個切面觀察。

（二）理論接合處的關鍵——王維

使得逸品畫與神韻詩能彼此融通，在藝術史上一個重要關鍵的人物是王維。王維為董其昌南宗的始祖，為逸品的先驅，董一生所見王維畫蹟，僅有郭忠恕摹本的〈輞川圖〉，以及傳為其作的〈江山雪霽圖〉與〈江干雪意圖〉兩幅手卷，〔註13〕不但傳作極少，且均無可考定為真跡，〈雪霽圖〉甚至是董憑想像而鑑定其為王維真跡。〔註14〕以此少量又可疑的畫蹟，董卻仍將王列為逸品的宗祖，一方面是由北宋的米芾畫論中，得知王維接近於董巨的畫風，董的南宗畫系既要以董巨為主幹，而董巨的身分尚不夠格為文人之祖，便推出盛唐的王維，王維實足以當為文人最佳的典範。何惠鑑先生對王維在董其昌心中地位之所以如此崇高有精闢的見解，他的意見大致如下所述：

因為王維在盛唐所具有的幾項特質非常重要——第八世紀是個中國社會史上的轉捩點，因為來自於擁有土地家族的新文人階層，逐漸取代了原先對他們具有支配優勢的貴族地位。董發現在王維身上兼備著兩種最高貴的品質：一是出身上流社會具有政治崇高地位的紳士，一是詩畫方面第一流的天才，同時又揉合了儒家與佛學精神和諧一致的隱退文人。更重要的是，中唐是個文藝復興時期，六朝以來的南方傳統開始復甦，王維象徵這種在異域文化滲透下恢復古老傳統的懷舊精神，文藝復興的部分原因是由於中國人將佛教禪宗與日常生活審美的直覺敏感整合起來，王維就是這種轉變中最具代表

〔註13〕 董其昌《畫旨》中有〈王右丞江山雪霽卷〉與〈王右丞江干雪意卷〉兩跋，前者傳說是京師後宰門拆古屋，於折竿中得之，為好友馮宮庶所收，後者藏嚴文靖家，皆不可信為真跡。

〔註14〕 董以趙孟頫一幅雪圖推定其學王維，其理由相當地率意：「趙子昂雪圖小幅，頗用金粉，閒遠清潤，迥異常作，余一見定為學王維。……凡諸家皴法，自唐及宋，皆有門庭，如禪燈五家宗派，使人聞片語單詞，可定其為何派兒孫。今文敏（子昂）此圖行筆，非僧繇、非思訓、非洪谷、非關仝，乃知董巨李范皆所不攝，非學維而何？」（《畫旨》）在馮宮庶家中所見的〈江山雪霽卷〉，董一見宛然為趙之筆意，因此便以上述的理由推定其應為王維無疑。董自詡：「余未嘗得睹其跡，但以想心取之，果得與真肖合，豈前身曾入右丞之室，而親覽其盤礴之致，故結習不昧乃爾。」（同上）由此可知，董對王維的畫蹟，是以想像的成分來斷定。

性的人物。抬高王維的地位，就是推崇中唐的文學典型，反對初唐及盛唐時期專橫的文學風格；崇尙六朝時期的南方文化，反對拘謹僵硬的北方文化；贊成自然而成的南禪而反對北禪等，凡此皆具有暗示性的意義。董其昌具有深刻且揭示了文化道德核心的歷史洞察力，這個觀念與晚期中國藝術社會和藝術批評的審美意識是分不開的，這便是董其昌在藝術領域建立新正統觀念體系最重要的部分。〔註15〕

　　何惠鑑先生的看法對吾人明瞭董其昌的美學理念，深具啓發性。然而王維的地位，隨著文人意識的高張，本來便已節節升高。原來王維在唐代畫壇上的地位並不高（按張彥遠的《歷代名畫記》與荊浩的《筆法記》皆推張璪於其上），入宋，則御府所藏有一百二十六幅（《宣和畫譜》），極可能多是贋品，可見北宋開始對王維的重視。北宋時期文人由王維的詩境推想其畫境，這正是山水畫盛行之後，對繪畫意境「得之象外」所轉求出來的結果。北宋蘇東坡評王維的畫：

> 吾觀畫品中，莫如二子尊。吳生雖妙絕，猶以畫工論。摩詰得之於象外，有如仙翮謝樊籠。吾觀二子皆神俊，又于維也斂衽無間言。（〈王維·吳道子壁畫〉）

這段推崇曾爲董其昌所引用：「要之，摩詰所謂雲峰石跡，迴出天機，筆意縱橫，參乎造化者。東坡贊吳道子、王維壁畫，亦云：吾於維也無間然。知言哉！」（《畫旨》）王維能爲逸品畫，同時又能兼神韻詩，蘇子由亦曾評曰：「摩詰本詞客，亦自名畫師。平生出入輞川上，鳥飛魚泳嫌人知。……行吟坐詠皆目見，飄然不作世俗詞。」（《欒城集》卷 16）蘇子由所謂的「飄然不作世俗詞」，即是王漁洋稱譽與王維齊名的孟浩然詩：「色相俱空，正如羚羊掛角，無跡可求」（如前引）。因王維這種天生飄逸的藝術秉賦，而得東坡「詩中有畫，畫中有詩」（《東坡題跋》卷 5「書摩詰藍田煙雨圖」）的贊語。王漁洋曾參考沈括引用張彥遠對王維繪畫的說法：

> 書畫之妙，當以神會，難可以形器求也。如彥遠評畫言：王維畫物，多不問四時，如畫花往往以桃、杏、芙蓉、蓮花同畫一景。余家所藏摩詰臥雪圖，有雪中芭蕉，此難與俗人言也。（《夢溪筆談》卷 17）

〔註15〕關於王維之所以會被董列爲南宗始祖，在大多數的學者以批判的眼光評其爲專斷之外，唯何惠鑑先生以爲此中有深意，何先生精闢的分析，詳參 Ho wai-kam, "Tung Ch'i-Ch'ang's New Orthodoxy and the Southern School Theory", in Artist and Art, Mass.: Princeton University Press, pp.113-129, 1975.

畫花不問四時，以及雪中芭蕉的作風，漁洋則以之論詩：

> 世謂王右丞畫雪裡芭蕉，其詩亦然。如九江楓樹幾回青，一片揚州
> 五湖白。下連用蘭陵鎮、富春郭、石頭城諸地名，皆邈遠不相屬。
> 大抵古人詩畫只取興會神到。

王漁洋在董其昌上溯北宋東坡等文人，將王維詩境與畫境融通的基礎上，將王維的神韻詩與逸品畫貫通了起來。

（三）達致超然意境的辯證性創作過程

董其昌與王士禎二人，均持有一個很重要的藝術原理，即是運用參禪的方法——悟，強調不涉理路，不落言詮的直觀創作法，不求於繩墨之中，須求之於蹊徑之外。其所達到的境界，如董所言，是要含味外味，遙隔塵境，求在筆墨蹊徑之外，蕭散簡遠之平淡天真的化境（按關於董其昌的「主淡說」，本文將於第五章第四節論述），而漁洋論詩特標神韻，不著一字，盡得風流，其神韻境界，如翁方綱所言：「神韻徹上徹下，無所不該，其謂羚羊掛角，無跡可求，其謂鏡花水月，空中之象，亦皆即此神韻之正旨也。」（《復初齋文集》卷 8「神韻論」）董要脫去的，是浙派的狂態邪學，與吳派末流的甜俗堆砌與繁瑣，王要擺脫的是七子們格調說的圈套。漁洋講求詩境虛和，不執於物象，都近董其昌的南宗逸品畫，故能無工可見，無法可言，渾然天成，色相俱空，這便是逸品畫與神韻詩共同的意境所在。這樣的境界，要如何達到呢？以下將從兩人的學養背景開始探討。

王漁洋的詩學歷程如下：

> 公之詩非一世之詩，……籠蓋百家，囊括千載。自漢魏六朝，以及
> 唐宋元明人，無不有咀其精華，探其堂奧。（《清文錄》楊繩武「資
> 政大夫經筵講官刑部尚書王公神道碑銘」）
>
> 阮亭詩用力最深，諸體多入漢魏唐宋金元人之室。（林昌彝《射鷹樓
> 詩話》卷7）

漁洋博取漢魏唐宋元諸家，不能以一家一詩籠罩，與董其昌畫學歷程的豐富性相當：

> 畫平遠師趙大年，重山疊嶂師江貫道，皴法用董源麻皮皴及瀟湘圖
> 點子皴，樹用北苑子昂二家法，石用大李將軍秋江待渡圖及郭忠恕
> 雪景，李成畫法有小幀水墨及著色青綠，俱宜宗之，集其大成，自

出機軸。(《畫禪室隨筆》)

他們皆從層層的擘積學習而來，王漁洋因浸淫於陶孟王韋諸家，得其象外之音，意外之神，故能「不雕飾而工，不錘鑄而鍊，極沈鬱排奡之氣，而彌近自然，盡鑱刻絢爛之奇，而不由人力。」(同上楊繩武語) 這便與董其昌廣學前賢，又有自我面貌，力創歸於平淡天眞的畫風相與一致。

董、王二人自己的藝術創作過程已如上述，他們所執的理論亦然。

董其昌說：「淡乃天骨帶來，非學可及」，似乎橫斷了學習與創作之間的鴻溝，其間實有「離合說」綜攝法與變、正與奇的辯證性思維。「法」就是古人的規模，「正」指有法可循，可以意料，「合」指入古人神理，神會意得，而「變」是用己之意，「奇」是了無定法，「離」則要拋開習氣。董「破法求變」、「以奇爲正」的見解，皆可總結到「離合說」上，深入古人神髓，又能呈現脫胎換骨的新貌。如其所述，巨、黃、米、倪四家皆從董源來，卻各有面貌，巨然學到了礬頭皴，黃子久學到了披麻皴，米芾學到了苔點畫，倪瓚學到了一河兩岸氏的構圖。可見自趙孟頫以下學古，是以自己所理解的古人一隅，爲自己的作品詮釋新義，非一成不變的臨摹，而是要在離合間顯露出無可雷同的本我，通過古人來表現自己。(關於「離合說」的解析，詳見本論文第五章第四節)

儘管給予南宗畫無上的推崇，董對北宗一派似乎貶中留褒：

> 李昭道一派爲趙伯駒、伯驌，精工之極，又有士氣。後人仿之者，得其工不能得其雅，若元之丁野夫、錢舜擧是也。蓋五百年而有仇實父。(《畫旨》)

而對南宗的米氏與王洽，也保持了高度警覺：

> 畫家以神品爲宗極，又有以逸品加於神品之上者，曰：失於自然而神也，此誠篤論，恐護短者竄入其中。士大夫當窮工極研，師友造化，能爲摩詰，而後爲王洽之潑墨；能爲營丘，而後爲二米之雲山，乃足關畫師之口，而供賞音之耳目也。(同上)

董一方面反對仇英「耳不聞鼓吹闐駢之聲，如隔壁釵釧，顧其術亦近苦矣。」(《畫旨》) 這種刻畫之習，而對王洽潑墨、米氏雲山的揮灑極表讚揚；另一方面又認爲北派精工有士氣之難得，而對米氏雲山與王洽潑墨產生警覺，借以打擊僞逸品，於是爲王洽潑墨找到了王維，爲二米找到了營丘作根柢。董所主的逸品，仍要借重北派層層鍛鍊的工力而來。

王漁洋主張的神韻詩，亦是從擘積重重中脫胎換骨而來，正如郭紹虞所言，漁洋是爲格調的骨幹披上了神韻的外衣。〔註 16〕漁洋論詩舉南宗畫作譬說，其標舉逸品，要做的就是融合南北的工作，這豈非董其昌意見的翻版？他說：

> 近世畫家專尚南宗，而置華原、營丘、洪谷、河陽諸大家，是特樂其秀潤，憚其雄奇，余未敢以爲定論也。不思史中遷、固，文中韓、柳，詩中甫、愈，近日之空同、大復，不皆北宗乎？牧仲中丞論畫，最推北宋諸大家，眞得祭川先河之義，足破聾瞽，余深服之。(《帶經堂詩話》卷 22）

> 一日秋雨中，茂京丞攜畫見過，因極論畫理。其義皆與詩文相通，大約謂始貴深入，既貴透出，又須沈著痛快。又謂畫家之有董巨，猶禪家之有南宗，董巨後，嫡派元唯黃子久、倪元鎮，明唯董思白耳。余問倪畫以閑遠爲工，與沈著痛快之說何居？曰：閑遠中沈著痛快，唯解人知之。又曰：仇英非士大夫畫，何以聲價在唐沈之間、徵明之右？曰：劉松年、仇英之畫，正如溫李之詩，彼亦自有沈著痛快處，昔人謂義山學杜子美，亦此意也。(《居易錄》)

漁洋以爲詩中王、孟、高、岑、大曆、元和是南宗，陶、謝、沈、宋、陳子昂、李、杜是北宗（〈王氏芝廛集序〉)，此二宗俱以沈著痛快爲極至，不過南宗逸品是在古澹閑遠中沈著痛快而已。優游不迫與沈著痛快皆有神韻，所以漁洋才會通過格調，通過北宗杜韓，通過根柢於學問的沈著痛快，以得南宗優游不迫，羚羊掛角的興會。

董、王二人皆主超曠空靈的境界，要經由鍛鍊工力而得，又要化去臨撫之跡，還原成各自面貌，才有令人玩味不窮的韻致。就用這樣一層合而離的轉折過程，使得漁洋宗唐音，而不會與前後七子一樣，徒成膚廓之音。〔註 17〕董的逸品也因多了一層天然不可湊泊的化工，使得同具墨戲性質的文人逸筆草草與粗惡無古法的浙派劃清了界線。可知逸品畫與神韻詩並非以偏於一局爲滿足，如漁洋想於神韻風調之中，內含雄渾豪健之力，於雄渾豪健之中，別具神韻風

〔註 16〕見郭紹虞著《中國詩的神韻、格調及性靈說》(莊嚴，1982) 四〈王士禎〉一節。

〔註 17〕郭紹虞言王漁洋的神韻由格調而來，但主格調之七子，乃從唐音之格法著手，而成徒事摹擬之嫌。漁洋則自格法上再進一層，使神韻化去了格調之跡，便直達詩人意旨，脫去了作古人影子之譏。參見同上註，郭紹虞文。

調之致，〔註18〕融合了詩之兩端，成為理想詩境的典範，故其取於少陵、昌黎、子瞻與標舉王孟之旨，不必然衝突。王漁洋說：「捨筏登岸，禪家以為悟境，詩家以為化境，詩禪一致，等無差別。」（《香祖筆記》）此意指禪師行腳偏遊，求訪善知識，從工夫上來，一旦得悟大智慧法，工夫可為陳跡，此乃「捨筏登岸」。這與董其昌由學而不學，由法而無法的立意皆相同，為一個辯證性的創作過程，這種辯證性思維，可以董其昌對蘇東坡的一段名言作結語：

> 東坡云：筆勢崢嶸，文采絢爛，漸老漸熟，乃造平淡，實非平淡，絢爛之極也。（《畫旨》）

第三節　逸品理想之繪畫實踐：作品分析〔註19〕

一、樹法與倪瓚折帶皴的簡化

　　董其昌建立的南宗文人畫系，即為其豐富的師承資源，他博學諸家，汲取前人精髓，但並不以復古為目的，而要透過對古人的學習，創出自我一己的面貌。在他的作品中，一方面可發現古人筆法的影子，但更大一部分則是他自己的新創。由這樣一個以復古為手段，力求革新的作畫心態來看他的畫，將發現他的畫蘊含著豐富的實驗性。首先是關於樹的畫法，董其昌曾說：

> 畫樹之法，須專以轉折為主，每一動筆，便想轉折處，如習字之於轉筆用力。（《畫禪室隨筆》）

這個理論為董其昌自己所服膺，如〈畫稿冊〉之三（附圖42），為畫樹的底稿，

〔註18〕此意見乃郭紹虞根據王漁洋所自述：「自昔稱詩者，尚雄渾則鮮風調，擅神韻則乏豪健，二者交譏。」《蠶尾續集》卷20〈跋陳說巖太宰丁丑詩卷〉，郭氏為漁洋的詩論作下評語，參見同註16，郭文。

〔註19〕董其昌自二十二歲始，至卒年八十一歲止，時逾一甲子，習畫未曾中輟，流傳了無數的作品。想要從如此龐大的畫蹟資料中，找尋出董其昌的繪畫風格，對筆者來說，實為一件極吃力的工作。儘管如此，筆者仍希望能以有限的能力，在前人的研究成果中，為董其昌的繪畫，找出可與逸品理論相互印證者。因為筆者相信，縱使像董其昌這樣極具實驗精神，又具多重作品面貌的畫家，在他的心中，必然存在一個可以貫聯其藝術風格的理想在，理論上是逸品觀，而創作畢竟是環繞著這個觀念而展開，於是而有本節作品分析的討論。本節文字所探討的作品，大致是以他四十三歲所作的〈婉孌草堂圖〉開始，學者認為該畫為其革新畫風的起點，筆者以此圖與後來陸續完成的十餘幅作品，作為簡略分析的基本作品資料，又因比較上的需要，偶涉其他畫家的作品。

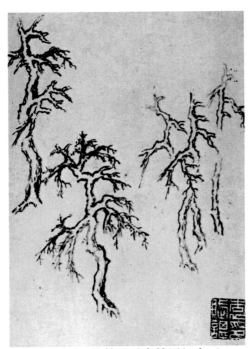

附圖42、董其昌〈畫稿冊〉之三

36.3×25.6cm，紙，墨，波士頓美術館

扭轉曲折的主幹，以不規則的連續分叉橫出枝枒，此處並無對葉畫法的交待。他說「樹如屈鐵」（《畫旨》），畫樹的筆，既要具有鐵一般的力道，又要樹幹屈曲有致。顯然畫家最關心的重點，是樹幹走向與出枝相互配合而成的姿勢，這種姿勢上的留意，順著枝幹無一直筆的線描，與曲轉略帶扭動的走向，其實便是樹動「勢」的所在。董之所以會注意樹的姿勢，因為在他講究動勢的山水畫中，通常是用前景的樹作為龍脈的起點，樹的姿態則常呼應了山水的動勢（容後詳）。

被尊為逸品第一的倪瓚，其畫風的特色有二：一為折帶皴的筆法，一為一河兩岸式的構圖，董其昌對此亦有實驗性的嘗試。折帶皴是倪瓚後期筆法的新變，該筆法是從五代荊關山石方硬的圭角變化得來，畫山石輪廓時，以渴淡的墨筆側臥往水平方向行走，收筆時筆鋒不轉而斜擦拉下，產生如折帶般的線型（附圖 17，參見頁 84）。倪瓚以此方折而不圓軟的筆法，使山石呈現出冷峻硬實的力度，藉以表露出畫家內心的孤寂感，倪氏以此筆法風格，搏得後世高古的稱譽。董其昌對這種筆法甚有心得，他說：

> 作雲林畫，須用側筆，有輕有重，不得用圓筆，其佳處在筆法秀峭耳。（《畫禪室隨筆》）

由此可知董其昌對倪瓚折帶皴相當熱衷，亦曾進行過對此筆法的不同嘗試，如〈書畫冊〉之五（附圖43）與〈書畫冊〉之六（附圖44）兩幅圖，便是對此筆法的兩種極端嘗試。這兩幅同樣是折帶皴的運用，董將原來倪瓚折帶皴拖長、方折的部分略去，留下「橫」的性質，倪瓚的折帶皴簡化成了董其昌的橫點。

附圖 43、董其昌〈書畫冊〉之五
21×26cm，紙，墨
東京國立博物館（75歲）

附圖 44、董其昌〈書畫冊〉之六
21×26cm，紙，墨
東京國立博物館（75歲）

之五那幅圖是簡化橫點極濃密的運用，在採用倪瓚一河兩岸式的構圖上，分前景與中後景兩大塊，前景的坡、前中景的樹叢與遠景的山體，幾乎不用輪廓線，皆以濃稠的橫筆點出草草物象，整幅畫因以濃的墨調為主，故有厚重的感覺。此畫除了保存倪瓚橫皴的意義之外，已脫離了倪瓚疏淡的風格意味。之六那幅圖則是另一個不同的嘗試，不同於前幅，採巨大山壁側立的構圖，在山體的描寫上，只有山形外廓簡單幾筆的勾勒，其餘則是簡化的折帶皴橫點稀疏列置，極少用轉折的方筆。然而由於董其昌重覆使用同一方向、近於平行的橫點，皴擦那塊巨大山壁，

附圖 45、董其昌〈畫稿冊〉
之一

36.3×25.6cm，紙，墨波士頓美
術館

除了保留倪瓚由荊關筆法得來石質荒硬的視覺感受外，山塊的量感是倪瓚畫中所沒有的。此外如〈畫稿冊〉之一（附圖45），所使用的亦是與〈書畫冊〉之六（附圖 44）相同的筆法，在此處可以更明顯地發現董其昌在山體的輪廓線上，直接覆以不斷的橫點，企圖打破山石形象的立體感，提醒觀者那些橫點比形象的本身來得重要。

董其昌將倪瓚的折帶皴簡化成橫點，並作了上述兩種疏與密不同的嘗試，可說改變了倪畫原來的風味。更重要的一點，是他這兩幅冊頁，用同一種性質的筆法，各作濃與淡的墨調處理，使描繪物象的目的性，比倪瓚更爲降低，而筆觸的疏密墨點，在畫面上所形成黑與白、虛與實的組合變化，隱約有躍動的節奏感。

二、構圖的新變

倪瓚的山水作品，多半採用「一河兩岸」式的構圖（附圖 41，參見頁 155），以廣闊水域隔開近景的坡岸與遠景的丘巒，近岸植有寥寥疏林，遠山峰巒深

附圖 46、董其昌〈畫稿冊〉之十六

36.3×25.6cm，紙，墨波士頓美術館

延，畫中的前景與遠景被中間空無一物的江面推向畫幅的兩端，使觀者立即爲畫家精湛的筆墨所吸引。一方面畫幅景物的佈置極爲疏簡，一方面構圖又因幾道橫向水平線的指引而產生沈穩感，使觀畫者透過畫面上疏簡沈穩的整體效果，感受畫家那種靜斂孤寂的情愫。對於倪瓚這樣的構圖，董其昌也有極爲明顯的實驗傾向。

他的實驗性表現，是將倪瓚的水平構圖斜成左下右上的走勢，從他原始的畫稿部分，可以很清楚的觀察出他的嘗試，如〈畫稿冊〉之一（附圖 45）、〈畫稿冊〉之十六（附圖 46）這兩張畫稿，在山體方面，將倪瓚的折帶皴作規格而簡化的處理，已如上述。又將倪「一河兩岸」式構圖中的水平線，傾斜約 30 度角，形成了由左下往右上的斜向走勢，以視覺心理而言，由兩道平行斜線

所組成的畫面空間，比水平均橫的畫面，具有強烈的動感。這樣的嘗試，實際用在山水畫中時，則動感更強。如〈倣古山水畫冊〉之二（附圖47），亦是一河兩岸的構圖，但是與倪畫感覺迥異。一方面是倪畫空闊的水域因樹的長大而被窄化，使得倪瓚原畫的迢遙遠景於此僅隔一道窄水，略去了渺茫虛無的幻覺。而斜向走勢的構圖，以及近景被拉高放大的疏林，張牙舞爪地伸向對岸，坡岸、河流、山丘的斜向走勢，與枝枒爭向對域侵入，二者在動勢的強調上相互呼應。同樣的嘗試亦用在〈江山秋霽圖〉（附圖48），本手卷前、中、遠景的安排，是將董源〈寒林重汀圖〉（附圖49）的正面水平三段式疊架構圖，作具有動態感的斜置。很明顯地，董其昌對於倪瓚或董源靜謐山水構圖作了新變，賦予山水動態的活力。

附圖47、董其昌〈仿古山水畫冊〉之二

24.5×16.2cm，紙，墨普林斯敦美術館（76歲）

附圖48、董其昌〈江山秋霽圖〉

38.4×137cm，紙，墨，克利夫蘭美術館

　　經由以上的討論，可知董其昌立基在倪瓚構圖與筆法的實驗性創作，導向於動勢的追求。他由橫皴墨點在畫面上虛實濃淡變化的組合，營造出畫面跳躍的動感。在樹法方面，用筆如書法般，筆鋒隨時曲轉無一直筆，主幹與出枝的姿態相互配合出樹的動勢。此外，又以斜向走勢打破水平的構圖，均要為畫面尋求動勢。

附圖 49、（傳）董源〈寒林重汀圖〉局部
181.5×116.5cm，絹，淡彩，日本黑川古文化研究所

三、對王維的新詮

簡而言之，董其昌創作的祕密，即為動勢的追求。這些追求，表現在筆墨的觀念、山脈的走向、構圖的變化等綜合因素的考慮上。而這些繪畫表現的根源，可歸因於董其昌對王維作品的認知。董其昌所認識的王維如何？在他對王維〈江山雪霽〉卷的鑑賞中，可知梗概：

> 余昔年於嘉興項太學元汴所見雪江圖，都不皴擦，但有輪廓耳。……又余至長安，得趙大年臨右丞湖莊清夏圖，亦不細皴，稍似項氏所藏雪江卷，而竊意其未盡右丞之致。蓋大家神品，必於皴法有奇。大年雖俊爽，不耐多皴，遂為無筆，此得右丞之一

體也。(《畫旨》)

在這段敘述中，董其昌所見項氏家王維的〈雪江〉卷，爲無皴的作品，之後，在看到趙大年臨右丞的湖莊清夏圖時，亦是少皴，董似乎對此作品的評價仍有保留，因爲在他心中，早已有了一個假設，王維的皴法，必定會有驚人的表現，因此他一直在期待王維細皴作品的出現，果然不出他所料：

> 最後復得郭忠恕輞川粉本，乃極細皴。……惟京師楊高郵州將處有
> 趙吳興雪圖小幅，……迥異常作，余一見定爲學王維。……凡諸家
> 皴法，自唐及宋，皆有門庭，如禪燈五家宗派，使人聞片語單詞，
> 可定其爲何派兒孫。今文敏此圖，行筆非僧繇，非思訓，非洪谷，
> 非關仝，乃知董巨李范皆所不攝，非學維而何？(續上引)

董認定趙孟頫雪圖學王維的論據，在於雪圖的皴法行筆，不是張僧繇、李思訓，亦不是荊關董巨李范等任何一位大家，按照他所認爲的「皴法皆有門庭」的推論，斷定該圖就是王維的風格，他繼續說：

> 今年秋，聞王維有江山雪霽一卷，……清齋三日，展閱一過，宛然吳
> 興小幅筆意也。……自右丞始用皴法，用渲染法，……右丞以後作者，
> 各出意造，如王洽、李思訓輩，或潑墨瀾翻，或設色娟麗，顧蹊逕已
> 具，模擬不難。……此雪齋卷已爲馮長公游黃山時所廢。……頃於海
> 虞嚴文靖家，又見江干雪意卷，與馮卷絕類。(續上引)

王維之所以具有如此崇高的地位，在於其爲後來的山水畫開出了無限的可能性，如潑墨瀾翻的王洽與設色娟麗的李思訓，二者完全不同的表現，皆由王維而來。董其昌自己承認，「余未嘗得睹其跡，但以想心取之，果得與眞肖合」(《畫旨》)。由於王維傳世的畫蹟不盡可靠，因此董其昌所認定的王維風格，有很大的成分是出於對王維薄弱的流傳畫蹟推測加上想像而得。

　　無論如何，董其昌爲王維的風格特色，歸納出兩點：1. 簡淡、2. 細謹。簡淡者如前引藏項氏家的〈雪江〉圖與趙大年的〈湖莊清夏圖〉(附圖37，參見頁153)，極少皴者。而細謹者接近李思訓的畫風，如大部分後世所摹的王維〈輞川圖〉(附圖50之一、之二)。然而這兩種畢竟只是王維的一體，他相信王維一定有屬於他自己獨特的畫法，這個假設，當他在馮開之家中見到王維的〈江山雪霽圖〉(附圖51)中得到證實。他觀看此畫後，再度以前人的評語讚歎王維：「雲峰石色，迥出天機，筆意縱橫，參乎造化」，幾乎認爲這幅畫已窺得王維創作的祕密。〈江山雪霽圖〉與郭忠恕所摹王維的〈輞川圖〉，最重要的相近點便

附圖 50 之一、郭忠恕〈臨王維輞川圖〉局部
28.7×345cm，絹，彩，台北故宮

是細皴。他曾在一年內拜訪了兩次藏在杭州友人家的郭忠恕摹〈輞川圖〉（附圖 50 之一），也將馮宮庶收藏的〈江山雪霽圖〉，留在身邊達一年之久。董其昌經由郭摹〈輞川圖〉進一步認識了〈江山雪霽圖〉，對於王維畫風的認定，他必然有自信，不但已經解決了世代以來王維畫風的問題，更進而窺得了王維藝術的祕密，為自己的創作，充實了無比的資糧。

四、雪圖的啓悟

附圖 50 之二、明嘉靖〈輞川圖〉石刻拓本

除了〈江山雪霽圖〉之外，董其昌注意到王維的畫蹟，多半與雪景有關，誠如前段引文中所述及項氏家藏王維〈雪江〉卷，趙孟頫以王維風格而作的小幅〈雪圖〉，以及在海虞嚴文靖家的王維另幅〈江干雪意〉卷。根據石守謙先生的研究可知，董其昌對王維筆意的掌握，極大程度集中在對其「雪」類圖的認識上，董其昌山水畫特重明暗、虛實、黑白的風格，即可能是從王維式的雪景中得到的靈感。如〈江山雪霽圖〉（附圖 51）之類的雪景圖，畫家基於自然氣氛的考慮，在山石的陰影處及積雪覆蓋處，必會表現出黑與白的對比效果。而當董其昌在看雪景圖時，他的眼中已將雪的自然因素去除，只保留下黑與白明暗對比的部分，他以此效果，廣泛地運用到山體結構中，成為他山水畫中極為奇異的特質。

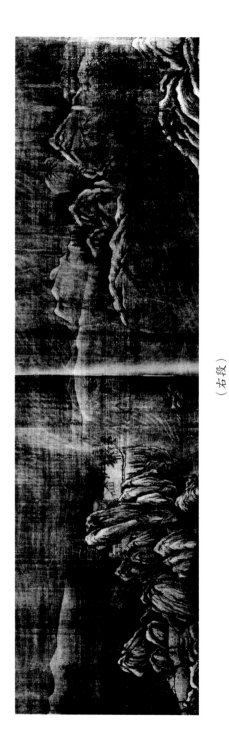

（右段）

（左段）

附圖 51、王維〈江山雪霽圖〉局部，絹，彩，日本

附圖52、董其昌〈婉孌草堂圖〉

111.3×68.8cm，紙，墨，台北故宮（43歲）

　　例如他那幅作於43歲，為個人創作風格起點的〈婉孌草堂圖〉（附圖52），便可視為以王維雪景圖為主要意象經營的作品。他改變了王維〈雪霽圖〉中黑白的作法，王維在雪圖中，黑暗的山石面非用細皴，是用著墨來完成，董的〈草堂圖〉，則是用乾而濃密的直皴線條代替了著墨的面，尤其右側那塊古怪的懸崖，岩體一層層相互交織，由密到疏，而消失在空白的邊界，由此表達了光線感，這幅主要由黑白墨調組合而成、二維明暗對比表達的山水圖，正是從雪景圖式亮與暗的對比中所得到的靈感，這便是他所認為王維的筆意元素之一。

　　董其昌表達山體結構與質感的筆法，並非黃公望複雜多變而交叉的長披麻皴（附圖53之一），而是平行簡化帶有仿古意味的直皴，如〈秋景山水圖〉（附圖53之二）的表現，〈婉孌草堂圖〉（附圖52）即是以此來修飾山石各個不同的面向，由於平行直皴逐漸淡至邊緣的作法，使得光面處（白處）呈現接近長條的形狀，好像岩石是由虛實的條塊所組成，這樣的處理，在其他的作品裡，亦可見到。如〈王維詩意圖〉（附圖54），這幅圖除了將倪瓚的折帶皴作更為方折、有稜有角的試驗之外，遠景的山巒體式，是由許多組平行線條，曲轉而鉤出，這個山體，幾乎可說就是一個無數條塊的集合。同樣的筆法意義，在〈煙江疊嶂圖〉（附圖55）卷尾亦可見到，原來在〈王維詩意圖〉中條狀的塊面，在此的結構則更為簡化，只剩下了無數垂直的平行線條，以此表達重山疊嶂的意象。

附圖 53 之一、黃公望〈富春山居圖〉局部

33×636.9cm，紙，墨，台北故宮

附圖 53 之二、董其昌〈秋景山水圖〉
局部

143.1×59.4cm，絹，彩，東洋美術館

附圖 54、董其昌〈王維詩意圖〉

109.5×49cm，紙，墨，明德堂
（67 歲）

附圖 55、董其昌〈煙江疊嶂圖〉局部

30.7×141.4cm，局部，絹，墨，台北故宮
（51 歲）

五、動　勢

　　董其昌從王維的雪景類圖中，抽繹出明暗對比以及平行直皴的效果，這便是他認爲的王維筆意，董其昌將這種筆意，再造於畫面上，並不要作忠實的還原，而更有他自己創作上的意義，亦即透過王維的基礎，爲畫面營造出動勢，以此參合山水裡的活潑生機。因此動勢的表現，是董其昌在繪畫實踐中最爲重要的一環，他說：

> 山之輪廓先定，然後皴之，今人從碎處積爲大山，此最是病。古人運大軸，只三四大分合，所以成章，雖其中細碎處多，要以取勢爲主。(《畫旨》)

這主要是針對追隨文徵明之吳派末流的畫作不滿而發，他們喜愛在狹長的條軸畫幅中，以碎塊積疊成山體營造往上纏繞的運動，董其昌認爲此甚有瑣細之病。眞正的逸品畫，必然以取勢爲終極理想。因此董其昌山水畫中的動勢，是他努力追求的目標，以下試作分析。

　　例如〈壬子八月山水圖〉(附圖 56)，便是一幅脈動與氣勢表現地相當清晰的作品。動線是以前景兩株平行、略向左上彎曲延伸的樹身作導引，接上中景那塊由左下往右上攀升的狹長岩石，稜線伸到平台處，又轉向左上方，之後順著遠景山脈稜線的走勢，不斷呈S型彎轉的改變，到遠景的頂點，又有彎轉的山脈稜線帶回。這條由樹身與山脈稜線指引出來的動線，便是山水畫中動勢的由來，亦即後來的畫家非常強調的「龍脈」。作爲動線起頭前景的樹，本身便具有曲轉的姿態，它們與左下方根部的石頭組成一個圓弧迴轉，呼應畫幅上端迴環的稜線，動線因迴環的效果，去而有回，使得整幅畫的動勢，來來去去，完全被保存在畫面中。本幅畫動勢的表現，可說極爲清晰，是以樹的彎曲姿態與山脈留白處的稜線，假擬出一道連續S型彎曲的線絡(附圖 57)。基本上，動勢並非來自安靜的山體，而是皴線的內容，皴線在山體的結構上，產生虛實明暗的對比，上述的稜線，其實就是皴線留白的部分，如果畫家將白的部分染黑了，則動線立受阻擾，而動勢亦立即斷絕。因此，董其昌是用皴線的虛實將山體的靜謐轉化爲充滿活力的動態感。當然這條主軸山脈的動勢(可將之視爲實的部分)，同樣也要靠中景狹長岩石兩側空間(可將之視爲虛的部分)虛的襯托，才能更爲清晰。

 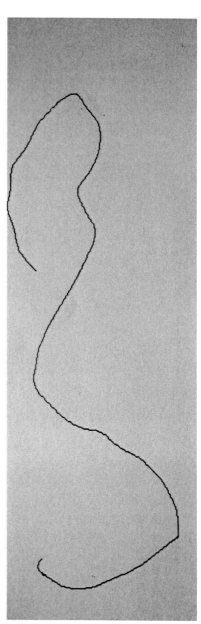

附圖 56、董其昌〈壬子八月山水圖〉
155×50cm，紙，墨，台北故宮（58 歲）

附圖 57、〈壬子八月山水圖〉之
動線構擬

　　利用上述的觀察方式，在另一幅作品〈葑涇訪古圖〉（附圖 58）中，亦可
尋找到山水的動勢。動線的起點，同樣在前景坡岸的樹與小石頭帶出的圓弧，
順著左下角那株略向右上彎樹身的曲勢，越過另幾株樹頂到達畫幅中段右側
的樹叢，順勢接上逐漸往左上方緩緩高升的山稜，到最高點後，稜線左向迴

轉，到達畫幅中段左側的小丘，再順著小丘的稜線，往右方收回（附圖59）。
整幅畫面的動線，可視爲實的部分，幾乎是在包繞中景的河谷空間，以實繞
虛的動線安排，使畫面山水的活潑感，呼之欲出。

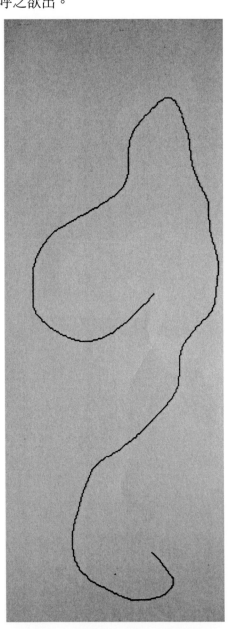

附圖58、董其昌〈葑涇訪古圖〉
80×29.8cm，紙，墨，台北故宮（48歲）

附圖59、〈葑涇訪古圖〉之動線構擬

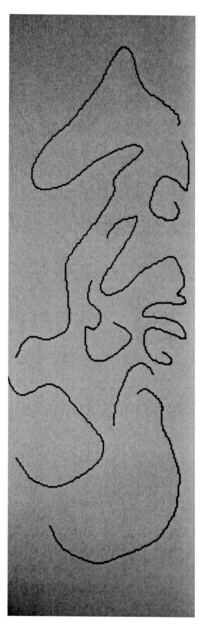

附圖 60、董其昌〈青弁山圖〉
224.5×67.5cm，紙，墨，翁萬戈藏（63 歲）

附圖 61、〈青弁山圖〉之動線構擬

　　以上兩幅作品，動線的軌跡極為明晰，至於〈青弁山圖〉（附圖 60），董其昌在動勢與氣韻的安排上，手法更為複雜。董其昌所特標董巨傳統的氣韻，是指山水所富有的生機感，如黃公望以披麻皴與苔點所皴點出來的「峰巒渾厚、草木華滋」（張雨語），董其昌這幅圖的靈感來源，應是王蒙同樣題名，

並經過他親題為「天下第一王叔明畫」的〈青卞隱居圖〉。王蒙該圖（附圖 40，參見頁 154）以極為細緻、短截的披麻皴描寫山體，山石的組合在畫面上形成了一條由左下轉向右緣，再攀升至左上的隱約弧線，由於這道弧線短曲蠕動的筆法，加上他那扭轉不定、描繪岩面被稱為「牛毛皴」的細皴線，使得整幅畫面在墨色濃淡層次的整體配合下，顯出山體生態蒙茸茸地具有騷動的氣氛。董其昌的〈青卞山圖〉抓住了這種感覺，但放棄了王蒙的筆法，改採自己新創的方式，他將畫面空間，以虛實對比的方式，進行不斷的抽象結組，使畫面具有更複雜的運動感。若純由稜線的走勢，還不容易立即連繫出視覺動線，董畫的運動感，並不單純來自於樹身的姿態，與山脈稜線的走勢而已，他還營造了起頭迴轉、結尾迴環的動勢，只是之間有很多的曲折，虛實不表現在山體（實）與空間（虛）的對比，而直接就在山體內部皴線本身的變化上（附圖 61）。

附圖 62、董其昌〈青卞山圖〉局部

若將〈青卞山圖〉的細節部分放大（附圖 62）來看，董的意圖則更為明顯，圖中皴線與留白的作用，大致在指引方向，有垂直上走的，有圓弧彎轉延伸的，左側有三道接近平行的留白直條，中間那塊螺旋體外側，亦有一道隨轉的白色圭條，類似這種白色圭條，散置在畫中處處可見。這些白色圭條的作用，可說指引方向的作用遠大於物象質面上明暗效果的考慮。尤有甚者，這種大膽的空白、實體之虛實使用法，可能會因為基於視覺的需要，而產生物象曲解與混融的結果，例如畫面上的那些白色圭條，究竟是凹處，還是凸處呢？螺旋邊側的那塊白色圭條，似乎是由螺塊體所長出，之後又融進去了，但是在物象的目的性上，實在猜不出它是什麼？這樣的處理，已經混淆視覺的能力，使觀者無法只從形象，或只從虛實，而必須將二者的複雜性交錯地看。董其昌將物象抽離，

只剩下明與暗的對比概念，以此筆墨虛實的結組變化，流露出更爲複雜抽象的韻律感，這便是董其昌動勢與氣韻的綜合表現。

六、書法性筆墨

　　如上圖的分析，畫家實際上就在進行一項筆墨效果的遊戲。董其昌對於逸品的推崇，有很大的成分，在要求創作對於物象的脫離，而達致完全自由的筆墨表現，因此他推崇米氏雲山的「墨戲」。他自己的畫作，何嘗不是各種筆墨效果的嘗試嗎？如〈癸亥寶華山莊紀興六景冊〉之五（附圖 63）與〈書畫雙璧小冊〉之四（附圖 64）兩幅小品，可說就是他簡率的筆墨遊戲。前者是直、橫、斜等線叢的集合，後者的遠景，是輕微的墨調淡染，前景則是幾個墨點筆觸的痕跡，整幅畫帶點迷離的感覺。董其昌所關心的，根本不是物象，而是筆墨的書法性。當筆與墨提頓轉折與濃淡乾溼的使用，不再爲物象服務，亦即不具有繪畫性，而是爲了達到線條墨塊本身的審美趣味時，這就是書法性的筆墨。這兩幅冊頁的遊戲性質，便具有濃厚的書法性。在前一幅〈青弁山圖〉中抽象複雜的虛實處理，亦是出於同樣的審美意圖。書法性的筆墨，可與畫師甜俗的魔境區隔，因此他讚美好友陳繼儒的畫：

附圖 63、董其昌〈癸亥寶華山莊紀興六景冊〉之五

19.6×11.6cm，紙，墨，台北故宮（69 歲）

附圖 64、董其昌〈書畫雙璧小冊〉之四

23×14.5cm，紙，墨（72 歲）

> 眉公胸中素具一丘壑，雖草草潑墨，而一種蒼老之氣，豈落吳下之
> 畫師甜俗魔境耶？（《畫旨》）

即使草草潑灑的筆墨遊戲，由於胸中有丘壑，故能絕俗，而「絕去甜俗蹊徑，
乃為士氣」（《畫旨》）。這也是董其昌對倪瓚「寫胸中意氣」、「逸筆草草」的
精神，會給予逸品極高評價的原因。

　　董其昌的畫幅中，偶見文人特有的書齋草堂，但在其山水中罕見樵夫、行
旅等人煙，如〈婉孌草堂圖〉，原是董其昌為陳繼儒的書齋所畫，但整個山水形
構被畫家安排成一個實景被隱藏甚至變了形的、一個遠古的畫風形式，畫幅中
景平台上的茅屋式書齋，為充滿能量的山所圍繞，整幅山沒有行旅的引導，亦
無路徑可入，似乎暗示了草堂拒絕世俗的價值。董畫此草堂，目的似在營造一
個超越世俗的境界，這是一個以草堂為中心的自足的世界，由自然景物轉予筆
墨所發出的內在能量，便是一個隱逸者所追求內在生機的精神所在。由此看來，
董其昌的繪畫未嘗不是一種超脫世俗的隱逸理想的再現。〔註20〕

七、小　結

　　董其昌以鑑賞家之便進行繪畫創作，也以畫家創作的敏感度探研古代大
師的作品，畢生以鑑賞家的身分進行創作，去體會與貫通繪畫的發展過程。
在這樣的創作過程中，他選擇性地汲取古人的精髓：

〔註20〕　筆者關於董其昌繪畫作品分析的觀點，主要的來源有兩大部分。
　　　　第一：筆者曾旁聽台大藝術史研究所開設，由石守謙先生所教授之「明代繪
　　　　　　畫專題」，其中研究生黃貞燕小姐所作的董其昌專題報告，以及石教授
　　　　　　所引導的課堂討論，實際上即為筆者本節文章架構與討論內容的主要
　　　　　　來源，謹此致謝。
　　　　第二：關於董其昌與王維關係的探究，又得力於石守謙先生於 1992 年在美國
　　　　　　堪薩斯城舉辦的董其昌國際學術討論會上宣讀的論文：Shih Shou-chien,
　　　　　　"Tung Ch'i-Ch'ang's "Wan-luan Thatched Hall" and the Innovation of His
　　　　　　Painting Style"〈董其昌的「婉孌草堂圖」及其畫風的革新〉, in Proceeding
　　　　　　of the Tung Chi'-ch'ang International Symposium, pp.13.1-13.28, April,
　　　　　　1992.
　　　　除此之外，其他的參考資料，包括：
　　　　（1）鄭威編著《董其昌年譜》（上海書畫出版社，1989）
　　　　（2）方聞著〈董其昌與正宗派繪畫理論〉（《故宮季刊》第 2 卷第 3 期，1968）
　　　　（3）方聞著〈董其昌：一超直入如來地〉（方聞著，李維琨譯《心印》，上海
　　　　　　書畫，1993）
　　　　（4）石守謙等著《中國古代繪畫名品》（雄獅，1989）

> 畫平遠師趙大年，重山疊嶂師江貫道，皴法用董源麻皮皴及〈瀟湘
> 圖〉點子皴，樹用北苑子昂二家法，石用大李將軍〈秋江待渡圖〉
> 及郭忠恕〈雪景〉，李成畫法有小幀水墨及著色青綠，俱宜宗之。（董
> 題〈書畫合璧卷〉）

目的並不再恢復古人的面貌，而要「集其大成，自出機軸」（《畫禪室隨筆》）。
如前文所析，他簡化倪瓚的折帶皴，結合米芾的墨點，斜置倪瓚一河兩岸與
董源三段疊架式的構圖，從王維的雪景圖悟出二維的明暗虛實結組，又將黃
公望複雜交錯的長披麻皴，化約為平行的直皴，並擴展為體積感的長型條塊。
他的這些繪畫實驗，皆在營造動勢，畫屈曲的樹以四面取姿，以斜置的山脈
走勢蘊釀動感，以皴線與條塊指引方向，以抽象的虛實交替暗示畫面的跳動。

　　畫家向來的畫幅安排，皆是將景物順序垂直於畫面上，北宋以來，畫家
發展出物象逐漸縮小，並消失在畫面上端無限遠處的畫法，元朝則成功地將
連續地面緩緩向上方延伸，明朝時，繪畫則變成一單調而裝飾性的平面。儘
管如此，景物垂直積疊或側面並排乃是常規，然而董其昌的條塊堆積體與重
疊交錯的各種線型，充滿了光學上「溶合」與「曲解」的精緻效果，並且打
破傳統的排列順序，使景物在畫幅中來回跳躍。另外，近、中、遠各視點的
景物都被瓦解且堆置一起，形成一種交相連繫的堆積，連續性的氣勢便在此
交相連繫的形式中流轉不已（按本段落分析觀點參自方聞先生之說）。董其昌
這股連續不斷的動勢被保留在畫中，動勢在整個相聯的山水形構之間流貫、
回環與振盪。整幅構圖，未嘗不可視為一個縱橫揮灑、來去自如、起伏提頓
的書法，這種構圖手法與他使用書法性筆法的精神一貫。

　　董其昌繪畫要透過古人，找出山水背後無限澎湃的生機，所以他會說：「畫
家初以古人為師，後以造物為師」。然而這種生機，絕對不是以極逼真的物象
追求可以達成，必先經過畫家脫離物象束縛的過程，以筆墨去尋找藏於萬物
深層的韻律，這種韻律，其實又因各個畫家不同的資性，而有不同的理解。
因此繪畫的創作，既是要窺探自然的奧祕，同時也要畫家以自己的生命姿態
去印證。畫家用非模仿的真心，以筆意將自然景物轉換為內在精神，使得畫
家主體與自然客體達到一致和諧的境地，董其昌的繪畫便服膺了這種主客合
一的精神，所以他會說：

> 以境之奇怪論，則畫不如山水；以筆墨之精妙論，則山水決不如畫。
> （《畫旨》）

他的繪畫，融合了古人風格與真實景物，並將此二者的能量，轉化爲筆墨的抽象形式，經由特殊的動勢處理，表達出隱者所嚮往的，一個充滿內在生機的自足世界。董其昌的繪畫實踐，正符合了他對前代逸品畫家的詮釋特質——筆墨遊戲、超逸的變革精神、隱逸的理想境界，他的繪畫創作，奠立在古代大家深厚的畫法基礎上，又能合而離之，具有一己古淡的面貌。（關於董逸品觀的「離合說」、「主淡說」，將詳述於本論文第五章第四節）。由於這樣的繪畫體驗，他有絕對的自信可以接續南宗的脈系，延續文人畫的薪火，他在繪畫實踐上所具有超越歷史與世俗的精神，其實就是「逸品」的終極理想。

第五章　董其昌逸品觀與晚明文化之關係

　　本文將探討董其昌的逸品觀，於有明一代演變至晚明時期所透顯出來的文化精神爲何？首先概述明代文化精神由明初大一統到晚明多元化價值的轉變情形，這股文化精神在思想界、文學界、戲曲界、繪畫界等各層面皆有相應的表現，而傳統以來「士、農、工、商」四民階級的身分區隔，在制約力弱的社會裡，亦隨著這股文化精神的高漲，出現了上下相互流動，突破階級桎梏的新現象。這股文化精神在萬曆年間達到了高峰，包括董其昌在內的文化圈，受到陽明心學與達觀眞可的直捷禪啓悟，以李贄爲中心，文學界有公安兄弟，戲曲界有湯顯祖，繪畫界有董其昌等人紛紛提出相關論點，皆於此文化圈中彼此形塑而成驅動晚明文化美學的主要動力。在此文化氛圍之下，董其昌逸品觀所主張之「離合說」與「主淡說」，則具有透顯文化的深刻意義。前者由禪學得來的領會，爲晚明文人的普遍體悟；後者出於淡薄世利人品的平淡境界追求，亦反映了晚明文人在雜揉的多元化社會中，對抗虛僞爲眞、鄙俗爲雅的混淆價值，以「平淡天眞」作爲人品修養與藝術創作的最後依歸，這是董其昌與同時代文人所齊心努力的文化理想。

第一節　明代文化精神的演變與晚明文化的特質

一、明初大一統的立國文化

　　明開國之初，太祖收拾了異族統治下的殘局，百廢待興。爲迅速安定天下，

抵禦外犯，防止功臣奪權，太祖首先在沿邊及內地各省，分封諸王，以強藩作防衛屏障，維持朱姓統治。後由於宰相胡惟庸案，使洪武廢除了中國施行一千六百多年的丞相制度，〔註1〕皇帝集君權與相權於一身，將中央集權的政治推上高峰。封藩王、廢丞相還不足以滅盡異己，又大興獄案，實行高壓政策，功臣官吏或因案牽連入獄，或因職務不稱旨而被處斬，或對奏上忤旨朝臣當廷加杖，皆使聞者股慄。此外，更設立錦衣衛以偵伺全國臣民，或被派赴消滅謀亂之臣，或深入民間捕捉盜宄平民。〔註2〕如此高壓一統的手段，有助於新朝政治的推行，例如施行縣級以下的里甲制度，重編鄉村結構，掌握廣大百姓的戶口，並以之處理賦稅及勞役徵收事務，甚而成為最小單位以互相監視督責的特務網。〔註3〕以里甲制度行其地方控制之實，省府州縣只不過是公文承轉之機關，地方制度之設，皆為了便利中央之控制。

　　明初官僚以儒生為主，政策以儒術為治，乃承襲漢代以來的傳統，規劃一套依禮而立的制度，形成貴賤各安其位，士農工商各安其生，井然的社會秩序，並時時頒佈〈教民榜文〉，以教化力量維繫善良社會風氣，在重本（農）抑末（商）的政策下限制商品經濟發展，以此確保敦朴的社會風氣。〔註4〕透過如此高壓一統的政治，價值一元的社會文化於焉形成。洪武十七年頒佈科舉條式，明定以朱注四書五經為試義範本，應舉的文章須模擬古人語氣，不能自為議論，文體用駢偶，分八段，各必具有起承轉合前後呼應的格式，稱八股文。〔註5〕有了這套試士之法，在教育方面，從國子監到府州縣學，培養的學員均需「篤志聖賢，潛心古訓，違者罪之。」此外朝廷還編纂了各類書

〔註1〕中國政治從秦漢到明初，一直施行「承天子助理萬機」的丞相制度。直到洪武十三年廢中書省，設五府六部等衙門，分理天下事，皆朝廷統之，使六部直屬皇帝，形成中國政治制度的一大變革。詳參陳捷先著《明清史》（三民，1990）第一章〈明代開國及其初年的政治〉，與黎傑著《明史》（九思，1978）第二篇第一章〈職官制度〉。

〔註2〕參見同註1陳捷先書。

〔註3〕明初里甲制度及其相關的措施，請詳參張哲郎著〈明太祖的地方控制與里甲制〉（《食貨月刊》復刊11：1，1981）

〔註4〕關於明初重農抑商以維繫敦朴社會風氣的種種措施，詳參徐泓著〈明代社會風氣的變遷——以江浙地區為例〉（收於《第二屆國際漢學會議論文集》〈明清與近代史組〉，中研院，1989）。

〔註5〕明史選舉志二曰：「科目者，稍變其試士之法，專取四子書及易、書、詩、春秋、禮記五經，命題試士，蓋太祖與劉基所定。其文略倣宋經義，然代古人語氣為之，體用排偶，謂之八股，通謂之制義。」

籍，灌輸各階層人員儒家倫理思想，如爲皇族編了《皇明祖訓》、《永鑑錄》、《戒藩王》；爲朝臣編了《世臣總錄》、《精誠錄》；爲武將編了《忠臣烈士書》、《武臣大誥》；爲一般百姓編了《孝慈錄》等。每月初一、十五，還有專人講解，務使人通曉遵行，〔註6〕皆可想見一元化價值普及推行的概況。

受科考以宋儒解經的範限，思想界亦籠罩在朱學獨尊的局面。明初於典章制度有功的文臣如宋濂及其弟子方孝孺，皆爲朱學的傳人，程朱理學成爲明初的正統學風。〔註7〕代聖人立言之舉業，不僅影響著學術界，亦波及了文藝界，〔註8〕當時詩文界盛行雍容雅正，以翰林清貴爲主的台閣體。〔註9〕畫壇上恢復趙宋畫院之遺緒，與宮廷貴族品味氣息相投的院畫與浙派畫風，盛極一時。〔註10〕

明初爲重整帝國氣象，在政治上施行嚴密集權控制，使得社會經濟、教育學制、學術思想、詩文藝術等各個文化層面，均顯現出因循保守的一元化價值面貌。

二、明代中期的過渡性文化

經過了近百年的安養生息，「民氣漸舒，蒸然有治平之象。」(《明史》云)大一統的政綱不如明初整飭，官方控制力稍弛，農業、手工業日漸勃興，商業隨之進展，尤其江南地區社會經濟成長迅速，以絲織爲主的商品經濟帶動城市的繁榮，拉開城鄉的差距，〔註11〕自然形成了市民階層，以及從事通

〔註6〕 參自同註1陳捷先書第五章〈明代的制度與學術〉。
〔註7〕 明初朱學獨尊的局面，詳參容肇祖著《明代思想史》(開明，1973)第二章〈明初的朱學〉。
〔註8〕 清代吳喬對明初文壇受時文波及有段批評：「事之關係功名富貴者，人肯用心，唐世功名富貴在詩，故唐世人用心而有變，一不自做，蹈襲前人，便爲士林滯貨也。明代功名富貴在時文，全段精神，俱在時文用盡，詩其暮氣爲之耳。」(《清詩話》吳喬「答萬季埜詩問」)
〔註9〕 台閣體指由翰林清貴所組成館閣詞林之詩文體。翰林乃拔於進士中之翹楚，以翰林爲主力的台閣，是朝廷的公器，翰林庶吉士之教養，雖由舉業而來，然能稍脫舉業俗學，博於古文詞，既專爲文字之職，故集合爲一種台閣文體。此文體在當時翰林爲清貴之文權崇高時，執文學界之牛耳，至於嘉靖台閣文權旁落於六部郎署之時，正是前七子時期的到來。此中奧祕，詳參簡錦松著《明代文學批評》(學生，1989)第二章〈台閣體〉。
〔註10〕 關於明初盛行之畫風，詳參石守謙著〈浙派畫風與貴族品味〉(《東吳大學中國藝術史集刊》第15卷，1986)。
〔註11〕 明代江南經濟的發展概況，詳參傅衣凌著《明代江南市民經濟試探》(谷風，

有運無的商人階層。此外，明初教育已相當普及，加上人口不斷的增加，然官僚體系的增長不及知識階層迅速的擴大，供需失衡的結果，使得文壇與政壇分離，社會上因此累積了大批的在野讀書人，形成特殊的士紳階級，刺激著文藝社會追求風雅者的消費需求，〔註12〕大批的文人投入文藝市場，成為科舉之外的另一致勝途徑。由工業大量生產帶動了商業消費社會的活絡，以及文人布衣階層成為社會風雅品味的創造與提供者，使得明代中期邁向晚期的社會，一股來自民間的文化力量，正蓄勢待發。

此期的思想界，已逐漸擺脫了朱學獨尊的局面，興起於江南主「心即理」的良知之學，向主「性即理」的格物理學挑戰。文學界有前後七子提倡「詩必盛唐、文必秦漢」的復古主義，亦有歸有光、唐順之等人學習唐宋古文的不同主張。繪畫方面，原先獨盛承南宋畫院的院畫與浙派畫風，在蘇州地區，則有沈周、文徵明為首繼承元畫精神的吳派畫風與之抗衡，形成了宮廷貴族與文人官吏兩大品味的對壘。陽明心學揭示如何超凡入聖的路徑，強調「人人皆可成聖」，不假經典，「百姓日用即是道」，該學說一出，追隨者聞風披靡。這股思潮與社會經濟的發展，提供了社會多元化的價值，衝擊著各個文化層面，打破了明初保守僵化的格局，向著晚明活躍的文化高潮躍進。

三、晚明文化的特質

明代朝政自世宗即位之大禮儀〔註13〕之後，已呈現衰亡徵兆。至萬曆年

1986）。

〔註12〕明代中期仕紳階層形成，導致文壇與政壇的分離，以及繁華社會文藝風雅的追求，詳參黃明理著《晚明文人型態之研究》（師大國研所碩論，1989）。

〔註13〕武宗荒淫無嗣，以憲宗之子興獻王長子入嗣皇位，改明年為嘉靖。世宗欲尊其親身父（即興獻王）母為「皇」，引起朝中保守與激進兩派朝臣的意見對立衝突，保守派以為世宗乃是武宗之「繼嗣」，故不贊成世宗追尊其父為「皇考恭穆獻皇帝」，而激進派則以為世宗乃是大明「繼統」，不僅原議的「本生恭穆獻皇帝」之「本生」二字不應加，甚至武宗之父孝宗當改稱「皇伯考」才是。這一番為「孝」為「禮」的爭辯與一再改頒的詔令，延宕了兩三年之久，最後是符世宗意的激進派獲勝，改尊號為「皇考恭穆獻皇帝」。此間因議禮不成之朝史，或辭官，或受拷訊，終於演發了嘉靖三年的左順門事件，以楊慎、何孟春為首的保守派朝臣共兩百多人，跪伏左順門哭諫，聲震闕廷，世宗大怒，盡下諸人於獄，發為首者戍邊，計有十七人杖死。「大禮議」表面是繼統、繼嗣之爭，背後則暗藏著兩派朝臣的勢力角逐，此後派閥黨爭日趨嚴重，明代王朝逐漸步向衰亡。

間，神宗與官僚體系的意氣對峙，以及朝廷中部署與閣臣互相奪權形成的黨閥之爭，更形成了極惡劣的政治生態。〔註14〕在朝綱廢弛之際，許多仕途不遂與明哲保身的文人，紛紛褪下政治身段，結合在野的布衣文士，共同活躍於文藝舞台，過著集社交遊、讀書談藝、玩物遊賞的風雅生活。

此期的思想界，承續著中期文化的步調而更蓬勃，如浙中學派王畿，鼓吹「眾人之心與堯舜同」，王艮所傳衍的泰州學派，亦倡言「聖人之道，無異於百姓日用」，主張「良知之體，與鳶魚同一活潑潑地」，其弟子羅汝芳則標舉「赤子之心，渾然天理」。他們發揚了：人人平等，可自己作主為聖賢，自由活潑，又平民化的精神，推導著狂禪的風氣，當時被奉為「二大教主」的李贄、達觀之所以大受歡迎，悉得力於此股風氣的流播。

文學界，不再高舉秦漢或唐宋作為復古的標籤，而要創作獨抒性靈，任意自得的小品文。馮夢龍搜羅古今軼事，編成三言（《警世通言》、《醒世恒言》、《喻世明言》），另一位通俗文學的提倡者凌濛初，以文人之筆大量擬作話本小說，寫成二拍（《拍案驚奇》初、二刻）。馮、凌皆以豐富的傳奇題材寓醒戒意，以取代四書五經刻板式的說教方式，普遍受到民間的喜愛。此外，戲曲界有湯顯祖以「人生而有情」的理念，在其流行於明末的戲曲作品《牡丹亭》中，塑造了杜麗娘多情女子的角色。小說界有馮夢龍以情為中心主旨而編成的《情史類略》，〔註15〕此皆以實際創作呼應著文壇公安派所主的「性靈說」，戲曲、小說界表現著新的情色觀，取代僵化的道德桎梏，肯定個人真情的流露，這個無論名閨或倡女，只懸舉個人情感真摯的標準，超越了世間一切階級與道德秩序的界限，〔註16〕突破了一元化傳統的理學牢籠。文學界一股解放的空氣，也吹向了繪畫界，當時人物肖像畫製作量遽增，畫家明顯擺

〔註14〕 由於神宗朝對官僚體系的意氣之爭，演成皇帝數十年不上朝的政治形態，以及朝廷中部署與閣臣彼此間的權利鬥爭，詳參黃仁宇著《萬曆十五年》（食貨，1985）。

〔註15〕 請參張穗芳著《馮夢龍「情史類略」情論研究》（文化中研碩論，1988）。

〔註16〕 明清之際，許多受盡性迫害的烈婦，不惜以死殉身，而道德家不但不設法制裁與化弭社會的性暴力，反而一再鼓吹婦人為道德表率而死，進一步壓制並扭曲了人們的性意識。然而當這種節烈意識畸型發展之時，一種新的情色觀逐漸成型，流行在開明的士大夫之間，且為市井小民所接受，此觀念乃發乎自然人性的「情真」或「情癡」為貞烈的核心，取代為道德狂熱所桎梏的節烈。詳參鄭培凱著〈天地正義僅見於婦女——明清之際的情色意識與貞淫問題〉（《當代》第 16、17 兩期，1987）。

脫了以前側身人像的畫法，多取正面性角度造像，這種使畫中人物以正面眼神與觀畫者對視，企圖與畫外世界形成互動的開放意識，〔註17〕與晚明盛行的個人主義思潮，以及標榜自我的風氣，不謀而合。〔註18〕

晚明鼓勵人們自我作主的思潮，激發著個人主義的盛行，時人以為中道而行的聖賢不可得而致，無疵無過似聖人者，不過是鄉愿假人而已，他們崇尚狂、狷、豪傑等人物性格突出的典型，一時的確出現了許多不同類型的人物。狂者如徐渭，因知遇入獄而佯狂自戕，後又因殺妻而幾度進出牢獄，狂顛以終。另一異端分子李贄，棄官訪學求道，自稱儒生又入空門，落髮為僧，卻不受戒，亦不參加奉經祈禱，最後以剃刀自絕。〔註19〕狷者如陳繼儒，裂儒冠服，隱居為山人。徐霞客是以旅行為人生志業的新典型。英雄者如海瑞，執法不阿，不畏罷官連連，曾為了勸諫世宗脫離迷悟，預先備妥棺木，訣別妻子，欲以逆耳忠言，冒死疏諫。〔註20〕身為禪僧的達觀真可，賦性激烈，頗有俠士之風，曾到京師奔走營救遭人誣陷。與達觀真可互有法門之誼的憨山德清，又因挺身調護不願奉旨增收礦稅的吳姓地方官，因案牽連，坐化獄中。〔註21〕這些不同姿態的人格類型，正是晚明個人主義盛行之下，多元化價值觀的具體展現。

晚明仍為宋文化之持續。所謂宋文化，唐代已逐步開展，其異於前代者有二：一為由知識關係發展而來之知識階層，一為由經濟關係發展而來之市民階層，兩大階層勢力大興，宋文化開展之中樞即在於此。〔註22〕知識階層來自於唐代興起的科舉取士，其制度愈完備，原先六朝世族的門第結構則愈

〔註17〕 明末大量人物肖像畫以正面性取角，所具有的開放性意識，該論點的探討，詳參李國安著〈明末肖像畫製作的兩個社會性特徵〉(《藝術學》第6期，1991)。

〔註18〕 晚明個人主義的盛行，乃指陽明及其弟子王艮、再傳弟子何心隱和李贄為中心，脫離朱學藩籬而形成的新思潮，影響所及，有過著息隱山林，消極的個人主義，以及試圖建立個己與他人關係，用以保障一己安全之積極個人主義，此說法，參見黃秀政〈評介狄別瑞「晚明的個人主義與博愛主義思潮」〉(《食貨月刊》復刊4：11，1974)。

〔註19〕 關於李贄傳奇性的身世，詳參同註14，黃仁宇書第七章〈李贄──自相衝突的哲學家〉。

〔註20〕 關於海瑞的事跡，詳參同註14，黃仁宇書第五章〈海瑞──古怪的模範官僚〉。

〔註21〕 達觀曾自云：「老憨不歸，則我出世一大負；礦稅不止，則我救世一大負；傳燈未續，則我慧命一大負。」其生平經歷，詳參憨山德清著〈達觀大師塔銘〉(收於《紫柏尊者全集》卷首，見於《續藏經》第126冊，中國佛教會影印，續藏經會印行，1968)。

〔註22〕 關於經由知識與市民兩大階層而來的「宋文化」開展，詳參龔師鵬程著《江西詩社宗派研究》(文史哲，1983)第二卷〈宋詩之背景與宋文化之形成〉。

將解體，科舉制度藉由學識之考量以拔擢人才，知識分子經此管道參與國家大事，必有感於道統傳承的責任，由知識階層所凝聚而成的道統理想與價值取向，遂成爲文化之命脈。此外由商業繁華帶動的都市興起，促成市民階層的勃興，逐漸形成一股足以左右社會的市民文化，如小說、講唱等具通俗色彩的民間藝術，在宋元持續地發展。

　　宋代以後，組成社會的主體，無論是知識階層，或是市民階層，皆爲平民，故其展開的文化活動，亦充滿了平民色彩。〔註23〕儘管如此，來自平民身分的知識分子，文化修養與晉昇仕途後的抱負展現，仍與庶民有異，其雖來自於民間，卻不以民間的素樸爲滿足，故北宋文人之於書畫，莫不重視書卷氣，莫不以積學養心爲先務，更要以雅化俗。再者，四民排位居首的士，樂以天下、憂以天下的胸懷，皆使其得以高標於庶民，加上取得的政治權力及隨之而來的榮譽，自然爲大眾所欽仰，世人讀書爲士，慕求風雅的風氣，亦成爲推展文藝的一大助力。知識階層推廣德性理想的修持，市民階層積極慕求文藝風雅，二者之間彼此的互動與學術的普及化，乃晚明文化所以形成的歷史脈絡。〔註24〕

　　宋代以後，知識階層與平民階層的互動，隨著大環境的變動而有曲折的發展。如元代在異族統治下，知識階層於「九儒十丐」的地位排序中，明顯地受到歧視。明初太祖實行高壓統治，以八股取士箝制文人思想，以嚴峻刑法對待忤旨文官，知識分子的活動受到嚴格的監督。此外，朝廷又抑制商業發展，以維持敦樸的社會風氣，這些舉措必然阻滯了知識階層與市民階層之間活絡的互動關係。如前文所述，晚明的社會由於種種因素的配合（如政綱的廢弛、商業經濟的發達、大批在野知識分子的累積等），使得兩階層間的平行靜態關係逐漸鬆動，彼此交織的情形甚至較昔日來得更爲複雜。因此晚明文化雖由宋文化的模式而來，卻有別於宋文化的獨特發展，其中最明顯的一點，是傳統四民階層的位階變動。

　　「士、農、工、商」四民，在傳統中國社會職業層級中，本具有貴賤屬性的定位，重本（農）抑末（商）是歷朝政府既定的政策，到了明末，這種固定的關係，起了微妙的變化。由於政治日漸失控，連帶地對百姓職業的規

〔註23〕所謂的平民色彩，在宋儒的理念中亦表露無遺，如「自天子以至於庶人，壹是皆以修身爲本」，因爲不分貴賤賢愚，人人乃具足成善的可能，而理學又言天理與人欲，亦是切近每個個人而發。

〔註24〕本段敘述觀點得自同註12，黃明理論文第一章〈緒論〉。

範力亦日漸薄弱，例如嘉定一邑的朱氏家族，向以竹刻藝術遠近馳名，然朱
鶴於正德嘉靖年間，即汲汲於廁身士林，致力於掙脫其世襲的工匠身分，經
歷了第二、第三代的努力，至第四代中舉後，第五代終於可列入縣乘人物傳
文學類，正式成為士紳之家，這是工匠力爭上游的典範。〔註25〕此外，有大
量富商巨賈以雄厚的財力，欲憑藉著儒學、科舉的管道，提升自身地位以左
右時論。〔註26〕商賈欲擺脫傳統居於末流的地位，於仕進的方向展現著強烈
的企圖心，只要經濟力夠，以金錢購得功名官爵的作法在晚明的社會中，實
不足為奇：

> （舊例）令甲倡優隸卒之子，不許入學。邇來法紀蕩廢，膠序之間，
> 濟濟斌斌，多隸子，……甚至有登甲第、入翰院獵取清華者。（伍袁
> 萃《林居漫錄》卷2）〔註27〕

另有更具震撼性的現象發生：

> 輓近，衣飾雲錦，豪富綺靡，至於巾裾奢侈異制，閨閣華麗炫耀，
> 傭流優隸混與文儒衣冠相雜，無分貴賤。且宴會、室廬、衣帽，今
> 皆違式，奢侈無忌。（《天啓淮安府志》）卷2）〔註28〕

不只是富商巨賈急欲掙脫其末流地位，在此段文中，尚可見連不入流居下層
的優隸之輩，亦要於居室服飾與最上層的文儒相混。這些「異制」、「違式」
的作法，模糊了階級意識，使得原先判定個人身分的衣冠服飾，失去了傳統
象徵的意義。隨著象徵外在身分的衣冠制式被僭越，連士大夫專屬的稱號慣
例亦被僭用，這在明代中期以後的演變是可見的：

> 正德中，士大夫有號者，十有四五，雖有號，然多呼字。嘉靖來，
> 束髮時就有號；末年，奴僕與隸俳優，無不有之。（顧起元《客座贅
> 語》卷5「建業風俗記」）〔註29〕

關於號之用途，與晚明時期竟為奴僕與隸俳優所襲用的詳細狀況，如陳堯下

〔註25〕明清之際匠人汲汲廁身士林，努力提升家聲，擺脫世襲的工匠身分，間接地
亦促成了後來匠戶制度的廢除。關於這個演變，以嘉定朱氏為例的詳細考察，
請參見嵇若昕著〈從嘉定朱氏論明末清初工匠地位的提昇〉（《故宮學術季刊》
9：3，1992）。
〔註26〕關於晚明商賈對於仕途的野心，詳參余英時著《中國近世宗教倫理與商人精
神》（聯經，1987）。
〔註27〕轉引自同註4徐泓文，頁156
〔註28〕轉引自同註4徐泓文，頁146。
〔註29〕轉引自同註4徐泓文，頁147。

文的描述：

> 號也者，弟子所以施於先生，鄉里後生所以施於長者，蓋重其人，不敢舉其字，故號以別之，明有尊也。……今之人，不達其故，輒欲稱號，如王公貴人勿論已，即米鹽商賈、刀錐吏胥、江湖星卜、游手負擔之徒，莫不有號，至篆刻圖書，用之不忌。故不知其號，則故舊不通書，儒生不撰文字，賓主相對，噤不吐一語，蓋不敢爾汝之也。此其事殆盛於嘉靖之中葉乎？即如吾通，往時大賢君子不為少矣，皆不舉其號，即有號者，僅數人焉。……今則無人不號矣。嚮也，余自粵中歸，一友人來會，余曰：公居何處？答曰：我屋燬於倭夷，今僦居於雙澗耳。余曰：雙澗，何人？則愕然不應，蓋知其號而不知其姓名，余為一笑。其後聞之，乃一鼓刀之夫也。又官府文書，亦以號行，其人罪至大辟而莫之易也，故部使者恤列疏中，稱囚之號。夫鄙至於屠酤，惡至於大辟，亦以號稱，號豈足重乎？
>
> （《萬曆通州志》卷2）〔註30〕

稱號在傳統社會中，原是士人藉以寓懷的象徵，用在文人不敢直呼長者之名字，或要表達彼此敬意的一種方式。這種禮式在嘉靖萬曆年間，漸已遭到破壞，三教九流、販夫走卒之輩，莫不表現出傚效士大夫行徑的強烈企圖，無論是從衣冠服飾上，或言行稱號上，屬於市民階級的百姓，皆欲追仿士人們的文雅特徵。

從以上的述敘可知，無論是工商或優隸，其透過各種形式傚效士人階層的作法，放在一個制約能力薄弱的晚明社會中觀察，所抱持的，應是一種亟欲突破傳統規範與擺脫既定格局的心態。而士人原來在傳統中，多是透過科舉之途，謀得一官半職，而成為位階足以引領風騷的四民之首，然而同樣置放在晚明的時空中，他們竟然也可以捨棄所學，轉而投向四民之末的商賈之業而不以為羞恥。原來明制規定四品以上官員與公侯伯之家，不准經商，至明末則「冠蓋之家公然為商賈之行」（《萬曆冠縣志》）。社會上以仕農為本，工商為末的觀念，起了變化，如趙南星所說：「農之服田、工之飭材、商賈之牽車牛而四方，其本業然也。」（《趙忠毅公文集》卷4）〔註31〕這種尊重農工商等職業畫分，乃出於業的本質而來，無形中已給予了四民地位平等的對待。

〔註30〕轉引自同註4徐泓文，頁148。
〔註31〕轉引自同註4徐泓文，頁153。

這種四民階層流動的觀念，隨著明代學者對「治生」的不同理解，而愈形高張，理論的根源，可推溯於陽明所提出的新四民觀：

> 古者四民異業而同道，其盡心焉，一也。士以修治，農以具養，工以利器，商以通貨，各就其資之所近，力之所及者而業焉，以求盡其心。其歸要在於有益生人之道，則一而已。士農以其盡心於修治具養者，而利器通貨猶其士與農也，工商以其盡心於利器通貨者，而修治具養，猶其工與農也。故曰：四民異業而同道。(《陽明全書》卷25「節菴方公墓表」)

陽明對於四民的新觀點，肯定士農工商四者雖異業，若在有益人生方面皆能盡心，則在道之前，完全處在平等的地位，這是他所持良知之心普遍地推廣到四業上的理論結果。陽明的新四民觀，並非只是一個抽象的理論，通過了泰州學派王艮的社會講學，已實際傳佈到商賈農工的身上，顯示了儒家倫理的新動向。〔註32〕

　　由以上的分析看來，晚明是個階級意識鬆弛的社會，商賈優隸能夠自由追仿士人之舉，身分的區格由下層往上層流動，而士人甘於放棄人人稱羨的知識身分，投身從事只求獲利營生的商業，職業傾向由上層往下層流動，在在顯示了社會規範力的瓦解，更是價值多元化的反映。這種上下相互流動，突破階級桎梏、生活規範與意識型態的新四民態勢，塑成晚明特有的社會結構。尤其晚明以後，士與商之間確已不易清楚地劃分界線，明清之後所講的四民不分，或四民相混，主要都是講士商的關係，社會結構的最大變化，便發生在這兩大階層的升降分合上，這是中國近代精神的一個最高潮，〔註33〕亦正由晚明的文化特質所演變而來。

第二節　董其昌的文化圈

　　十七歲學書（《容台別集》卷4）、二十二歲習畫（《容台別集》卷2）的董其昌，早在十三歲便已開始就試（陳繼儒著董與其夫人之合葬行狀），直到

〔註32〕關於明清學者所提的新四民論，與士商階層的變化以及所發展而成中國的近代精神，詳參同註26，余書下篇〈中國商人的精神〉二「新四民論——士商關係的變化」。

〔註33〕泰州學派與商業發達、庶民興起有密切關係，這是中國近代精神的一個最高潮，在士商關係的變化上，具體表現出來，詳參同註26余英時一書。

萬曆十六年（即戊子年），三十四歲赴南京鄉試及第舉人第三名，次年（己丑年，35 歲）赴北京參加會試登進士第二，一年間獲「子丑連捷」（語出李延昱《南吳舊話錄》卷 18），揭開了董壯年時期仕途的序幕，亦使得他原只在江南活動的視野擴至北方，〔註 34〕連帶地結識了影響後世深遠，在當時風雲一時的人物。董其昌文化交遊的範圍，約可以「子丑連捷」之後的幾次重要聚會圈域而出，並以此文化圈互相激盪的思想作為探討董其昌美學的基礎。

董在萬曆十六年中舉人後，北上京都，名噪一時，士人皆以前茅讓之，無一異詞者。（沈德符《萬曆野獲編》卷 16）從此締結了他的文化人脈。第一次重要的聚會，便在此間展開，那是在萬曆十六年南京鄉試後的一個冬日，赴北京準備翌年的會試，與諸友會於龍華寺，聽憨山大師夜裡談禪：

> 余於戊子冬，與唐元徵、袁伯修、瞿洞觀、吳觀我、吳本如、蕭玄圃同會於龍華寺，憨山禪師夜談。（《容台別集》卷 3）

董追憶這次聚會中，他徵引中庸「戒慎恐懼」之義與眾人論辯，僅瞿有所辯駁，連憨山大師亦未提出定見，故董要諸人再作思維：

> 是夕，唐、袁諸臣子，初依法門，未能了余此義，即憨山禪師，亦兩存之不能商量究竟。余謂諸公曰，請記取此語，異時必有會。（同上）

由這段敘述中，董的禪悟似已相當深，在此不妨對董的禪緣先作了解。

董的家鄉松江，自元明兩代以來，便是佛學風氣鼎盛之地，承元末松江一地文人遊訪寺院之風，董的師執輩如莫如忠（按董 18 歲時，入莫氏門下治學，此後亦時隨莫出遊）、陸樹聲（按董 23 歲時，館於陸宗伯文定公之家）二人，皆常作寺院之遊，陸尚且曾獲達觀許為「深於禪理」（《容台別集》卷 3）。師從這些雅好禪理的長輩，必浸潤於時時談禪的氣氛中，在禪風如此興盛的環境裡成長，董與禪所結的緣開始得並不算晚。當時知名於晚明的幾位禪師，如達觀真可、憨山德清，均曾前後來到松江一地弘法，〔註 35〕董得地利之便，亦曾有機會向達觀真可禪師請益，董自述這段因緣：

> 達觀禪師初至雲間，余時為書生，與會於積德方丈。越三日，觀師過訪，稽首請余為思大禪師大乘止觀序，曰：王廷尉（按指王世貞）

〔註 34〕董在少年時期便開始努力為科考準備，此間亦臨帖摹畫，偶爾讀讀禪宗語錄，在及進士第前，未見其與同鄉好友之外的人有過異鄉的交遊。參見鄭威編著《董其昌年譜》（上海書畫出版社，1989）。

〔註 35〕有關松江一地的禪學風氣，參見曾藍瑩《董其昌書法中米芾風格之研究》（台大史研碩論，1992）

> 妙於文章,陸宗伯(按指陸樹聲)深於禪理,合之雙美,離之兩傷,
> 道人於子有厚望矣。余自此始沈酣內典,參究宗乘,後得密藏(按
> 密爲達觀之弟子)激揚,稍有所契。(《容台別集》卷3)

達觀(1543～1603)雲遊至松江積慶寺,董其昌以諸生身分前往拜訪,達觀可能於當地知悉董的文名,故請董爲思大禪師所著之〈大乘止觀〉作序,並以兼王世貞的文采與陸樹聲的禪理嘉勉之。獲此厚望之後,董於是開始深究禪宗內典,並於日後參究有得。有此一面之緣後,董尚且曾就禪學有關諸多修悟的問題,以書信請教達觀,經達觀一一開示,亟願董「極當發憤,此生決了,不得自留疑情,遺誤來世。」〔註36〕禪師不斷勉勵董力通關捩,徹其未徹。〔註37〕他們之間的最後連繫,董曾自述:

> 後觀師留長安,余以書招之曰:馬上君子無佛性,不如東南雲水接
> 引初機利根,紹隆大法,自是不復相聞。癸卯冬大獄。……(《容台
> 別集》卷3)

這應是兩人最後的連繫,董去鴻留長安的達師,勸其南返,接引根器敏利的初機,弘揚佛法,而達觀始終未再南返,直至癸卯年冬的冤獄(後詳)發生,二人未曾相聞與會面。

經由上述身處禪風興盛的松江以及受達觀禪師之勉勵的禪緣說明,可知在萬曆十六年龍華寺夜裡談禪的董其昌,能成爲眾人論辯中的焦點,年輕氣盛,自屬難免。除了達觀禪師的因緣之外,董在此次聚會中,初次結識了公安三袁兄弟中的大哥——袁宗道(1560～1600)。袁早董三年及進士第,當時已任翰林院官職。〔註38〕龍華寺會五年後,於萬曆二十二年(1594年),董在北京,又和袁宗道聚首,復爲禪悅之會:

> 及袁伯修見李卓吾後,自謂大徹。甲午入都,與余復爲禪悅之會,
> 時惟袁氏兄弟、蕭玄圃、王衷白、陶周望,數相過從。(《容台別集》
> 卷3)

這次聚會,包括了兩年前已中進士,當年赴京都謁選任官的袁家二哥宏道

〔註36〕這封信參見《紫柏尊者全集》卷24〈復董元宰〉,收入同註21《續藏經》第126冊。

〔註37〕《容台別集》卷3收有五十七則董談禪、讀禪的紀錄,可知董對禪理探究之興趣頗持續了一段不算短的時期。

〔註38〕《明史》卷288〈袁宏道傳〉附:「宗道字伯修,萬曆十四年會試第一,授庶吉士進編修,卒官右庶子,泰昌時追錄光宗講官,贈禮部右侍郎。」

（1568～1610），袁董此次應係初識。〔註39〕至於陶望齡（周望，1562～
1608），則自從與董一起登進士第，同師事田一雋之後，已互相許爲生死之
交。〔註40〕這次聚會，有一個特別令人興奮的因素參入，那就是李贄（1527
～1602）。袁宗道在前次談禪所留下的疑惑，在見了李卓吾後，終於徹悟。
此之前，李贄之名在這群年輕友輩們心中，並不熟稔，其中多賴與董同年登
進士榜的焦竑（1541～1620）大力引薦，〔註41〕李贄盛名才得以在他們之
間傳開。

　　焦竑與李贄結識於南京，兩人友誼深固，李的《焚書》中有許多覆答焦
弱侯的函件，書信往來頻仍。焦於萬曆十七年入都及第後，開始向同輩們推
介李贄，包括陶望齡以及袁氏三兄弟。陶有書云：

　　望齡在京師時從焦弱侯，得聞卓吾先生之風，繼得其書，畢習之，
　　未嘗不心開目明，常恨不能操巾拂其側。（陶望齡《歇菴集》卷 15
　　〈奉劉晉川〉）

萬曆二十六年前後，李贄居白下時，陶家居，因侍父疾，不克趨前侍側，因
函請焦竑多方安頓：

　　世上眼珠小，不能容人，況南京尤聲利之場，中間大儒老學崇正闢
　　異以世教自任者尤多，恐安放卓老不下，大須善爲之計。弟意牛頭
　　攝山諸處，去城稍遠，每處住幾時，意厭倦時，輒易一處，無令山
　　神野鬼得知縱跡，則卓老自然得安，或不遂興歸思也。（《李溫陵外
　　紀》卷 4）

在大儒耆宿一片攻訐聲中，可見陶對李贄的護惜之情。李氏歿後，陶爲文祭
之，贊其「獨處，獨遊，獨行，獨語。目如晨曦，膽如縣瓠，口如震霆，筆

〔註39〕據曾藍瑩所考，袁董在萬曆二十二年之前，應有兩次結識機會，但都失之交
　　　　臂，故此次應由宗道所引介與董首度會面。請參看同註35曾文。
〔註40〕董曾自陳：「神宗朝歲己丑（按萬曆十七年），吾師許文穆公，典南宮試事，
　　　　所舉會稽陶望齡、華亭董其昌、南昌劉日寧三人，皆以天下士相許，復以
　　　　生死交相託。」（《容台集》卷 4〈太傅許文穆公墓祠記〉）自董與陶互許
　　　　爲莫逆之交後，終董一生，與陶一直有著頻仍的往來，請參見同註 34 鄭
　　　　威書。
〔註41〕焦竑（1541～1620）字弱侯，號澹園，江寧人，與陶望齡、董其昌同爲萬曆
　　　　十七年進士。董其昌曾對焦與陶的學問有過描述：「金陵焦弱侯以理學專門爲
　　　　領袖，是時同儕多壯年盛氣，不甚省弱侯語，惟會稽陶周望好禪理，長安馮
　　　　仲好好經學，時與弱侯相激揚。」（〈馮少墟集序〉）

如飛雨。」「氣雄行潔，生平學道之志甚堅，要是世間奇特男子。」〔註42〕由此皆可知陶望齡對李贄的崇慕程度。

　　而三袁透過焦竑得知李贄，始於宗道。萬曆十七年（1589年），伯修以冊書歸里，焦氏寄書向宗道推介曰：「亭州有卓吾先生在焉，試一往訊之。」（《李溫陵外紀》卷2〈焦氏書袁太史卷〉）之後，又極力建議他到湖北龍湖探訪他，三袁兄弟終於萬曆十八年（1590年）於公安祚林首次親炙李贄，由袁小修（1570～1623）輯錄會事談語。次年，袁宏道獨訪之於麻城龍湖，越二年（即萬曆二十一年），三袁兄弟又再次同訪。可知他們時有往還，或遇武昌，或訪龍湖，亦時託鯉雁。〔註43〕

　　陶望齡、袁氏兄弟先前已與李贄的緣遇，使得萬曆二十二年（1594年）在北京的聚會，有著相當不尋常的意義，在一片對李贄的傾慕之情中，董與這群好友的共會，自然感受得到這股新氛圍，而對李充滿了期待，終於在萬曆二十六年（1598年）初春，見到了心儀已久的李贄：

　　　李卓吾與余以戊戌春初一見於都門外蘭若中，略披數語即許可莫逆，以爲眼前諸子，惟君具正知見，某某皆不爾也。（《容台別集》卷3）

由董所紀錄這次短暫邂逅中的語氣看來，可想見一位正意興遄飛的壯年，受到李贄這位年邁七旬之睿智者聊聊數語的讚賞，心中那份難掩得意的驕矜之情。

　　此外，據推測，仕途不順的湯顯祖（1550～1616）參與此文化圈，亦躬逢其時。湯顯祖有詩：〈乙未（即萬曆二十三年）計逡，二月六日同吳令秋、袁中郎出關，懷王衷白（按王曾出現在董與諸友萬曆二十二年的禪悅之會上）、石浦（按指袁宗道）、董思白（按指董其昌），寄懷董袁等友人（見湯顯祖詩文集卷12），故可知，湯顯祖加入董的進士交遊圈，得晤董、袁、陶等人，並彼此成爲私誼甚篤且長久的好友，時間應不會晚於萬曆二十三年（1595年）。〔註44〕

〔註42〕此兩段贊語，轉引自林其賢著《李卓吾事蹟繫年》（文津，1988）第230頁。

〔註43〕有關三袁兄弟識李的過程，請參見周質平《公安派的文學批評及其文學發展——兼論袁宏道的生平及其風格》（商務，1986）後附〈袁宏道年表〉，以及同上註林其賢書第貳章〈李卓吾師友考〉。

〔註44〕根據鄭培凱推測，湯顯祖約於萬曆二十二年到二十三年冬之間（即1594年～1595年）加入了董的文化圈。另外有關湯顯祖與諸友人彼此的交誼，請一併詳參 Pei-Kai Cheng（鄭培凱）：“T'ang Hsien-tsu, Tung Ch'i-ch'ang and the Search for Cultural Aesthetics in theLate Ming”（湯顯祖、董其昌以及晚明文化美學之

在與李贄邂逅的同年（萬曆二十六年，1598 年），朝廷因請立太子事而趨於緊張，董坐失執政意，出爲湖廣副使，以病爲由不赴，休歸江南。自此即離開北京，返回江南，渡過二十四年的歸隱生涯。直到天啓二年（1622 年）熹宗召回，始以年近七旬老翁的身分再度入京，然停留極短暫的時間，又南返任新職，此後均在江南一帶過著藝術遊賞的生活，直到逝世。〔註45〕

曾在北京風雲際會，叱吒一時的這批友朋，在董乞休江南，離開北京後，亦迭遭變故，日漸凋零。首先是袁宗道以四十歲英年，早逝於萬曆二十八年（1600 年）。同樣因妖書事件，李贄於兩年後（1602 年）自刎於獄中。達觀禪師則晚一年（1603 年）於獄中坐化。陶望齡於萬曆三十六年（1608 年）母病逝後甫百日，遘疾而卒。袁宏道亦在萬曆三十八年（1610 年）步其兄之後塵，以四十三歲英年謝世。十餘年間，師友故舊，一時凋零，這樣景物依然，人事全非的感觸，在湯顯祖的筆下深情流露，他在萬曆三十三年（1605 年）一封寄給董其昌的信簡中說道：

> 卓（李贄）、達（達觀）二老，乃至難中解去。開之（馮夢禎）、長
> 卿（屠隆）、石浦（袁宗道）、子聲（王一鳴），轉眼而盡。董先生關
> 此，能不傷心？莽莽楚風，難當雲間隻眼，披裂唐突，亦何與於董

研究），收入 1992 年美國堪薩斯城所舉辦董其昌國際學術會議發表之論文集
（詳見參考書目）。

〔註45〕《明史》卷 288〈董其昌傳〉云：「坐失執政意，出爲湖廣副便，移疾歸，起
故官督湖廣學政。……爲勢家所怨，嗾生儒數百人鼓噪毀其公署，其昌即拜
疏求去。帝不許，而令所司按治，其昌卒謝事歸，起山東副使登萊兵備河南
參政，並不赴。光宗立（1620 年），問：舊講官董先生安在？乃召爲太常卿掌
國子司業事。天啓二年（1622 年）擢本寺卿兼侍讀學士，時修神宗實錄，命
往南方採輯先朝章疏及遺事，其昌廣搜博徵錄成三百本。……明年秋，擢禮
部右侍郎，協理詹事府事，尋轉左侍郎，五年正月拜南京禮部尚書。時政在
奄豎，黨禍酷烈，其昌深自引遠，踰年請告歸。崇禎四年（1631 年）起故官
掌詹事府事，居三年，屢疏乞休，詔加太子太保致仕，又二年（1636 年）卒，
年八十有三，贈太子太傅。」董其昌自萬曆二十六年（1598 年）辭任新職，
以疾歸鄉離開北京後，一直在江南一帶過著歸隱的生活，直到天啓二年（1622
年）才再度北上入京，履赴新職。八月，奉旨前往南京採輯先朝章疏及遺事，
神宗實錄修成，一再升官，由禮部右侍郎一路升至禮部尚書，這些官職應皆在
舊都南京。由此看來，董自從三十四歲入京及第到四十三歲離開北京，計在京
都待了將近十年的光景，又經過二十四年的歸隱生活之後，直到他六十七歲
時，才再度入京，但這次僅停留不及一年的時間，又南返採輯實錄，並在南京
履任新職。屢起任屢乞休，始終未再離開江南，直到逝世爲止。有關離京後的
動向，請詳參同註 34 鄭威書。

－199－

先生哉？（《湯顯祖詩文集》卷 47〈寄董思白〉）

在這封信簡中，對於眾多好友在人生上的缺席，感到哀傷，稍後，在寫給袁中道（小修）的函中，亦爲其兩位胞兄相繼早逝的噩耗，深覺悲痛。〔註46〕

由以上的考察得知，自萬曆十六年（1588 年，董三十四歲）至萬曆二十六年（1598 年，董四十三歲）之間，董在北京居留將近十年的期間，與當代許多名人密切交往，董所在的文化圈，實即以他新結識可謂引領當時風潮的幾位人物爲中心，大致包括了思想界的李贄、文學界的袁氏兄弟以及戲曲界的湯顯祖，而結合這群文化界要人的契機，則是談禪的興趣，董的禪理早已深受達觀禪師的啓引。隨著董的離京，這個文化圈也頗具戲劇性地整個崩散。本章乃將壯年時期董其昌在北京的文化圈，視爲其美學思想凝塑形成的重要階段。下一節所將討論與董相關之萬曆思潮的核心，勢必扣緊在這些重要的人物身上。

第三節　董其昌文化圈的思潮概述

萬曆年間，禪宗的再度復興與王陽明新儒學給晚明思想界帶來了一股新鮮的空氣。前節，我們爲董其昌北上入都登進士第之後的交遊活動，匡圍出其所在的文化圈，圈中人的友誼，建立在彼此對禪學與心學的共同興趣與心得分享上，這些使他們結合起來的因素包括了以下兩點：

一、對禪宗的研究與坐禪的實踐。

二、對李贄作爲一位個人主義自由思想家的敬仰以及對泰州學派思想的崇拜。〔註47〕

本節將以此重點作爲探討這些文化圈人思想的核心。

一、達觀眞可

明末四大高僧雲棲袾宏（1535～1615）、達觀眞可（1543～1603）、憨山德清（1546～1623）、蕅益智旭（1599～1655），在這四位大師中，紫柏大師〔註48〕

〔註46〕有關湯顯祖函寄小修哀二袁兄弟的內容，未明出處，轉引自同註 44 鄭培凱文。

〔註47〕這兩個重點的歸納請參看 Wai-Kam Ho（何惠鑑）: "Tung Ch'i-Ch'ang's New Orthod-oxy and the Southern School Theory"（董其昌的新正統與南宗理論），此爲會議論文，參見同註 44。

〔註48〕爲「紫柏尊者達觀眞可大師」釋名，達觀爲其出家後的字，眞可一名的由來，

的著作量不及其他三師豐富，法緣亦比不上袾宏、德清之盛，既然如此，達觀何以能列爲明末四大師？

> 竺乾一時尊夙，盡在東南，最著則爲蓮池（按指雲棲袾宏）、達觀兩大宗主，然二老行徑迴異。蓮專以西方直指化誘後學；達則聰明起悟，欲以機鋒言下醒人。蓮枯守三條，椽下跬步不出；達則折蘆飛錫，所在皈依。二老各立教門，……大抵蓮老一派主于靜默，惟修淨土者遵之，而達老直捷痛快，佻達少年，驟聞無不心折。（《萬曆野獲編卷》27〈禪林諸名宿〉條）

與雲棲偏向淨土的靜默相較之下，達觀的直捷機鋒更能獲得廣大年輕人的激賞。由於他「氣蓋一世，能于機鋒籠罩豪傑」（沈德符《萬曆野獲編》卷 27〔釋道〕紫柏禍本），再加上他詩才極高，佳句可隨手拈來，江南仕宦文官因此魅力而受影響的人，不在少數，〔註49〕如：「楚中袁宗道、中道、皖上吳本如、蜀中黃愼軒、浙中陶石簣」（同上引〈紫柏禍本〉），常相與聚談禪學，董其昌亦曾一度向他請益。

達觀的思想本於佛教之禪宗，兼攝性宗相宗，進而融匯儒道二教，也是晚明三教合一大趨勢中的一例。在實踐層次上，達觀強調於靜坐中參話頭，以達頓悟見性的境界，所謂：「（靜坐）到此時昏散無渠棲泊處，盡十方三世都盧是一個話頭，迥迥然在前塞煞眉眼，忽然心地有爆荳之機。」他走的應是修悟合一的路線。〔註50〕

上節述及董其昌與達觀最後一次聯繫時，董曾云：「馬上君子無佛性」一番話，似乎隱然預知達觀終將面臨災禍，果然在萬曆癸卯年（1603 年），因妖書冤案，被牽連入獄，〔註51〕坐化而逝。對於達觀的獄死，沈德符亦有類似

是因爲萬曆年間神宗皇帝十分欽崇他，曾云：「若此眞可名一僧」，紫柏則爲其晚年自取的號，世稱其爲紫柏大師。請參見釋果祥著《紫柏大師研究——以生平爲中心》（東初，1990）。

〔註49〕有關達觀與仕宦文人之間的交遊情形，請參見同上註釋果祥書。

〔註50〕本段文字引自同註35曾藍瑩論文，第139頁。

〔註51〕癸卯冤獄的起因，萬曆二十六年，有人撰寫《憂危竑議》一書，離間皇長子常洛與鄭貴妃，後因處理得宜，焚毀了事。及皇長子冊封爲皇太子之後，三十一年，又傳出有人撰寫《續憂危竑議》，托意鄭貴妃仍有野心，謀將自己的生子常洵，換取常洛爲東宮太子。皇帝御覽之後，震怒出旨嚴查妖書出處，使錦衣衛在京都大肆搜捕，成爲明末恐怖的妖書事件。此事又由於宰相沈一貫與禮部侍郎郭正域有間隙，淪爲政治鬥爭的工具，使得許多人牽連入獄。達觀禪師則因一封寄達沈令譽（按沈與郭友好）寓所的信件，述及皇帝

董的歎語：

> 通人開士，只宜匿跡川巖，了徹性命，京都名利之場，豈隱流所可
> 托足耶？（《萬曆野獲編》卷 27〔釋道〕二大教主）

董以唯恐無暇弘法，力勸達觀勿奔碌於官場，沈則在其逝世後，覺權力名利之場，並不適宜如達觀這樣的修行人涉入，因而興歎。因政敵之陷而牽連達觀入獄的郭正域、沈令譽等人，不久後獲釋出獄，達觀則之前已自求坐化而解脫。對達觀禪師橫遭冤獄的原因，眾議譁然。有人以爲是其道力不足所致，有人以爲是其性格我慢招禍，有人以爲是業力使然。陶石簣（望齡）請問湛然圓澄禪師（1561～1626）的看法，圓澄以爲其戒、定、慧皆無虧損，惟獨因無師承而損其德行，湛然以爲捨棄源頭，則後世邪慢之輩效尤，佛陀不願斷絕佛法慧命，而有達觀的冤獄之報。〔註52〕

　　總之，達觀禪師在晚明一生的行迤，的確引起許多爭議，然與其禪理相交的許多文人，卻深受著影響。

二、李 贄

　　與達觀齊名爲晚明「二大教主」的李贄，更是一位驚動士林，披靡一代的風雲人物。他「聰明蓋代，議論間有過奇，然快談雄辯，益人意智不少。秣陵焦弱侯、泌水劉晉川皆推尊爲聖人。」（《萬曆野獲編》卷 27〈二大教主〉條）。其作品「無論通邑大都，窮鄉僻壤，凡操觚染翰之流，靡不爭購，殆急於水火菽栗也。」一般大眾「全不讀四書五經，而李氏《藏書》、《焚書》，人挾一冊以爲奇貨。」（朱國禎《涌潼小品》卷 16〈李卓吾〉條）爲何李贄能受到廣大的注意？

> （李）好爲驚世駭俗之論，務反宋儒道學之流。……其學以解脫直
> 截爲宗，少年高曠豪舉之士，多樂慕之。後學如狂，不但儒教防潰，
> 而釋氏繩檢，亦多所屑棄。（沈瓚《近事叢殘》卷 1）

某事傷害太后仁德，批評皇上「安得云孝」。此信因搜沈寓而出，達觀亦因沈而牽連入獄。癸卯冤獄始末，請詳參沈德符《萬曆野獲編》〔釋道〕「紫柏禍本」條，以及同註 48 釋果祥書。

〔註52〕圓澄的說法，參見其《宗門或問》〈達觀和尚遭映傳〉，轉引自同註 48 釋果祥書，頁 44。另關於達觀無師之說，乃指初始爲達觀薙髮之啓蒙師虎丘僧明覺，後還俗以醫名世，達觀遇而歎其師迷至此，命其薙髮，使其師慚服，反執弟子之禮。此事詳見同註 21，憨山德清撰〈達觀大師塔銘〉。

即因爲如此招引人注目的作風，亦招致千古未有之非議：

> 自古以來，小人之無忌憚，而敢於叛聖人者，莫甚于李贄。（顧炎武
> 《日知錄》卷 18〈李贄〉條）

這樣一位飽受爭議的大人物，再回過頭來看看當時文人對其著作的評價如
何？爲其身後作傳的袁中道（小修）說：

> 至於今，接響傳聲，其觀場逐隊之見，已入人之骨髓而不可破。於
> 是上下數千年之間，別出手眼，凡古所稱爲大君子者，有時攻其所
> 短，而所稱爲小人不足齒者，有時不沒其長。其意大抵在於黜虛文，
> 求實用，舍皮毛，見神骨，去浮理，揣人情，即矯枉之過，不無偏
> 有重輕。而舍其批駁謔笑之語，細心讀之，其破的中窾之處，大有
> 補於世道人心。（袁中道〈李溫陵傳〉收於《焚書》卷首）

袁對李的稱訟，不同於顧炎武道德的立場，乃著眼於他對傳統許多僵化無益
之價值觀，「破的中窾」，如此反能大補於世道人心。〔註 53〕然而與顧相同立
場的官方，對這種新異思想的著作，一再禁燬，〔註 54〕仍無法滅絕士子們的
興趣：

> 嗟夫，朝廷雖禁燬之，而士大夫則相與重鋟之。……卓吾書盛行，
> 咳唾間非卓吾不歡，几案間，非卓吾不適。（黃節〈李氏焚書跋〉）

> 當龍湖被逮後，稍稍禁錮其書，不數年，盛傳於世，若揭日月而行。
> （袁中道《珂雪齋近集》卷 3）

閱讀如此受到非議的著作，在晚明一代，幾乎已成爲一種流行的風尚了。

　　與晚明大部份思想家具有駁雜的傾向一樣，李贄甚至有過之而無不及，
其學術雖雜揉儒道佛等諸家，〔註 55〕但由李贄自稱其「雖落髮爲僧，而實儒
也」（《初潭集》自序）的態度看來，李仍以儒者自許，故其學術得力於明儒
甚多，與陽明學的關係極爲密切。李曾親受業於王艮之子王襞（《續焚書》卷
3），亦曾親會見浙中學派的王畿與泰州學派的羅汝芳——二谿（王畿號龍谿，
羅汝芳號近谿），並云：「自（萬曆五年）後，無歲不讀二先生之書，無口不

〔註 53〕有關李贄的生平，請參閱袁中道〈李溫陵傳〉（收入李贄《焚書》，河洛，1974），
　　　　以及〈卓吾論略〉（《焚書》卷 3）

〔註 54〕明季，李贄書兩經朝廷焚燬，一焚於萬曆三十年，爲給事中張問達所奏請，
　　　　再焚於天啓五年，爲御史王雅量所奏請。

〔註 55〕李贄學術的駁雜諸家，請詳參王煜〈李卓吾雜揉儒道法佛四家思想〉（收於王
　　　　煜著《明清思想家論集》，聯經，1981）。

談二先生之腹。」(《焚書》卷3)對於陽明後學的兩派勁流,心私淑之。他對龍谿的崇慕可謂到達頂點:

> 聖代儒宗,人天法眼。白玉無瑕,黃金百煉。……雖生也晚,居非近,其所爲凝眸而注神,傾心而悚聽者,獨先生而已。……我思古人,實未有如先生者也。(《焚書卷3〈王龍谿先生告文〉)

李贄非常佩服王艮,對泰州學派的師承發展亦瞭若指掌:

> 當時陽明先生門徒遍天下,獨有心齋爲最英靈。心齋本一灶丁也,目不識一丁,聞心讀書,便自悟性。遽往江西,見王都堂,欲與之辯置所悟,此當以朋友往也。後自知其不如,乃從而受業焉。故心齋亦得聞聖人之道,此其氣骨爲何如者?心齋之後爲徐波石,爲顏山農,山農以布衣講學,雄視一世,而遭橫死。波石以布政使清兵督戰,而死廣南,雲龍風虎然哉?蓋心齋眞英雄,故其徒亦英雄也。波石之後爲趙大洲,大洲之後爲鄧豁渠,山農之後爲羅近溪,爲何心隱,心隱之後爲錢懷蘇,爲程后台,一代高似一代,所謂大海不宿死屍,龍門不點破額,豈不信乎?心隱以布衣出頭倡道而遭橫死,近溪雖得免於難,然亦幸耳,卒以一官不見容於張太岳。蓋英雄之士,不可免於世,而可近於道。(《焚書》卷2〈爲黃安二上人大孝〉)

王學發展至泰州學派,已將自由解放的狂者精神,充分發揮了出來。由王心齋啓其端,中經徐波石、顏山農、何心隱、羅近溪等人加以發皇,盛況一代勝似一代。這批王學的傳承人,因不能諧於世,而多遭橫死,在俗儒的眼中,他們直是離經叛道的怪物,但在生命氣質與之同調的李贄看來,他們可眞是生龍活虎般的英雄。李贄與陽明學的關係,大抵繫以王艮所傳之泰州學派,〔註56〕二者皆本於儒學而吸納佛道之理,具有三教合一的色彩。〔註57〕

李贄雖不能正式列爲王學左派,〔註58〕但其思想行徑最能將左派王學的

〔註56〕 李以儒者自許,其學術淵源得力於明儒甚多,與陽明學的關係極密切,其學術淵源請參閱同註42,林其賢著《李卓吾事蹟繫年》卷首所附〈李卓吾學術淵源表〉)。由附表得知李與王學的關係,大抵建立在以王艮所傳之泰州學派上,此外亦揉合了佛與道的成分。

〔註57〕 三教合一在中國有很悠長的歷史,自兩晉南北朝開始蔓延,至唐官方舉行三教講論活動,更促成三教思想的交流與融合,宋元始有理學家的推助,其風興盛,入明,有太祖爲此說的支柱,此風直延續而形成晚明極爲流行的思潮。請詳參李焯然《明史散論》(允晨,1987)〈焦竑之三教觀〉。

〔註58〕 「左派王學」爲嵇文甫著《左派王學》(國文天地雜誌社,1990)一書,所提

特色充分表現出來，被後儒歸爲狂禪一派。他所得力的不是枯槁寂滅的禪，而是大活動的禪，勇於將儒釋之間的疆界衝破，反對宋儒理學末流所產生的種種箝制與束縛，其思想處處顯現出超越傳統藩籬的精神。〔註59〕

李贄超越傳統的精神，給予藝文界最大的影響，可說是「童心說」的提出：

> 夫童心者，眞心也。……絕假存眞，最初一念之本心也。……童心者，心之初也。……蓋方其始也，有聞見從耳目而入，而以爲主於其內而童心失。其長也，有道理從聞見而入，而以爲主於其內而童心失。其久也，道理聞見日以益多，則所知所覺日以益廣，於是焉又知美名之可好也，而務欲以揚之而童心失。知不美之名之可醜也，而務欲以掩之而童心失。夫道理聞見，皆自多讀書、識義理而來也。……夫學者既以多讀書、識義理障其童心矣。……童心既障，於是發而爲言語，則言語不由衷；見而爲政事，則政事無根柢；著而爲文辭，則文辭不能達。……夫既以聞見道理爲心矣，則所言者皆聞見道理之言，非童心自出之言也。言雖工，於我何與，豈非以假人言假言，而事假事，文假文乎？……天下之至文，未有不出於童心焉者也。苟童心常存，則道理不行，聞見不立，無時不文，無人不文，無一樣創制體格文字而非文者，……故吾因是而有感於童心者之自文也。(《焚書》卷3「雜述」)

李贄所標舉的心靈，擬譬於孩提時代之人類的本心，未經道理識見灌輸、不受聞見浸染，是絕假純眞之心。古之聖人，即使讀書，亦爲護持童心勿使其失，然而如六經、語、孟之典訓，乃迂闊門徒或懵懂弟子記憶師說，有頭無尾、得後遺前地筆記下來，後學不察，便說出自聖人之口，李贄以爲經書大半非聖人之言，即使出自聖人，也是爲了當時特殊的情境與對象而發，世移事異，豈可遽以爲萬世之至論？因此，由古代書籍、或前人經驗而來的道理聞見，經過長時間的積累，不見得仍適合今世。一般學者若接受道理聞見的

出的名詞，是就思想本身之革新與解放之一面而言，大致上乃指泰州學派。嵇說：「泰州學派是王學的極左派，王學的自由解放精神，王學的狂者精神，到泰州學派才發揮盡致。」嵇所言李贄未被正式列入左派王學，概係根據黃宗羲《明儒學案》的觀點，李贄在〈泰州學案〉中並未有一席之地。
〔註59〕關於李贄超越傳統藩籬的精神，請參見同上註，嵇文甫書〈李卓吾與左派王學〉一節，以及容肇祖著《李卓吾評傳》（商務，1973）。

—205—

浸染，勢將掩障眞心，則無論是言語、政事、文辭，皆成了假言、假事、假文。而天下至文，必出自如童稚般的眞心而發，人們何必斤斤學步於古體詩、先秦文呢？李贄的童心說揭示了自然情性的文藝觀：

> 自然發於情性，則自然止乎禮義，非情性之外復有禮義可止也。惟矯強乃失之，故以自然之爲美耳，又非於情性之外復有所謂自然而然耳。故性格清澈者，音調自然宣暢；性格舒徐者，音調自然疏緩；曠達者自然浩蕩，雄邁者自肋壯烈；沈鬱者自然悲酸，古怪者自然奇絕。
>
> 有是格，便有是調，皆情性自然之謂也。（《焚書》卷 4「讀膚律説」）

由不同情性的人，所作出於自然的詩歌，當然各具不同的面貌，所以他說有是格，便有是調，無法以一律求之，若「拘於律則爲律所制，是詩奴」。李贄反對人工矯造的格律，主張文藝可貴在能出於眞性童心的價值觀。李贄由哲學思想中所拈出的童心與自然情性的說法，給予當時主張「獨抒性靈」的公安派莫大的影響。

三、文學界

　　代表袁氏兄弟公安派文學理論，與前後七子有很大的不同。「復古」對七子來說，是種一廂情願的想法，而對公安派而言，雖然對於古代文藝所達到的高美境界心生嚮往，但「復古」並不是好不好的問題，而是能不能的問題。〔註60〕他們反對的，並非「復古」這個目標，而是如何達到這個目標的手段。在他們看來，以「句比字擬」的剿襲模擬手法，想達到古淡的境界，恰好違反了古人獨造自得的精神，而不免有肖古愈似，而去古愈遠的反效果。他們認爲要創作出天下至文，不必一味地追尋古人之跡，只須回歸本我的眞性靈，因此公安派在文學史上，也稱作「性靈派」。代表他們這派主張的明顯旗幟是「獨抒情靈，不拘格套」（袁宏道〈敍小修詩〉），前句指詩文的內容在表達作家一己的性情，後者則言創作形式不當爲格律所束縛。

　　袁宏道認爲「率性而行，是謂眞人」（《袁中郎全集》卷 16〈識張幼于箴銘後〉），袁中道亦稱「眞人而爲眞文」（《珂雪齋前集》卷 10〈淡成集序〉），獨抒性靈的詩文，其「趣」的來源，「得之自然者深，得之學問者淺」（袁宏道〈敍陳正甫會心集〉）。袁宏道以爲自然的境界是淡，淡是無法矯造出來的，

〔註60〕此見解參自同註 43 周質平書，第一章〈晚明文學批評與公安派之理論〉，頁12。

如「風值水而漪生，日薄山而嵐出，雖有顧吳，不能設色也。」(〈敍囷氏家繩集〉)，累於理或累於學的人工刻露，皆非淡之本色。公安兄弟，揄揚任性而發的自然之眞，貶抑人工模擬的造作之假的文學價值取向，其實就是李贄童心說及自然情性說的翻版。〔註61〕

以玉茗堂四夢——紫釵記、還魂記（又名牡丹亭）、邯鄲記、南柯記——享有明代戲曲界巨擘盛名的湯顯祖，十三歲起便與泰州學派三傳弟子羅汝芳遊，紫柏大師亦常相與往還，〔註62〕李贄更是他所欽仰的前輩。他對當時以沈璟爲主的吳江一派，強調法律精嚴的曲論，甚爲不滿，他說：

> 寄吳中曲論良是。唱曲當知，作曲不盡當知也。此語大可軒渠，凡
> 文以意趣神色爲主，四者到時，或有麗詞俊音可用，爾時能一一顧
> 九宮四聲否？如必按字模聲，即有室滯迸拽之苦，恐不能成句矣。
> (《湯顯祖詩文集》卷44〈答呂姜山〉)

吳江派首重聲律，沈璟曾主張「寧協律而詞不工，讀之不成句，而謳之始協，是曲中之工巧。」湯則認爲曲中意趣神色的追求，重於按字模聲。他在戲曲上所主張解消吳江派聲律之執，正表現出萬曆年間以李贄爲中心文化圈的思想特色，創作理論與公安派同樣受到李贄深刻的影響。既解消了聲律之執，曲文的意趣神色即是一種自然靈氣，他說：

> 文章之妙不在步趨形似之間。自然靈氣，恍惚而來，不思而至，怪
> 怪奇奇，莫可名狀，非物尋常得以合之。蘇子瞻畫枯株竹石，絕異
> 古今畫格，乃愈奇妙，若以畫格程之，幾不入格。米家山水人物，
> 不多用意，略施數筆，形像宛然。……故夫筆墨小技，可以入神而
> 證聖，自非通人，誰與解此？(《湯顯祖詩文集》〈合奇序〉)

湯所謂的自然靈氣，乃由胸臆自然流出的趣味，如蘇東坡的枯木竹石，米氏父子的雲山，新奇自然，皆不可以步趨形似的畫格繩之。標榜由胸中自然流露而出的靈氣，與他所主張「以人情之大寶，爲名教之至樂」(《湯顯祖集》

〔註61〕關於公安派文學理論的詳細探究，詳參註43，周質平書，第一部分：「公安派的理論、作品及其發展」。此外，探討明代「求眞」精神，在文學思潮中的狀況，亦可瞭解公安派文學理論背景，請參看簡錦松著〈論明代文學思潮中的學古與求眞〉（收於《古典文學》第八集，中國古典文學研究會主編，1986）。

〔註62〕關於湯顯祖的生平經歷，詳參《湯顯祖集》（洪氏出版社，1975）後附〈湯顯祖年表〉，以及呂凱著《湯顯祖南柯記考述》（嘉新水泥文化基金會，1974）第二章〈湯顯祖之生平〉。

卷 34〈宜黃縣神清源師廟記〉），將人類自然之情取代教條的精神相通。湯無論創作戲曲或曲文論評，皆以情為重點，他認為：

> 志也者，情也，先民所謂發乎情，止乎禮義者，是也。嗟乎，萬物之情各有其志。……董以董之情而索崔、張之情於花月徘徊之間，余亦以余之情，而索董之情於筆墨煙波之際。董之發乎情也，鏗今戛石，可以如抗而如醉；余之發乎情也，宴酣嘯傲，可以以翱而以翔。（《湯顯祖集》卷 5〈董解元西廂題辭〉）

前者，他將「詩言志」直接詮釋為「抒情」的特質，他在董解元《西廂記》締造崔張花月之情的筆墨煙波中，感受到作者如抗如醉的至情，這股至情，同樣可以「憺蕩人意，歡樂舞蹈，悲壯哀感鬼神風雨鳥獸，搖動草木，洞裂金石。」（《湯顯祖集》卷 31〈耳伯麻姑遊詩序〉）所以他認為：「世總為情，情生詩歌。」（同上）湯顯祖肯定人類生來即具有的情感，情乃是自然之性，故寓情於戲，正是出乎自然。湯顯祖反對拘執人心的聲律，主張以自然人情作為詩文戲曲的最後依歸，實與後來公安派「獨抒性靈」的理論精神相互貫通。

四、董其昌

董其昌身處萬曆年間思潮新穎蓬勃之際，以其具有史官修養的學問背景而言，他對於學術文化界的變遷，並不陌生，他說：

> 成弘間，師無異道，士無異學。程朱之書立於掌故，稱大一統，而修詞之家，墨守歐曾平平。爾時文之變而師古也，北地始也。理學之變而師心也，自東越始也。北地猶寡和，而東越挾勛名地望以重其一家之言，濂、洛、考亭，幾為搖撼。（《容台集》卷 1〈合刻羅文莊公集序〉）

明初，儒學以朱熹、文章以北宋古文家為尊的大一統，到明中葉文壇上復古浪潮由北方京城傳開，而思想界陽明心學由浙中崛起，心學一起，所向披靡，足以使原先大一統地位的朱學，搖搖欲墜。董其昌在同好傾向心學的新氛圍中，亦表現出其不附時趨的當代精神：

> 往王長公（王世貞）主盟藝壇，李本寧（李維禎）與之氣誼，聲調甚合。董公（董其昌）方諸生，嶽嶽不肯下，曰：神仙自能拔宅，何事傍人門戶間？（陳繼儒〈容台集序〉）

王世貞自李攀龍去世後，成爲主盟文壇長達二十年的領袖，當時任何一位學者，若無其支持，幾乎不可能確立地位，王這種支配文壇的優位地位，使之贏得大批的追隨者。董以一諸生晚輩的身分，不肯師事，不應視作其年輕氣盛的負氣話，而在美學理念上，與王有著基本的差異。一般來說，王世貞的文學主張，大致可以「文必秦漢，詩必盛唐」的格調說簡括之，這個見解，董則有明顯的不同，他對古文的看法：

> 夫八家者，材人人殊，乃其淵源所漸，則皆宗經也。……自德靖而後，士務速化好鈞奇，於是置經術弗問，而取秦漢諸子之文句，比字櫛以相色澤，曰是可超唐宋之乘吁？（《容台集》卷1〈八大家集序〉）

對當時崇尚秦漢文句風氣之不滿，並歷數八大家各自的優點。至於詩觀如何？

> 唐自元和以後，詩人之變已盡，惟瘦字一家法，靈光獨存。孤梅、怪石，老鶴三物相配，爲浪仙所割據，非昌黎具頂門眼，誰能格外玄賞？……兩間靈氣，亦自無多，如昌黎、浪仙入定起定，時隱時顯，如萍水之相失於江海而復相值。……（《容台別集》卷2〈跋浪仙記〉）

推許中唐韓昌黎與賈浪仙的奇格，這又明顯與七子們所主詩自大曆元和以下不足觀的想法相異。對於繪畫亦然，董中年後所提的南北宗說，主以元畫爲新正統，與王世貞重宋畫格調的史觀大異其趣。由此可知董其昌不肯師事王世貞，是有著美學理念上的差距。

　　雖然元畫早在沈周、文徵明吳派興盛的明代中期，已受到畫家們的重視，而到了董其昌手中，重元畫則被擴大爲美學意識的層次。它可視爲董其昌同意公安派文學理論家們，要求作品能獨立且真誠地表現自我，以求得個人理想的一種反映。〔註63〕董的新審美情趣，已成爲一個通過對傳統同化而異化的過程中所締造繪畫新正統的基礎。由於他有非常清晰的藝術見解（詳見本論文四、五兩章），因此，他有充分理由拒絕追隨當時權勢與威望中心的王世貞，他的美學新主張，恰與萬曆間的新思潮合流而融匯。

　　由王學以及達觀大師直捷的禪學路子所啓悟的文化圈，在萬曆年間風起雲湧。對禪學與左派王學的探索興趣，加上對傳統因襲僵化現況的不滿，是

〔註63〕有關董其昌重元畫，可視與公安派文學理論精神一致的說法，請詳參 Ho Wai-kam, "Tung Ch'i-Ch'ang's New Orthodoxy and the Southern School Theory", in Artist and Art, Mass.: Princeton University Press, pp.113-129, 1975.

聚合這群人的主要力量。泰州學派羅汝芳「赤子之心」的理念被李贄應用在文學美學上，進一步發展成對當時文藝思潮影響深遠的「童心說」，此理論被袁氏兄弟擁戴且宣揚應用著，並以之作爲對抗稍早泛濫流行之復古主義的有力學說。湯顯祖與董其昌分別以此締造了嶄新的戲曲與繪畫美學，他們皆以爲文藝的本質乃出於人類的自性，文藝的創作，應是人類自性表現的最佳方式。這股萬曆年間的新思潮，正是驅動晚明文化美學的最大力量。〔註64〕

第四節　董其昌逸品觀所蘊含之晚明文化精神

董其昌心中逸品的最高典範是倪瓚，而他對倪畫特質的掌握，正是其逸品觀的表白，以下錄三則引文作爲鳌析的開端：

> 迂翁在勝國時，可稱逸品。昔人以逸品置神品之上，歷代惟張和可無愧色。宋人中米襄陽在蹊徑之外，餘皆從陶鑄而來。……獨雲林古淡天然，米顚後一人而已。（《畫旨》）

> 倪迂……一變古法以天眞幽淡爲宗，要今所謂漸老漸熟者，若不從北苑築基，不容易到。縱橫習氣即黃子久未能斷，幽淡兩言，則趙吳興猶遜迂翁，其胸次自別也。（《畫旨》）

> 雲林畫法，大都樹木似營丘寒林，山石宗關仝，皴似北苑，而各有變局。學古人而不能變，便是籬堵間物，去之轉遠，乃繇絕似耳。（《畫旨》）

倪之爲逸品，因其具有許多寶貴的特質。他的畫技如樹木、山石、皴法等，廣學古人而能有變貌，故雖從陶鑄來，卻能去除摹擬前人蹊徑的習氣。此外由於其技法熟練到達精純的程度，故由漸老漸熟反而轉出意境上的幽古天眞與平淡，這種轉化乃得之於他有一份超然人品的胸懷。如此可簡單歸納出董其昌所詮釋逸品精神的特質爲：

1. 學古而能變的「離合說」。
2. 縮合超然人品的「主淡說」。

本節將探討董其昌這兩個逸品特點的內涵，以及其透射到晚明思潮中所具有的文化精神。

〔註64〕關於晚明文化美學的詳細闡述，請參見同註 44，Pei-kai Cheng（鄭培凱）論文。

第一部分　離合說：禪悟的共同體驗

（一）由「合」到「離」的創作過程——「離合」乃逸品創作方法論之基礎

倪瓚從陶鑄來而能出蹊徑之外，這是怎樣的一種過程呢？

> 畫之要須蘊釀古法，落筆之頃，各有師承，略涉杜撰，即成下劣，不入具品。（《容台別集》卷1〈題唐宋元名人眞跡畫〉）

> 學書不從臨古入，必墮惡道。（《容台別集》卷4「書品」）

> 書家之結字，畫家之皴法，一了百了，一差百差，要非俗子所解。（同上）

這是要求所有學書習畫者的入門——從臨古開始，準確地去符合古法中書家的結字與畫家的皴法，如果一開始不依古法，則容易走火入魔，誤入歧途。這是第一步，其次呢？

> 倪迂一變董巨，自立門庭，眞所謂逸品在神品之上者。（董題倪〈漁莊秋霽圖卷〉）

> 巨然學北苑，元章學北苑，倪迂學北苑，一北苑耳，而各不相似，他人爲之，與臨本同，若之，何能傳世？（《畫旨》）

學古人之後，要能有所變，能將古人的痕跡化掉，自成一格，無論書畫，都必須將拘守古人形骸的態度放鬆，才能以脫胎於古人的自我面貌傳世，亦才成其爲超越神品的逸品。董自己臨書，便是抱著這種原則：

> 臨鍾王帖三紙，以無帖本相對，故多出入，然臨帖正不在形骸之似也。（《石渠寶笈初編》卷5〈臨鍾王帖卷〉）

> 臨古人書，要在神會意得耳。此數帖，余臨仿一生，十得之三四，然脫去拘束之習。（《壯陶閣書畫錄》卷12〈臨古卷〉）

要以神會意得，超越於古人的形骸之外。若只一味守古而不知變，只求師法而不知取捨長短，這就成了古人的奴隸了：

> 吳興此圖，兼右丞、北苑二家畫法，有唐人之致去其纖，有北宋之雄去其獷，故曰師法舍短。亦如書家，以肖似古人不能變體，爲書奴耳。（《容台別集》卷6〈趙孟頫鵲華秋色卷〉）

吳興之圖，得致去纖，得雄去獷，因能師法舍短，故頗有可觀。但對於其書法，董則不甚滿意，理由何在？

> 晉人書取韻，唐人書取法，宋人書取意。或曰：意不勝於法乎？不
> 然，宋人自以其意爲書耳，非能有古人之意也。然趙子昂則矯宋之
> 弊，雖己意亦不用矣，此必爲宋人所訶，益爲法所轉矣。（《容台別
> 集》卷4）

在此強調古人之法縱不可去，然亦不可死守，趙孟頫因過於崇法，而犧牲了
己意而不用，這已墮入「爲法所轉」的迷途中。董的批評「不用己意」，正是
趙書法的病處：「趙吳興受病處者，自余始發其膏肓，在守法不變耳。」（同
上卷5）而「守法不變，即爲書家奴耳。」（同上卷4）既然守與變之間有如
此的辯證關係，對於「法」，董其昌則同樣也要人盡之而後捨，對於捨法，他
有個精妙的譬解：

> 甚矣，捨法之難。兩壘相薄，兩雄相持，而俠徒劍客，獨以魚腸匕首，
> 成功於枕席之上，則孫吳不足道矣。此捨法喻也。又喻之於禪，達摩
> 西來，一門超出，而億劫修持三千相，彈指了之，舌頭坐斷，文家三
> 昧，寧越此哉？然不能盡法，而遽筆捨法，則爲不及法。……故其遊
> 戲跳躍，無不是法，意象有神，規模絕跡。（《畫禪室隨筆》評文）

徒俠劍客之流，以魚腸纖薄的匕首睡中行刺，這個高難度需伺機而變的行動，
並非僅能熟頌兵法，知曉戰陣排列者所能擔任。又經由億萬劫難修持而顯得
的三千世界相，在禪宗祖師達摩彈指之頃，便輕易了悟。這些特例，在表相
上看來似乎捨棄了法度，但實際上，卻是窮盡了法度之後的超越表現。如果
沒有先前窮研盡法的準備，而遽然捨法，那是連法的邊都還沾不上的。

從評文、論書與論畫的文字看來，董實有一致的意見。一個穎悟的藝術
家，掌握了前人所留下法的珍貴遺產之後，他還需加以融裁變化，達到隨心
所欲，入法而出法的自由。

從古人入——「如與古人有合」（董作〈仿郭忠恕溪山行旅圖軸〉），又
能從古人出——「正爲離以取勢耳」（《容台別集》卷4雜記），這就是董所
謂的「需參離合二字」（同上）。合而後能離進而超越，這正是逸品在方法論
上的基礎。

董雖與前後七子的復古理念不相一致，但與公安派猛烈撞擊復古主義的
態度比起來，他似乎溫和得多。他從來不反對復古，甚至如前所述，他要以
合古人爲第一步，再而以天地造化爲師：

> 畫家以天地爲師，其次山川爲師，其次以古人爲師。（《式古堂書畫

彙考》卷30董〈自題畫幅〉）

　　畫家以古人爲師，已自上乘，進此當以天地爲師。（《畫禪室隨筆》）

爲何師古人不夠，還需以自然爲師？董又說：

> 予嘗論畫家，……最始當以古人爲師，后當以造化爲師。王維、二
> 李、荊、關、董、巨、營丘、龍眠，皆具此二美，遂爲千古絕調。
> 若臨撫不暇，工力無餘，恨而造物不完，但如奴書，何足傳遠？夫
> 師古者，非過古人之言也，不及古人之意也。見與師齊，減師半德，
> 見過于師，方堪傳授，惟以造物爲師，方能過古人，謂之眞師古不
> 虛也。（爲楊繼禮作〈燕吳八景冊〉）

師古人規矩，將永遠及不上古人，要勝過古人之師，只有越過古人，直接向
天地造化取得靈感，才不致困死在古人的範限之下。表面上看起來，董似乎
不過是將王世貞的模仿古代大師，修改成師法造化，將模擬的對象由古人上
推至自然造化，而事實上卻不然，董的意見顯示了與明代正統儒學——朱學
之二元論思想的決裂。〔註65〕與董密切相關的李贄或泰州學派的哲學根源—
—陸王心學，乃反朱學之繁雜，〔註66〕走禪宗明心見性，簡易直捷的路子，
陽明學的起悟何在？

> 居夷處困，動心忍性，因念聖人處此，更有何道？忽悟格物致知之
> 旨，吾性自足，不假外求。（《明儒學案》卷10〈姚江學案〉）

陽明由此得悟格物致知之旨，遂將朱學向外馳求物理的修養，轉而向自己內
心去體悟，宇宙萬象萬理，僅僅在於人的心靈之中。如此一來，董其昌所謂
的師自然師萬物，其實就是師自己心靈的眼：

> 予素有畫癖，年來見荊、關諸家之跡，多苦心仿之，自覺所得儘在
> 形骸之外。煙霞結夢，歲月不居，……頗鍾翰藝之趣。將飽參石岳，

〔註65〕此乃參考同註63何惠鑑一文的說法。何先生並未明言二元爲何？蓋朱學重在
　　　格物致知，勉人努力去格求萬事萬物之理，於是有一個「能」格的我心，與
　　　「所」格的物理，心與理判然相對，故稱二元。

〔註66〕明代理學的發展，的確產生了程朱到陸王的轉變。《明史》云：「原夫明初諸
　　　儒，皆朱子門人之支流餘裔，師承有自，矩矱秩然。曹端、胡居仁，篤踐履，
　　　謹繩墨，守儒先之正傳，無敢改錯。學術之分，則自陳獻章、王守仁始。……
　　　宗守仁者曰姚江之學，別立宗旨，顯與朱子背馳，門徒遍天下，流傳逾百年，
　　　其教大行。……嘉隆而後，篤信程朱，不遷異說者，無復幾人矣。」（《明史》
　　　卷282〈儒林傳序〉）這段敘述，由明初朱學獨尊的局面，到世宗嘉靖、穆宗
　　　隆慶年間，已由陸王的心學取代而成爲時代新思潮。

> 偃息家山時，命奚奴以一瓢酒、數枝筆，相從于朝嵐夕靄、晴峰陰
> 壑之變。有會心處，一一描寫，但以意取，不問眞似。如此久之，
> 可以驅役萬象，鎔冶六法矣。（爲楊繼禮作〈燕吳八景冊〉）

與自然萬象相從，畫家所要進入筆下的，並非忠實地刻畫，而是以心意去剪
裁，呈現在畫幅中的，是畫家以自己心靈驅役而得的萬象。以畫中世界而言，
畫家心靈之外，別無實存的事物，畫家自己就是造物者本身。由此可知，董
其昌以天地造化爲師，其實就是以自己的心靈爲師，「合」古人，「離」古人，
最後則要歸依於自己。

（二）禪學的體驗

從學習古人處出發，得到創作的資糧，厚實創作的基礎，終究還是要超
越模仿古人的層次，擺脫學習傳統的一切束縛與依賴，進而達到隨心所欲的
自由展現。這種以「離合」的辯證過程來跳躍模仿與創作間的美學理念，很
可能來自禪學的體驗。〔註67〕董其昌在萬曆甲寅年（四十二年）六十歲時，
曾提出一篇以禪悟闡釋「離合說」的重要文字：

> 大慧禪師論參禪云：譬如有人具萬萬貲，吾皆籍沒盡，更與索債。
> 此語殊類書家關捩子。米元章云：如撐急水灘船，用盡氣力，不離
> 故處。蓋書家妙在能合，神在能離，所欲離者，非歐、虞、褚、薛
> 諸名家伎倆，直欲脫去右軍老子習氣，所以難耳。那吒拆骨還父，
> 拆肉還母，若別無骨肉，說甚虛空粉碎始露全身？晉唐以後，惟楊
> 凝式解此竅耳，趙吳興未夢見在。余此語悟之楞嚴八還義，明還日
> 月，暗還虛空，不汝還者，非汝而誰？然余解此義，筆不與意隨也。
> 甲寅二月。（《畫禪室隨筆》評法書）

這段敘述「妙在能合，神在能離」的文章，其中用以闡明「離合」要旨的典
故有四：

第一、大慧禪師的參禪體悟
第二、米芾的書學比喻
第三、哪吒拆骨還父，拆肉還母的旨意
第四、楞嚴八還之義

〔註67〕關於董其昌的離合說悟自禪學體驗的觀點，參考自註63何惠鑑之文，以及曾
藍瑩〈董其昌的書學理論與實踐——以吉林省博物館藏『畫錦堂記』爲例〉（《藝
術學》第六期，1991）。

其中第一個與第二個典故爲一組相關的義涵，第三個與第四個典故另成一組相關的義涵，以下分別論述之。

　　第一組典故所欲陳述的義涵爲何呢？先從書學比喩那段話開始解析，米芾所說「如撐急水灘船，用盡氣力，不離故處」，所顯示的正是北宋書法家蔡襄的書學歷程，歐陽修與蘇軾均曾提過類似的說法：〔註68〕

　　　往年予嘗戲謂：君謨（蔡襄）學書如泝急流，用盡氣力，不離故處。

　　　君謨頗笑以爲能取譬。（歐陽修語）往年予嘗謂君謨言：學書如泝急

　　　流，用盡氣力，不離舊處。（蘇軾語）

在急流中撐船逆溯，用盡了氣力，遠抵不過湍急而下的水流，只得任船原處打轉，不能移離寸步。蔡襄在書藝上必曾遭致難以突破的瓶頸，而予友人如此的調侃。但這種境況與大慧禪師的典故有何關係？有關大慧禪師〔註69〕參禪的體悟，董其昌在另一則文字中，有較詳細的敘述：

　　　大慧師曰：猶如籍沒盡，更向汝索錢貫，此喻更佳。今有窮子，向

　　　大富長者稱貸錢刀，儼然富家翁，若一一償子錢，另有無盡藏，乃

　　　不貧乞，否則依然本相耳。（《石渠寶笈續編》〈董其昌論書〉）

這裡的大義是說，即使一個富翁，任由窮人一一討索，到家財盡沒，索債不斷的地步，除非他有一處無盡的寶藏，可使他不虞匱乏，不致淪爲赤貧，否則家產散盡後，所呈現的便是如窮人一般貧乞的面貌了。急水撐船，不離故處，與籍沒盡，更與索債一樣，都在提示一種極爲窘困的絕境。

　　董第一組所提述窘困絕境義的困惑，要以第二組所提典故的義涵加以解決。在封神演義中，哪吒太子因龍王奏准玉帝捉拿其父母，而自己剖腹剜腸，剔骨析肉還於父母而死，這個典故源自宋代的《五燈會元》：

　　　那吒太子析肉還母，析骨還父，然後現本身，運大神力，爲父母說

　　　法。（宋釋普濟《五燈會元》卷2，文淵閣四庫本子部釋家類）

哪吒乃毗沙門天五太子之一，爲守護神佛教之善神。本具五頭六腕，後嘗析

〔註68〕米芾此話眞正的出處不詳，而歐、蘇兩人的說法非常接近，顯示蔡襄書藝所遇的狀況，在蘇黃米當代的文友圈中人盡皆知，如此則旁證得知米芾所喻應爲蔡君謨的書學歷程。歐、蘇引文轉引自同上註曾文。

〔註69〕大慧禪師，南宋著名禪僧，法名宗杲，爲臨濟宗楊岐派僧。辯才縱橫，平日致力鼓吹公案禪法，其禪法被稱爲「看話禪」——即以考察公案、話頭而開悟之禪法。遺有《大慧語錄》、《正法眼藏》等書。參見釋慈怡主編《佛光大辭典》（佛光，1989）「大慧宗杲」條。

骨還父，析肉還母，現其自身之相，並以大神力爲生身父母說法。另一則有關哪吒的對答：

> 問：那吒析骨還父，析肉還母，如何是那吒本來身？師放下拂子。(《五燈會元》卷5)

哪吒既以全身還報父母，則其自身乃呈無物無我狀態之本來身，此一本來身始爲哪吒本來之自己。此則公案中，禪僧不解本來身之意義，猶問哪吒太子自身到底爲何？可見該僧非但不明瞭自己之究竟爲何？亦絲毫未能明瞭本來身乃無物無我之實態，故禪師僅以「放下拂子」的動作答之，不予以任何文字言辭的詮釋。〔註70〕董其昌對這段禪宗典故的理解，與《首楞嚴經》中的八還義相互連結。

楞嚴八還義該段文字的源起，乃佛對阿難尊者的開示。當阿難執著佛所說法音以爲己心時，佛立以指月譬說，有人以手指月時，吾人應順手指方向而得見月體，如果只觀手指就以爲看到了月體，則吾人不但錯見月體，也失去了以手指向的意義，這就好像執著佛的法音以爲見到了自性一樣。至於自性的存在，又譬如有客人暫住旅亭，終將離去，而掌亭人永遠不去，故名亭主。人心亦然，當旅店客人一一各還其歸處後，那唯一不離去的亭主就是本心了。緊接著上述的詮便，阿難又提出了「若我心性各有所還，……妙明元心云何無還」的疑惑，請佛爲其宣說。接下來佛的開示，即是董其昌所引用的楞嚴八還義：

> 佛告阿難，……汝應諦聽，今當示汝無所還地。阿難，此大講堂，洞開東方，日輪昇天則有明耀，中夜黑月，雲霧晦暝則復昏暗，戶牖之隙則復見通，牆宇之間則復觀擁，分別之處則復見緣，頑虛之中遍是空性，鬱桲之象則紆昏塵，澄霽斂氛又觀清淨。阿難，汝咸看此諸變化相，吾今各還本所因處。云何本因？阿難此諸變化，明還日輪，何以故？無日不明，明因屬日，是故還日。暗還黑月，通還戶牖，擁還牆宇，緣還分別，頑虛還空，鬱桲還塵，清明還霽。則諸世間一切所有，不出斯類。汝見八種見，精明性當欲誰還，何以故？若還於明，則不明時無復見暗，雖明暗等種種差別，見無差別。諸可還者，自然非汝，不汝還者，非汝而誰？則知汝心本妙明淨，汝自迷悶喪本受輪，於生死中常漂溺。(唐天竺沙門般剌密帝譯

〔註70〕本段乃投子禪師與另一禪僧的對答，詮釋內容參自同上註《佛光大辭典》「哪吒析骨還父」條。

《大佛頂如來密因修證了義諸菩薩萬行首楞嚴經》卷第2）

佛這段開示阿難的內容，在於舉出塵世八種現象，可分別找出其所以發生的來歷，如明來自於日輪，暗來自於黑月，因戶牖而感通暢，因牆宇而覺擁塞等等。每種現象均變動不居，只要將變化相各自歸還其來歷處，則知本來並無差別。如此可推知宇宙萬象，皆出以不同因緣聚合而成的狀態，因緣之原始，本無種種差別相。佛又說，那些因緣聚合的變化相，皆可一一加以還回，宇宙除萬般諸相之外，尚有一種無法歸因變化諸相的本體在，是什麼呢？佛說，種種可一一歸還回去的，當然不是你，不能歸還回去的，不是你是誰呢？

董其昌於是在文末，將哪吒太子與楞嚴八還義結合起來說：

> 那吒拆骨還父，拆肉還母，須有父母未生前身，始得楞嚴八還之義，
> 所謂明還日月，暗還晦昧，不汝還者，非汝而誰？（《石渠寶笈續編》
> 〈董其昌論書〉）

那吒能夠在剔除骨肉之後，還能現身為父母說法，必具有一未生之前的本身，即他在前文所說：「若別無骨肉，說甚虛空粉碎，始露全身？」至此，則將哪吒太子的現身，與楞嚴八還義連結而上。董在第二組義涵的處理，便是由拆骨肉還父母之哪吒現本身典故的導引，進而悟出楞嚴八還義，追得該文內容精義所在——「不汝還者，非汝而誰？」由此證明宇宙的根柢，有一實存的本體在，找出本體的我，藉此以作為書畫美學「合而離之」後的依歸。

我們再回頭看董如何以此詮釋書學？

> 此語余以論書法，待學得右軍、大令、虞、褚、顏、柳，一一相似，
> 若學二王皮肉，還了輒無餘。若學右軍之靈和、子敬之俊逸，此難
> 描難畫處，所謂不還者是汝也。（《石渠寶笈續編》〈董其昌論書〉）

學書者從羲、獻、虞、褚、顏、柳借得皮肉與面貌，若一一將這些皮肉面貌還原回去，所剩無物。如果在表相之外，悟得了他們難以描畫的靈和俊逸之氣，融成一己的精神，那麼，在一一剔除外貌，還原回去到最後再還不回去的，就是「我」了。

在董其昌這段闡明「離合說」極為重要的美學論文中，以大慧禪師「籍沒盡，更與索債」，表示一無所有的絕境，與米芾所舉蔡襄書學「如撐急水灘船，用盡氣力，不離故處」，表示停滯不前的困窘，當面臨這兩種藝術上的苦境時，應如何解脫呢？董復以哪吒現身與楞嚴八還義來提示，促使人去找出宇宙的本然，練就成每個人父母未生前的本我，這就是董其昌「妙在能合，

神在能離」的譬解。「合」於古人尚且容易，要「離」掉名家之伎倆，脫去名師之習氣則甚難，故勉人要「開得一無盡藏」，以顯現不還之「汝」身。

　　藝術創作，在以離合的過程，迫現出創作本我的真貌，這個真貌在萬有中，是絕無僅存的，其所具有超越一切型範的精神，即為董其昌「逸品」觀的真諦。

（三）「離合說」所蘊含的晚明文化精神

　　上文以「離合」的過程，闡明逸品其超越精神顯出真我的義涵，乃董其昌得自哪吒太子拆骨肉還父母「須有父母未生前身」，以及《首楞嚴經》中對照於八種變化相而「不汝還者，非汝而誰」這兩種佛教典故的體悟，顯然由父母而來的哪吒，與明、暗、通、擁等諸變化相是「已生」，而剔除骨肉之後的哪吒，就是「不汝還者」的「未生」，由「已生」、「未生」這套相對概念引發的探討，正是晚明一項熱門的話題，〔註71〕「二大教主」達觀與李贄均有所觸及。

　　達觀在他的禪悟經驗中，曾遇此問題：

> 師遊五台，至峭壁空巖，有老宿孤坐，師作禮，因問：一念未生時
> 如何？宿豎一指。又問：既生後如何？宿展兩手。師於言下領旨。（憨
> 山德清著〈達觀大師塔銘〉）

尊宿向達觀所提示的，正是六祖慧能立「無念為宗」的禪機：

> 善知識，我此法門，從上以來，先立無念為宗，無相為體。無相者，
> 於相而離相；無念者，於念而無念；無住者，人之本性。善知識，於
> 諸境上，心不染曰無念，於自念上，常離諸境，不於境上生心，所以
> 立無念為宗。……云何立無念為宗？……於境上有念，念上便起邪
> 見，一切塵勞妄想，從此而生。自性本無一法可得，若有所得，妄說
> 禍福，即是塵勞邪見，故此法門，立無念為宗。善知識，無者無何事？
> 念者念何物？無者無二相，無諸塵勞之心，念者念真如本性，真如即
> 是念之體，念即是真如之用。（《六祖壇經》「定慧品」第四）

達觀雲遊至此向峭壁中尊宿請益，尊宿以一指說明未生一念時的真性，此真性乃慧能所謂不在境上生心，諸境不染的無念境界，無任何執著而分別的妄相。再問一念既生後如何時，尊以兩手十指代表因生念之後所衍生出的種種

〔註71〕由離合說而釐析出「已生」、「未生」一套相對概念的說法，參自同註35曾藍
　　　　瑩論文。

執著妄相，此亦慧能所謂境上有念，一切塵勞妄想從此而生。對於執著妄相
與念頭有無產生的關係，達觀亦了然於心。他用形象生動的比喻，言其對「無
念之念」的體悟：

> 無心頂缽，缽無輕重；有心分別，缽重不勝。由是而觀物我本無，
> 分別建立。……萬法無法，心生橫有，生死煩惱，亦復如是。(《紫
> 柏尊者別集》卷2〈什祖頂缽偈〉)

缽之輕重，乃因人之有心分別而成，物我本無差別，惟因一念之生而建立了
分別，萬法本無，亦因心生而為萬有，世間煩惱諸相，同樣亦是如此產生。

李贄也有相近的看法：

> 反照未生前，我心不動移。(《焚書》卷6〈哭耿子庸〉)

> 一動一靜，原不是我，莫錯認好，父母已生後，即父母未生前，無
> 別有未生前消息也。見得未生前，則佛、道、外道、邪道、魔道總
> 無有，何必怕落外道乎？(《焚書》卷4〈觀音問〉『答自信』)

> 既說父母未生前，則我身尚無有，我身既無有，則我心亦無有，我
> 心尚無有，如何又說有佛。苟有佛，即便有魔，即便有生有死矣，
> 又安得謂之父母未生前乎？(同上『答因明』)

李贄以「父母未生前」為一個渾沌眞純的狀態，無我身、我心，無一切生死
煩惱是非定見，無佛外邪魔諸道種種之分別。即便有「父母已生後」之身，
仍可以不動移之心，反照「父母未生前」那未經割裂的渾然整體，揭除「父
母已生後」逐步形成的拘執障蔽，求得眞道，若有此一參透工夫，則「父母
已生後」與「父母未生前」可同顯一樣眞樸的狀態。

　　由「已生」、「未生」之概念所導出達觀與李贄的禪學修養，皆使其悟出
「無生」指實體性的佛性、涅槃、法身永恒不變或無生滅，而「有生」則指
在壽命有分限、形體有段別、輪迴流轉於六道眾生中的凡身。〔註72〕故兩人
因冤獄在獄中所表現出一為坐化，一為自了的方式，或許就是李贄所言：「古
人以有身為患，故欲出離以求解脫」的具體表現，對禪的修與悟，達、李二
人可謂終究以親身踐之。有學者以為董其昌非一思想家，與禪相關的理論，
只是「播弄」禪罷了，並未眞正參透。〔註73〕吾人以「播弄」禪學的角度檢

〔註72〕關於李贄的佛學思想，請參見同註55，王煜〈李卓吾雜揉儒道法佛四家思想〉
　　　　一文。
〔註73〕此說參見吳因明〈晚明江南佛學風氣與文人畫〉，《新亞學術年刊》第2期，

視其美學理論之關脈，發現董喜愛援引禪學作爲其美學資糧，的確是不爭的事實。

達觀、李贄分別勉人返回到「一念未生」與「父母未生前」的本心，力戡「一念已生」與「父母已生後」的種種變化相，這與董其昌在美學上所提出離合的觀念，同具有晚明的時代意義。

第二部分　主淡說：以雅化俗、絕假存眞的文化理想

如前所述，走直捷禪路數的達觀，受到陽明學派主良知赤子之心影響的李贄，以及崇慕李贄的湯、袁等文壇新秀，他們由「（一念、父母）未生前」的觀念悟出了童心般眞如自性的可貴，去除「（一念、父母）已生後」的種種分別妄相，在文學上同樣要返回性靈之初，破除格套、形模、聲律等拘執自然的人爲束縛，董其昌的離合說，便是將此思想上的解悟，應用到書畫創作的理念上。「未生前」是未經人爲分化的初始狀態，即李贄所謂的童心（按上文已引），乃童子未經道理聞見灌輸浸染的本心，是絕假存眞之心，亦即是自然的情性。〔註74〕公安派文學理論則直承童心說，提出「不拘格套，獨抒性靈」，主張文學之趣，「得之自然者深，得之學問者淺」，讚揚俚俗文學爲「眞人眞聲」，具有「任性而發」的特質。湯顯祖亦本此而高舉「人生而有情」，以情爲人之自然本性。這些珍視童心、講究性靈、標舉情趣的態度，就是揄揚自然而然、貶抑人工矯飾的時代精神。董其昌則將此精神，貫通至書畫美學上，爲書畫找出自然而然出於天性的本質——「淡」。

（一）人品之淡

董其昌的淡、平淡、古淡、天眞，原是由北宋末年米芾畫論首倡的「平淡天眞」而來，董汲取米的畫學資源，又將範圍擴大到書、畫、詩文，甚至人物的品評上，不僅是董其昌「逸品」兩大重要內容之一，更是其美學架構的一個重要基幹。他主淡的美學觀，乃從人品出發，結合創作過程二而一的理念。先由人物品評出發：

1960。

〔註74〕李贄說：「故自然發於情性，則自然止乎禮義，非情性之外復有禮義可止也，惟矯強乃失之，故以自然之爲美耳。又非於情性之外，復有所謂自然而然也。……然則所謂自然者，非有意爲自然，而遂以爲自然也。」（《焚書》卷3〈讀膚律說〉）李贄的童心說，其實即標舉自然情性。

> 昔劉邵人物志，以平淡爲君德，撰造之家有潛行眾妙之中，獨立萬
> 象之表者，淡是也。世之作者，極其才情之變，可以無所不能，而
> 大雅平淡關乎神明，非名心薄而世味淺者，終莫能近焉。談何容易，
> 出師二表，表裡伊訓，歸去來辭，羽翼國風，此皆無門逕，質任自
> 然，是之謂淡。……遊乎自然之途，而化其鎔裁之跡，則文品之最
> 眞者。(《容台集》卷 1〈詒美堂集序〉)

以劉邵人物志中品評人物的平淡作爲衡量人品而至詩文的標準，所謂的人物
平淡，是指名心薄，世味淺，無名利巧機的人品，由此人品流露出的藝術作
品，便能化去鎔裁之跡，無門無逕，質任自然，由是以人品胸次決定藝術創
作之優劣。如此我們便能理解王詵何以能進入文人畫之列：

> 余得蘇東坡先生遺王晉卿卷及西園雅集圖，知蘇門四友之外，即有
> 晉卿不得詩畫當行。而脫屣富貴，超超塵外，故以駙馬都尉，不能
> 安於朝。(《容台別集》卷 2〈跋王鑑心藏卷〉)

王詵身爲駙馬都尉，而能脫軼富貴習氣，故其詩畫作品能超超塵外，具有脫
俗的氣質。

　　董其昌之前的元四家名單爲王世貞(《藝苑卮言》)、屠隆(《畫箋》)所提
出──趙孟頫、吳鎮、黃公望、王蒙。到了董其昌則有了新變化，他在四大
家中，加入了倪雲林，刪去了爲首的趙孟頫，其中最重要的因素，是人品胸
次。他對趙倪二人的比較如下：

> 倪迂……一變古法以天眞幽淡爲宗，要今所謂漸老漸熟者，……縱
> 橫習氣即黃子久未能斷，幽淡兩言，則趙吳興猶遜迂翁，其胸次自
> 別也。(《畫旨》)

因爲人品胸次幽淡之別，趙孟頫原具有藝術史上的高位，遂以倪高士取而代
之。趙孟頫與倪雲林在元明二代人心中的評價，似有微妙的升降變化。趙的
仕元紀錄與倪的避居江湖，係因於歷史的大環境而來，在當時並不受到特別
的傳揚。隨著明初土木堡之變英宗被俘於夷狄瓦剌的危機感，喚起了明人的
民族意識，仇胡的情緒，遂竄入了民間流傳的故事中，對於漢人仕元的趙孟
頫自然不能同情而產生了負面的評價。基於同樣的理由，在元末可能是爲了
逃避賦稅而不得不棄家遊走江湖的倪雲林，入明後，在民間流傳故事中的地
位卻節節高升，而逐漸成爲逸人高士的典型。〔註 75〕明代以來對於趙孟頫與

─────────────────────

〔註75〕關於趙孟頫因仕元而使藝術地位受到抑制的說法，可以明初李東陽一段話爲

倪雲林事跡，因歷史情境所賦予民族意識的不同詮釋，終於形成董其昌以去趙納倪的方式重組了新「元四家」名單，董其昌的人品說，當然包括了氣節這層因素的考慮。

　　除了對趙倪二人的人品關注之外，董其昌還對晚明於事功、文章、藝術皆甚受矚目的蘇東坡人格高度稱揚。〔註76〕一如李贄所云：

　　蘇長公片言隻字與金玉同聲，雖千古未見其比，則以其胸中絕無俗氣，下筆不作尋常語，不步人腳故耳。(《李溫陵集》卷 2〈又與從吾書〉)

李贄以蘇軾胸中無俗，故下筆能有與金玉同聲的文采，董其昌即循此方向對蘇軾推崇有加：

代表：「趙子昂書畫絕出，詩律亦清麗，其〈黲上詩〉曰：錦纜牙檣非昨夢，鳳笙龍管是誰家。意亦傷甚。〈岳武穆墓〉曰：南渡君臣輕社稷，中原父老望旌旗。句雖佳，而意已涉秦越。至〈對元世祖〉曰：往事已非那可說，且將忠赤報皇元。則掃地盡矣。其畫爲人所題者有曰：前代王孫今閬老，只畫天開八尺龍。有曰：兩岸青山多少地，豈無十畝種瓜田。江心正好看明月，卻抱琵琶過別船。則亦幾乎罵矣。夫以宗室之親，辱於夷狄之變，揆之常典，固已不同，而其才藝之美，又足以爲譏訾之地，才惡足恃哉。」(《麓堂詩話》)而祝允明也有一段質疑其人品的說詞：「惜其才者，謂箕子陳範於革姓也。夫骨餘抱至道，非聖賢誰其畀之？不畀周則茲道萬世絕也。孟頫非茲道已。惜其世者，謂三恪之類也。夫……居賓席守先祧彼此之公也，孟頫臣伏而已。孟頫才藝多爲吾儕師，不可爲君臣之義耳。」(《懷星堂集》卷 11）然趙孟頫在元代，是否屬賣國賊心態而從政，本有可議，而在其詩文中，亦在在表現出身當鉅變，入山歸隱的畢生志願，即使在趙所處的元代，亦少見對其人品的質疑，這種新見解，應是明代仇胡情結之下的產物。關於趙孟頫被抑制的原因及對其人品的再評價，請詳參徐復觀著《中國藝術精神》(學生，1973)第十章〈環繞南北宗的諸問題〉第五節「趙松雪畫史地位的重估」。另外，倪雲林在元末的朝政下，由於爲富戶，經常受到官府各種名義的征稅，因不堪其擾，故棄家逃竄於江湖間，以避徵稅之役。然而這樣避居江湖的遭遇，到明朝，則去掉了史實的一面，成爲倪高潔的象徵。他的傳奇，在明代末期之後，愈加美化，甚至由顧元慶廣搜傳說，編成了《雲林遺事》，將倪在飲食寢居待人應世各個面向，強調其脫於塵俗的人格特質，成爲千古高人逸士的最佳典範，亦有以民族英雄的姿態視之。這與趙孟頫的情況正好是個兩極化的例子，有關倪雲林的傳記研究，請詳參陳高華著《元代畫家史料》(上海人民，1980)。倪雲林與趙孟頫在元明兩代地位的升降，是個值得探討的文化問題，本文限於時間與精力，尚無能深究，以俟來日。

〔註76〕蘇東坡爲晚明人所喜愛的程度，表現在東坡文集廣爲坊間刊刻編選的盛況上，關於詳細的情形，詳參陳萬益著〈蘇東坡與晚明小品〉(收於其著《晚明小品與明季文人生活》，大安，1988)。

　　東坡先生謂顏魯公忠孝大節，乃令人與書畫小人並稱，可爲一恨。
（《容台別集》卷2〈跋張東海慶雲堂帖〉）

　　蘇子瞻嘗恨顏魯公忠義大節，唐世偉人而與書畫者流同置評論，此
自有識。然子瞻書法妙絕當代，墨竹一派出文湖，五百年來稱爲獨
步，文章氣節不以書畫掩。（同上〈跋王太史畫〉）

蘇東坡對顏魯公具忠義大節〔註77〕卻躋身書畫者流的慨歎，董其昌以蘇軾的
成就爲例提出新看法，認爲東坡的書法與墨竹皆極妙絕，他的文章氣節不以
書畫掩，人品與藝術不必然衝突，更可雙美：

　　顏清臣（按指顏魯公）忠義大節，唐代冠冕，世人以其書傳。蔡元
長（按指蔡京）書法似米南宮，以其人掩書。兩傷、雙美，在人自
擇耳。（《容台別集》卷5）

忠義大節與書法可爲雙美，顏魯公與蘇東坡均可當之，董藉黃山谷之口，表
達對蘇軾人品文章的推崇：

　　黃山谷評東坡先生書，謂其挾以文章妙天下，忠義貫日月之氣，當
爲宋朝第一。（《容台別集》卷2〈跋張東海慶雲堂帖〉）

　　黃涪翁謂子瞻書當爲當代第一，爲其挾以文章忠義之氣耳。（《容台
別集》卷5「書品」）

董其昌除了對蘇軾人品氣節極高的評價外，黃山谷對於蘇東坡的情誼，亦有
深切的感動：

　　今日偶讀山谷老人題跋，隨意書數則，其推挹東坡，千古交誼可想。
李伯時、米元章，皆叛公於追論元祐黨籍之日，當時物論薄之，人
益以此重山谷。世人以須臾富貴而賣友排賢，至有助之羽翅而反戈
相向者，其於忠孝大節，何有也？丙辰二月之望，偶書此，一似詩
識。是年八月二十日，重題志慨。（《容台別集》卷4）

本段文意，顯示了董對於文人之間的友誼，甚是珍惜，對於那種爲了眼前富貴
而背棄友誼，甚至反戈相向的作法，大爲不齒，李公麟、米芾於此遭到董的不

<hr>

〔註77〕《新唐書》記載曰：「當磔山反，哮噬無前，魯公獨以烏合嬰其鋒，功雖不成，
其志有足稱者。晚節僨寒，爲姦臣所擠，見殞賊手，毅然之氣，折而不沮，
可謂忠矣。……當時不能盡信於君，及臨大節，蹈之無貳色，何也？彼忠臣
誼士，寧以未見信望於人，要返諸己得其正，而後慊於中，而行之也。嗚呼！
雖千五百歲，其英烈言言，如嚴霜烈日，可畏而仰哉？」（列傳第78〈顏眞卿
傳〉）史家評其有如嚴霜烈日般忠義大節的高尚人格。

滿。原因起於北宋哲宗元祐年間，蘇軾捲入新舊黨爭而遭致再三貶謫，這段時日裡，米芾並不如黃山谷一般，因昔日友誼而肝膽相照予以支持，反而和屬於新黨的蔡氏兄弟交遊熱絡，〔註78〕米芾如此背棄友誼，反戈相向的作風，自然引起了董其昌的不滿。本段文末，董所謂的「一似詩讖」所指何意？題識記年爲丙辰，該年爲萬曆四十四年（1616 年），董六十一歲，於二月之望初次題識之後，董又第二度對這段題文發慨，已是八月，並視此段題文如詩讖。原來二月至八月之間，在董的生命史中，發生了一件大事，那就是震驚松江地區的「民抄董宦」事件。〔註79〕當年三月中旬，由於董氏家僕陳明因一婢女之細故，糾眾打毀陸生員家，又因流言謗諍而強辱民女的接連事端，使得當地三縣縣民群情激憤，共稱報仇，夥同前往焚燬董宅，董氏家資與收藏皆付之一炬。董爲此事件全家棄逃並往來訴訟，歷半年餘，事件才得以平息。這件醜聞使得堂堂一介朝廷重臣，遭致極爲難堪的打擊，一方面家業大量焚燬，另一方面還得四處奔走求告。這段期間，雖有好友代爲平息獄訟，並提供逃難寓所，想必亦曾遭遇昔日友輩冷漠的拒絕，對人情冷暖必有深刻的感觸。

明白了董在三月所遭遇的人生挫折之後，「一似詩讖」之說實即民抄董宦之事，該段題文，未嘗不可視爲董將東坡之遭貶自比。對山谷的稱許，實即感念於對他伸出援手的友誼，相對地，自然不能同情背棄舊誼的米芾了，這

〔註78〕關於米芾人品氣節的問題，詳參同註35，曾藍瑩論文第二章第一節「米芾人品的問題」。

〔註79〕「民抄董宦」的事件大致如下：生員陸兆芳家婢女，繼養於董宦僕之家，此女探生母未回，董僕陳明糾眾打毀陸兆芳家資，將女搶去，街坊傳聞共忿。又有人以醜詈曲本於街上流言，董宦告府嚴緝，捕得說書人錢二，口稱生員范昶所製，范父乃含冤憤激而死。其母龔氏（爲董宦內親）、孫媳董氏（亦董宦族女）帶義婦三人，偕往辨誣。董宦群奴將馮、龔昇入僧寺，將隨眾婦女去服打辱，使傍人目擊而群情激憤。於是有生員齊集眾口，欲將陳明懇府究治，府亦牌拘陳明，稍息民怨。後又有三縣軍民萬餘，共稱報仇，於三月十六日傍晚燒毀董宅。許多民眾取其書蹟匾額洩憤，一塊董所書寫「大雄寶殿」的橫匾爲眾持刀劕削，人大呼：碎殺董其昌也。有一書「抱珠閣」之樓匾，眾人拆投於河，曰：董其昌直沈水底矣。由此可見民眾對權貴之痛恨心裡。此事件始以女奴與府學生員陸兆芳訐訟，繼因傳奇小說與生員范啓東父子爭怨，民眾抱不平，遂開釁端。據記載看來，官衙署府審理該案的態度，多半指謫諸生暗中鼓動亂民，或是亂民趁機打劫，以報平日宿怨，而涉案的諸生亦在陳情文上，大數董爲極奸惡之人，實爲地方惡紳。獄訟事件長達半載始平息，董氏家財爲火盡焚一空，舉家逃避亦長達半年之久。此事具載於無名氏撰《民抄董宦事實》，收於《筆記小說大觀》十編第 4 冊（新興，1960）。

段志慨的題文，實多了一層身世感受，因此他對黃山谷與米芾兩人的氣節，有很明顯的褒貶對照：

> 黃涪翁以蘇黃門遠謫瀕死不悔，亦以文章節義之氣，堅如金石深入骨髓。莊生所云，以天合者，迫窮賤患難相守者也，米顛似此有餘愧矣。（《容台別集》卷5「書品」）

黃山谷在蘇東坡患難窮賤中，尚能相守的情操，人品不僅堅如金石，更高與天合，米顛相較之下，氣節有虧，豈能不有愧色？由於這段身世經歷的感受，董其昌對米芾人品負面的評估，連帶地亦貶低了董其昌眼中米氏書論的客觀性。董對米氏書論的見解，在萬曆四十四年（1616年，即「民抄董宦」當年）前後，有明顯差別。在1607年〈臨蘇黃米蔡帖〉的跋語中，董曾反駁倪瓚對米芾自褒之嫌的說法，認為「米氏當不至此」。但在 1618 年〈雜書卷〉中，重提這段故事時，則又一反十一年前的態度，站在倪瓚一邊，說米「俗態悠悠，千古同歎」。〔註80〕對同一段文獻有前後兩種迥異的見解，亦是來自於米氏之人品有虧損，因此在推崇繪畫逸品的同時，董其昌仍時時對米氏雲山保持高度警覺，實其來有自。

　　不論是顏魯公義薄雲天之忠節，或是蘇東坡灑脫自得之胸襟，或是黃山谷患難相守之高誼，或是倪雲林遠避江湖之隱情，同樣是出於真性情的高超人格，他們同樣具有名心薄、世味淺之「淡」的人品，所以能創作出平淡天真的藝術作品。

（二）作品之淡

> 作書與詩文同一關捩，大抵傳與不傳在淡與不淡耳。極才人之致，可以無所不能，而淡之玄味，必繇天骨，非鑽仰之力，澄練之功，所可強入。蕭氏文選，正與淡相反者，故曰六朝之靡，又曰八代之衰，韓柳以前，此祕未睹。蘇子瞻曰：筆勢崢嶸，辭采絢爛，漸老漸熟，乃造平淡，實非平淡，絢爛之極，猶未得十分，謂若可學而能耳。畫史云：若其氣韻，必在生知，可為篤論矣。余初釋褐時，

> 琴師第一手，諷余學之謀於嚴中舍，中舍曰：此事極難，但初下指
> 一聲不合，即終身無復合理。余悟其語，遂輟琴不學。嘗見妄庸子，
> 有摹倣黃庭經，及僧家學聖教序，道流學趙吳興者，皆絕肖似，轉
> 似轉遠，何則？俗在骨中，推之不去，又東施不捧心，未必為人所
> 憎厭也。（《容台別集》卷4雜記〈魏平仲字冊〉）

在這段長文中，董其昌闡明了文藝作品「淡」的精義，文學上六朝綺靡的文
風，最明顯地違背了「淡」的境界。至於「淡」的境界，究竟應如何達到呢？
他對蘇東坡關於「絢爛歸於平淡」之說略加修正，東坡認為筆勢崢嶸，辭采
絢爛，漸於老熟乃造平淡，崢嶸與絢爛，仍是一段鍛鍊的工夫歷程，畢竟提
示了可學而得致的階徑，不及郭若虛所謂的「氣韻天生」（按郭若虛曾云：「如
其氣韻，必在生知」），才能盡其「淡繇天骨」的意義。他還以自己學琴的經
驗為譬，琴師高手告訴他「初下指一聲不合，即終身無復合理」，其實指的
就是音樂天賦的鑑定。董似乎是乏於音樂天賦，故輟琴不學。說到這裡，似
乎讓人相當絕望，以為董其昌主張天賦決定一切，一語阻斷了學習與創造間
的通路。然而他卻話鋒一轉，帶出了「俗」的對立範疇，所謂淡的天骨，即
是以去俗絕假存真的人品修養，化掉摹刻的痕跡。而一般庸俗之子、僧家、
道流等輩摹習前人帖，不能洞悉這層道理，只如東施效學西施捧心，僅在皮
相的肖似上努力，使得其皮相愈肖似，則自我面貌愈失，精神意度亦愈遠離
了。由此可知，董其昌所謂「淡繇天骨」的最高要件非學可及，即非鑽仰澄
練的功力可成，必須從人品的修養方面用功，當人品能免去名心世味之累而
不出於勉強時，則必能如郭若虛所言：「人品既已高矣，氣韻不得不高，氣
韻既已高矣，生動不得不至」，書畫詩文創作欲達致淡的意境，即是出於淡
的人品。至於董其昌強調以「悟」來窺得創作的奧祕，亦發展出特殊的臨帖
觀：

> 臨帖如驟遇異人，不必相其耳目手足頭面，而當觀其舉止笑語精神
> 流露處，莊子所謂目擊而道存也。（《畫禪室隨筆》「評法書」）

由於人品修養之後所各自得到的自由自主性，在面對古人範帖時，能越過書
法字如人耳目手足頭面的點畫撇捺形象，直接悟得由這些形象所激迸出來之
作品的精髓，正如一個人舉止笑語所內蘊的精神流露。這樣一種經由人品而
化成作品的淡的美學觀，必然對於經由歸納而來規律與格式——「法」，具有
負面的觀感，董對於顏真卿「了無定法」的書風，極為讚賞：

歐虞褚薛之書，各有門庭，學之不深，亦得彷彿，惟顏魯公之行書，
了無定法。(《容台別集》卷 4 雜記〈魏平仲字冊〉)

了無定法，即是不以一家法之門庭爲限，游於眾法之域，其實已爲無法，如
此才能脫去規矩型範所帶來的限制：

魯公行書，在唐賢中，獨脫去習氣，蓋歐虞褚薛皆有門庭，平淡天
眞，顏行第一。(《容台別集》卷 4 題跋)

謹於法者，死在法下，處處顯出人工矯造刻畫之習，這是畫師最難避免者。
董一再厭棄書法繪畫上的「姿媚之習」與「甜俗畫師魔界」，即顯示其破「法」
求「變」，以「奇」爲「正」的創作精神。〔註81〕

　　由此可知，董其昌並不眞的反對上文蘇東坡「漸老漸熟，乃造平淡」的
說法，甚至還多次引爲書畫的評語，正如東坡所云：

所貴乎枯澹者，謂其外枯而中膏，似澹而實美，淵明、子厚是也，
若中邊皆枯淡，亦何足道也。(《東坡題跋》上卷「評韓柳詩」)

陶柳的詩，因爲「蕭散簡遠，妙在筆墨之外」(《蘇東坡集》卷 9〈書黃子思詩
集後〉)，故外枯澹而實膏腴。枯淡並非槁木死灰的枯寂，而蘊含了無窮的意
味於其中，故而經過了絢爛之極而返回的平淡，方能保證不顯枯寂。這種董
其昌所珍惜之「絢爛歸返平淡」的創作理想，其實亦可表現在董自己所極力
追求的、回復晉唐古風的書畫理念。他越過米芾上求魏晉書風，〔註 82〕以及
在繪畫南宗系譜上，爲董巨找到了早於一個朝代的王維。學習越過宋元，追
到唐代，甚至遠溯晉風，即是要找尋那未經、或少經文化層疊凝塑習染而來
的「古意」，在某種意義上來說，文化上「古意」的追尋，不就像是找回每個
人生命初始狀態的赤子之心嗎？這樣的文化理想，正是晚明思想家們所極力
鼓吹，勉勵人們由成人世界歸返童稚之眞的精神（如李贄之〈童心說〉）。李
贄爲董其昌所標舉的蘇學觀，提供了以「化工」取代「畫工」的意見：

〔註81〕 董其昌主張破法求變，以奇爲正，皆是統攝於離合說的範疇下所立之論，詳
　　　　 參本論文本節上段。又所謂的奇與正，原指書法疏密參差的結構原則，如似
　　　　 斜反正，轉左側右等相反相成的書法創作理論，進而成爲一組可與「法與變」
　　　　 互爲表裡的相對概念。關於這層論述，詳參同註 67 曾藍瑩著〈董其昌的書學
　　　　 理論與實踐──以吉林省博物館藏「畫錦堂記」爲例〉一文。
〔註82〕 董其昌越過米芾而欲上追晉人書風，主要是因爲「晉書無門」，具有書法草創
　　　　 時代絕少造作的成分，當然也嚮慕晉朝自然風流的時代精神特色。關於董其
　　　　 昌由米芾上追晉朝書風的探討，詳參同註 35，曾藍瑩論文第三章〈董其昌在
　　　　 米芾與晉代書風之間的往返〉。

《拜月》、《西廂》化工也，《琵琶記》畫工也。夫所謂畫工者，以其
能奪天地之化工，而其孰知天地之無工乎？今夫天之所生，地之所
長，百卉具在，而人見愛之矣。至覓其工，了不可得，豈其智固不
能得之歟？要知造化無工，雖有神聖，亦不能識知化工之所在，而
其誰能得之？由此觀之，畫工雖巧，已落二義矣。……若夫結構之
密，偶對之切，依於道理，合乎法度，首尾相應，虛實相生。種種
禪病，皆所以語文，而皆不可以語於天下之至文也。……蓋工莫工
於《琵琶》矣。……惟作者窮巧極工，不遺餘力，是故語盡而意亦
盡，詞竭而味索然，亦隨以竭。吾嘗攬《琵琶》而彈之矣，一彈而
嘆，再彈而怨，三彈而向之怨嘆無復存者。此其故何耶？豈其似眞
非眞，所以入人之心者不深耶？蓋雖工巧之極，其氣力限量只可達
於皮膚骨血之間，則其感人僅僅如是，何足怪哉？（《焚書》卷3「雜
述‧雜說」）

李贄分別「畫工」與「化工」的方法，在於是留有刻畫痕跡，這個痕跡，就
是文學上的偶對、虛實、呼應等種種看得出來的法度。他以戲曲爲例，如《琵
琶記》，作者殫其才力，窮巧極工，所作出的曲文，由於過分講究結構的詳密，
人工雕琢之痕使得創作者的眞性情掩而不彰，語盡而意亦盡，詞竭而味索然，
巧工的氣力僅能達於聽眾的皮膚骨血之間，入人之心不深，這便是「畫工」。
至於譽爲游戲上乘，列爲「化工」的《拜月》、《西廂》，其成就如天地生長百
卉，造物完而不見斧鑿之痕，並非眞無工，而是「化工」之力使然。由絢爛
歸於平淡的創作理念，如同人格修養返璞歸眞一樣，要先達畫工的極致之後，
再跳上一層，臻於「化工」之境，這樣的化境，不是單薄淺深的枯寂，而是
歷經重重積累，脫去層層刻痕，進而轉出的「平淡天眞」。董其昌自己的作品，
亦充分印證了他的理論，陳繼儒給予相當高的評價：

凡詩文家客氣、市氣、縱橫氣、草野氣、錦衣玉食氣，皆鉏治抖擻，
不令微細流注於胸次，而發現於毫端。……漸老漸熟，漸熟漸離，
漸離漸近於平淡自然。而浮華刊落矣，姿態橫生矣，堂堂大人相獨
露矣。（〈容台集序〉）

董其昌的詩文作品，脫去了各種世俗氣習，不令一點塵儈流注於胸次，在經
過不斷鍛鍊之後，漸老漸熟而刊落浮華，終達致平淡自然的境界，這是陳繼
儒給予的最高讚譽。

（三）「主淡說」所蘊含的晚明文化精神——別雅俗、辨真假

如本章第一節所述晚明文化的特質所知，晚明時代由於心學所強調良知人人平等，抬高了平民意識，以陽明學所發展出來的新四民論，挾著特有的經濟發展力量，衝擊著社會發展，四民階層流動的情形愈加頻繁，社會等級的矩限則愈形模糊。由於經濟力長足進步，促使著社會上對於財富觀念的改變，決定一個人的社會地位，不再只有仕宦功名。另一方面，生產業的發達，使產品種類大為增加，許多奢侈品轉而成為民生日用品，在民間強烈的購買能力下，平民階層的生活百態：包括服裝布料、用色與首飾綴件、居室建築樣式、器皿擺設、傢俱材質髹漆、宴席菜式與酒具等，一切可表身分階層、社會等級的生活細節規範，均被打破。〔註83〕甚至原只有尊長、儒生、士大夫才可使用的稱號，已下延至奴僕、俳優與乞丐囚犯。無論是富商地主，或是庶民隸僕倡優，皆僭越了傳統士大夫身分專屬的表徵，這種急欲擺脫既有身分限制的心態，鼓動著他們肆無忌憚地共同向禮法的約束挑戰，造成了「僭越違式」的風氣。這些奢靡相高的社會風氣，不但造成了僭越躐等的社會現象，亦進一步使得既定的長幼、尊卑、貴賤，甚至師生等別序的關係，遭致了前所未有的漠視。無怪乎晚明學者紛紛興起「紀綱凌夷」、「天崩地解」的慨歎，這是晚明社會風氣變遷在社會史上的意義。〔註84〕

> 今天下之財在吳越，吳俗之奢莫盛於蘇杭之民。有不耕寸土，而口食膏粱；不操一杼，而身衣文繡者，不知其幾何也。……只以蘇杭之湖山言之：其居人按時而遊，遊必畫舫、肩輿、珍饈良醞，歌舞而行，可謂奢矣。（陸楫《蒹葭堂雜著摘抄》）

晚明多元化價值具現於四民階層的流動上，如明末陸楫所言，江南豪富如此奢靡的消費習性，必定使得追求文雅的風氣大熾，這種惡質化「僭越違式」而躐等的社會秩序，在奢靡風氣中，創造了風雅競奔的需求，這種現象，必然帶來了淺俗浮薄的文化氣氛。

晚明的義理學術，別為兩大系統，一系乃官方頒定以宋儒註解之《四書五經大全》為基本典籍，經由科舉考試而來承續程朱學說者，大抵主張存天理、

〔註83〕關於明末百姓打破了生活百態上的細節規範，處處表現出「違式僭越」的奢靡之風，顯然是向階層等級的威權挑戰，請詳參同註4徐泓著〈明代社會風氣的變遷——以江浙地區為例〉一文。

〔註84〕本段文意取材自同上註徐文頁152～159。

滅人欲，以格物、致知、居敬、窮理爲體道的實踐工夫。另一系則爲明代中期興起具有廣大追隨者的陽明心學一路，主張致良知之簡易直捷的體證工夫。這兩系後學，在晚明社會中，往往混入功利色彩，高談義理而實際博取高名，或作爲晉身之階。〔註85〕簡言之，晚明淺薄的文化表現在學術上，有此學術末流所表現的功利傾向，遂使得文人們爲了提煉出道學的眞諦，不得不產生對假道學的區隔意識。對於眞假道學的區判，可以李贄的說法爲代表：

> 自顏氏沒，微言絕，聖學亡，則儒不傳矣。……則亦不免士大夫之家爲富貴所移爾矣。況繼此而爲漢儒之附會、宋儒之穿鑿乎？又況繼此而以宋儒爲標的，穿鑿爲指歸乎？人益鄙而風益下矣。無乎其流弊至於今日，陽爲道學，陰爲富貴，被服儒雅，行若狗彘，然也。夫世之不講道學而致榮華富貴者不少也，何必講道學而後爲富貴之資也？此無他，不待講道學而自富貴者，其人蓋有學有才，有爲有守，雖欲不與之富貴而不可得也。夫唯無才無學，若不以講聖人道學之名要之，則終身貧且賤焉，恥矣。此所以必講道學以爲取富貴之資也。（《初潭集》卷11「師友一」三、釋教）
>
> 故世之好名者，必講道學，以道學之能起名也。無用者必講道學，以道學之足以濟用也。欺天罔人者必講道學，以道學之足以售其欺罔之謀也。（《初潭集》卷20「師友十」二、道學）

李贄對晚明以來學道者的動機，統歸爲好名好利，取徑富貴，認爲唯有無才無學無用的人，始須以聖人之學作招牌，以招攬欺售天下。李贄極爲不齒這種披了儒服如狗彘一般的騙術行爲，這便是假道學。至於眞道學呢？李贄以簡括的一句話詮釋：

> 自然之性，乃是自然眞道學也，豈講道學者所能學乎？（《續焚書》卷3〈孔融有自然之性〉）

與董其昌或爲師友其誼甚篤的晚明文人，包括陸樹聲、三袁兄弟、湯顯祖等文人，均有對假道學的批判，他們的意見與李贄的看法幾乎一致。總括來說，他們認爲假道學多半心口不一，故作姿態以欺世盜名，對義理體證的工夫不切實際，論道時，即使得到些小小的機鋒，也不過是播弄光景，不見悟理，徒飾外表而已。學或講道，只著重在以聖人之學妝點自己外現的才華氣韻，

〔註85〕本段關於晚明兩大道學系統的簡述，引自盧玟楣著《晚明文人自覺意識及其實踐之研究》（淡江中研碩論，1992）頁163。

以求博得清望美名，利於入仕，享受高官厚祿。大抵說來，假道學的特質可歸納爲三層：義理體會的枯澀與虛空，言行的行不掩言，與自己的身心本份毫不相干。〔註86〕在晚明規範制約力弱的環境下，社會普遍瀰漫著眞假相摻的現象，文人便以崇尚自然人情、重視先天稟賦與後天蓄養品味而來的「眞」，以區辨「假」道學。這種理念，與董其昌對人品名心淺、世味薄之「平淡」的要求，完全一致。

　　晚明追緒元末江南社會文雅的風尚，加上經濟的長足發展，追求雅風更具盛況，一般貴族子弟與豪富之家，極力倣效文人雅士的品味，以其雄厚財力，建築足供遊賞附庸風雅的園林，更充分表現在書畫彝器的傾力搜購上，如黃省曾說：

> 自顧阿瑛蓄玩器書畫，亦南渡遺風也。至今吳俗權豪家好聚三代銅器、唐宋玉器書畫，至有發掘古墓而求者。若陸完，神品畫累至千卷，王延喆，三代銅器萬件，數倍於宣和博古圖所載。（黃省曾《吳風錄》）

晚明無論高官富豪，收藏書畫的風氣極盛，如沈德符的觀察：

> 嘉靖末年，海內晏安，士大夫富厚者，以治園亭，教歌舞之隙，間及古玩。如吳中王文恪之孫、溧陽史尚寶之子，皆世藏珍祕，不假外索。延陵則嵇太史應科，雲間則朱太史大詔，吾郡項太學錫山、安太學、華戶部輩，不吝重貲收購，名播江南。南都則姚太守汝循、胡太史汝嘉亦稱好事。若輦下則此風稍遜，惟分宜嚴相國父子、朱成公兄弟，並以將相當途，富貴盈溢，旁及雅道，於是嚴以勢劫，朱以貨取，所蓄幾及天府。未幾冰山既泮，金穴亦空，或沒內帑，或售豪家，轉眼已不守矣。今上初年，張江陵當國，亦有此嗜，但所入之途稍狹，而所收精好，蓋人投其餤，無敢欺之。亦不旋踵歸大內，散人間。時韓太史世能在京，預以廉直收之，吾郡項氏，以高價鉤之，間及王弇州兄弟，而吳越浮慕者，皆起而稱大賞鑑矣。（《萬曆野獲編》卷26「好事家」條）

士大夫之家收藏書畫，爲追求雅緻的生活品味，豪富之家收藏書畫，則爲了附庸風雅，爲了積屯收藏，不但以重價收購，甚至還演出勢劫的局面。然而

〔註86〕關於袁、湯等人的假道學意見，詳參同上註，盧玫楣論文頁166～171，另假道學的三個特質歸納，亦引自盧文頁169。

收藏品，亦有物換星移的時刻，當時辛苦積存的雅物，亦只好不斷易手。豪富權貴者，以財力大肆搜購古董書畫，有很大的成分是爲了妝飾門面，以博取世人對其文雅形象的響慕。由於古董書畫的需求量大，因此作僞的風氣隨之亦盛，僞造古籍、古書畫、古器物，皆欲假託名家之名以求售，作僞技術達到的精密程度，有時甚至使得有識者失眼，沈德符舉了一個例子：

> 董太史玄宰，初以外轉，予告歸至吳門，移其書畫船至虎丘，與韓胄君古洲，各出所攜相角，……披閱竟日，眞不減武庫。最後出顏清臣書朱巨川告身一卷，方歡詫以爲神物，且云：此吾友陳眉公所藏，實異寶也。予心不謂然。周視細楷中一行云：中書侍郎開播。韓指謂予曰：此吾郡開氏鼻祖耶？余應曰：唐世不聞有姓開，自南宋趙開顯於蜀，因以名氏，自析爲兩姓。況中書侍郎，乃執政大臣，何不見之書？此必盧杞所薦關播，臨摹人不通史冊，偶訛筆爲開字耳。魯公與盧正同時，此誤何待言？董急應曰：子言得之矣。然爲眉公所祕愛，姑勿廣言。亟卷而篋之。後聞此卷已入新安富家。(《萬曆野獲編》卷26「骨董自來多贋」條)

沈德符以其文史博識，在「中書侍郎開播」一行細楷中，敏銳地由開、關二姓流承與中書侍郎朝臣之史冊記載，認定時代有誤，立即鑑定該幅顏書必爲贋品。該幅贋品當初是否瞞過了享譽書畫界的董其昌與陳繼儒兩人，不得而知，然由文末所敘述的董其昌舉動看來，其中似乎暗藏著不欲爲外人道的祕密，果然最後還是落入了新安商人的手中。由於大量書畫的需求，促使著大量贋品的出爐，隨之而來的便是鑑賞品味的問題。對於鑑賞家與否的認定，亦正是晚明文人據以分辨雅俗的重要論點，他們的理論依據，來自張彥遠與米芾。張彥遠說：

> 自古蓄聚寶玩之家，固亦多矣。則有收藏而未能鑑識，鑑識而不善閱玩者，閱玩而不能裝褫，裝褫而殊無詮次者，此皆好事者之病也。……圖畫歲月既久，耗散將盡，名人藝士，不復更生，可不惜哉。夫人不善寶玩者，動見勞辱，卷舒失所者，操揉便損，不解裝褫者，隨手棄捐，遂使眞跡漸少，不亦痛哉。非好事者，不可妄傳書畫。(《歷代名畫記》卷2「論鑑識收藏購求閱玩」)

張彥遠所謂的好事家，是指對於書畫的寶玩方式——收藏、鑑識、閱玩、裝褫——等各方面，無法盡於完備者，因此好事家是有疵可評的。然而圖畫隨

著各種時代因素而逐漸散失，在求名人藝士而不可得的情況下，好事者仍具有存傳畫蹟的正面意義。張的好事家到了米芾，則產生了負面的意義：

> 大抵畫今時人眼生者，即以古人向上名差配之，似者，即以正名差配之。好事者與賞鑑之家爲二等，賞鑑家謂其篤好，遍閱記錄，又復心得或自能畫，故所收皆精品。近世人或有貲力，元非酷好，意作標韻，至假耳目於人，此謂之好事者。置錦囊玉軸以爲珍祕，開之或笑倒，余輒撫案大叫曰：慚惶殺人。……大抵近世人所收，可贈此語也。（米芾《畫史》）

米芾提出的好事者，是爲了與賞鑑家作對照。所謂賞鑑家有幾個要件，包括：對於書畫作品出於眞心的篤好，能夠遍讀畫史記錄並獲有心得，並且自己具有創作的能力，在這樣的背景下，經其鑑識過的作品當必屬精品了。好事者則大異其趣，他們多半財力雄厚，收藏只爲示眾而標韻的目的，並非出於眞心，因此無法蓄積足夠的鑑識能力，在這種情況之下的收藏品，其品質的粗劣自不在話下。

　　米芾對於鑑賞家與好事者的意見，爲晚明文人普遍引用來批判俗態畢露的收藏者，在晚明享有收藏盛名的項元汴說：

> 書畫有賞鑑、好事二家，其說舊矣。若求其人，則自人主侯王將相，以及方外衲子，固宜有之。……若甯庶人宸濠、嚴逆人世蕃，蓋富貴貪婪之極，而傍及於此，固不可以言好事也。（《蕉窗九錄》「畫錄」賞鑑）

米芾的好事者，在項元汴的眼中，與雅道尚有關涉，至於如甯宸濠、嚴世蕃等人，以富貴貪婪搜刮財物的動機，傍及於收藏物，連好事者都及不上。謝肇淛也與項元汴一樣，嘲諷以金銀堆垛出來的俗人，他說：

> 米氏畫史所言賞鑑、好事二家，可謂切中世人之病。……余謂今之紈袴子弟，求好事而亦不可得。彼其金銀堆積，無復用處，聞世間有一種書畫，亦漫收買，列之架上，掛之壁間。物一入手，更不展看，堆放櫥麓，任其朽蠹。如此者十人而九，求其錦囊玉軸，又安可得？余行天下，見富貴名家子弟，燁有聲稱者，止僅足當好事而已，未敢遽以賞鑑許之也。（謝肇淛《五雜俎》卷7，人部3）

紈袴子弟，憑著財力以搜購爲能事，等到書畫一到手，則束之高閣，再不展看，長期屯積任其朽蠹，這種人根本談不上好事，遑論賞鑑了。眞正於賞鑑

得著益處的為何呢？莫是龍說：

> 今富貴之家亦多好古玩，亦多從眾附會而不知所以好也。且如蓄一
> 古書，便須考校字樣偽謬，及耳目所不及見者，真似益一良友。蓄
> 一古畫，便須少文登懷觀道，臥以遊之，其如商彝周鼎，則知古人
> 制作之精，方為有益，不然與在賈肆何異？（《筆塵》）

與古書畫結為益友，莫是龍所提出的正是文人之雅與豪富之俗的對比。除了
書畫之外，屬於雅事的鑑賞範圍很大，如方南明與沈春澤所說：

> 從來書畫古器，有好事、鑑賞兩家，余謂此兩家不獨在書畫古器也，
> 大而山水，次之林園，小則一花一石，舉莫不有然。（方南明《冰雪
> 攜》）

> 夫標榜林壑，品題酒茗，收藏位置圖史、杯鐺之屬，於世間為閒事，
> 於身為長物。而品人者，於此觀韻焉，才與情焉，何也？把古今清
> 華美妙之氣於耳、目之前，供我呼吸；羅天地瑣雜碎細之物於几席
> 之上，聽我指揮：挾日用寒不可衣、飢不可食之器，尊踰拱璧，享
> 輕千金，以寄我之慷慨不平，非有真韻、真才與真情以勝之，其調
> 弗同也。近來富貴家兒與一二庸奴、鈍漢，沾沾以好事自命，每經
> 賞鑑，出口便俗，入手便粗，縱極其摩娑護持之情狀，其污辱彌甚，
> 遂使真韻、真才、真情之士，相戒不談風雅。嘻！亦過矣。（沈春澤
> 〈長物志序〉）

品山川景物、品園林、品水、品酒、品茗，以至品花、品石等，文人從這些
「長物」的品項中，以真韻、真才、真情，寄託懷抱，挹取古今清華美妙之
氣，無奈一般庸奴鈍漢，以俗態混入賞鑑的行列，遂使得沈春澤興起劣幣驅
逐良幣的慨嘆。

在晚明多元價值的社會中，如上述學術界的真假道學之辨，藝文鑑賞界的
雅俗之別，乃文人所力辯，據以醒誡文化界。董其昌為繪畫書法標舉了「淡」
的境界，其實亦充分反映了相同的看法，在人品的「淡」方面，他對於黃山谷
與米芾二人的褒貶，表現在是否具有高超的真性情，他對於倪瓚的畫作評為平
淡天真，亦因其超俗入雅。正如黃輝所說：「士大夫下筆，便有數萬卷書氣象，
使無俗態。」（陳繼儒編《太平清話》卷3）士氣成為分辨雅俗最好的關鍵，董
其昌對於「逸品」易於讓摹仿者混入的情形，早已有了防備：

> 畫家以神品為宗極，又有以逸品加於神品之上者，曰：出於自然而

後神也。此誠篤論，恐護短者竄入其中，士大夫當窮工極妍，師友
造化，能爲摩詰而後爲王洽之潑墨，能爲營丘而後二米之雲山，乃
足關畫師之口，而供賞音之耳目。(《畫禪室隨筆》)

士大夫與畫工之別，乃在「士氣」一關捩上，王洽的潑墨、米氏的雲山，表
象上看起來似乎極易達成，但爲了與俗世畫工畫清界線，必須再向上尋找根
源，爲王洽找到了王維，爲米家雲山找到了李成。這種深厚的根柢，豈是淺
薄者之甜俗魔境所易追倣而得？在標榜童心與自然情性的同時，晚明文人所
必須面對的，是雜揉在多元化呼聲中，以虛僞爲眞、以鄙俗爲雅的價值混淆，
董其昌由人品關聯到作品之「平淡」理想的執著，正是當代文人所堅持以別
雅俗、辨眞假的一個共識。

第六章　結論與展望

　　本論文在正文部分共有四章，大致說來，前兩章爲董其昌之逸品觀在繪畫品目、畫史發展與畫學背景方面的探討，後兩章則針對董其昌的逸品理論及其所蘊含的晚明文化精神，作深入的剖析。以下將就各章節細密闡釋之後的結論，逐一統整如下文所述。

　　六朝時期由政治上九品中正制度而來的文藝品評基構（如鍾嶸《詩品》的九品、謝赫《古畫品錄》的六品等），自盛唐以下，逐漸式微。另一方面，人倫識鑑注重人物風神的觀念移入繪畫中，由爲人物傳神到爲山水傳神，總結到謝赫六法首重的「氣韻」中，六朝如此由重神的思想，到唐代終於發展出爲後世書畫批評奠下基礎的「神妙能」三品架構。

　　當畫論上依於六法而來的神妙能架構成立，等於同時宣告了畫史正統的建立，一股由朱景玄所率先肯定其存在價值的新興畫風——具有顛狂快速的作畫過程，以及畫面物象因潑墨偶成而簡率，這種逸品畫風的作畫意識，所被定義的「格外不拘常法」，實指其逸離六法中的「骨法用筆」與「應物象形」，中唐的逸品在此遂成爲一種與正統畫法相抗衡的新興畫風意識。然由於逸品畫風本身的成立因素（即其不具備技法意識、主張偶然性的遊戲意味），使其無法朝向固定格法的途徑上發展，這股畫風呈現幾種方向的出路：

1. 其作畫過程狂放潑墨的戲法意味，具有譁眾取寵的性質，在中唐之後，不能受到士大夫文人的肯定，於是落入民間畫工之手，如：南宋職業畫家梁楷等人的減筆畫，或是明代職業畫壇上被斥爲「狂態邪學」的浙派畫。

2. 逸品畫風所表現出來的水墨印象，與唐代逐漸發展的水墨畫相互結合，

促成了五代、北宋水墨山水畫臻於成熟，這種逸品與水墨結合的觀點，在黃休復《益州名畫錄》中已見端倪。黃的逸格，乃將吳道子以來簡潔素樸的白描法（即疏體，列爲神品），納入中唐逸品畫風狂縱的潑墨印象，並暗示了創作主體的精神自由，成爲一種由神品釐析出來的新逸格觀，黃休復以逸格爲首位的見解，成爲後世文人遵效的典範。

3. 在逸品畫風趨於消沈如第一點所述，又由黃休復加入了神品的畫法基礎之後，可說原始逸品的畫風概念已完全變質，然而由逸品畫風所啓發的——與正統畫風相抗衡、創新變革的——的精神，與黃休復所隱含創作主體精神自由的逸格觀相結合，成爲驅動北宋文人畫思潮的主力。二者互動，具現在以人品氣韻作主導，對甚少文化積累的高古理想境界之慕求，並朝向脫略形象束縛抒寫胸臆的墨戲等文人畫的理論與實踐中。

朱景玄、黃休復之後，以蘇（軾）、黃（山谷）、米（芾）、郭（若虛）、鄧（椿）、湯（垕）等文人所主導的畫論發展，皆強調人品氣韻與超越精神，「逸品」無疑地已由原始畫風概念躍昇爲文人畫極致的美學理想，此乃晚明董其昌所倡導逸品觀念，其畫史傳承的來源。這便是本論文第貳章「繪畫品目之建立與逸品觀念之發展」所處理的重心。

前一章已由畫史的立場分析了董其昌逸品觀的來源，其次則進一步探究逸品作爲一個藝術觀念之畫學背景。逸品既爲文人畫的最高理想，當畫壇的主導力轉入文人手中，繪畫可謂由政治教化的本質，轉爲由「詩言志」系統而來「抒情寫意」的本質，這種新的繪畫本質，表現在不重物象形式的書法性筆墨中。文人畫的抒情手法，或是如錢選採用唐代的青綠設色，或如倪瓚簡化荊關圭角山石的折帶皴，將個人幽微的情感壓入古老的形式中，或是如倪瓚的逸筆草草，以及缺乏變化的一河兩岸式構圖，顯示的皆是隨著畫家抒情的深度而對高難度技法的漠視。由鉤勒到沒骨，由設色到水墨，由寫實到寫意，這個經由圖象轉向書法，由外向趨於內化的抒情傾向，即是畫史由繁複朝向簡約意境營造的過程，這亦正是文人畫成長的歷程。到了明代，因應前代各種蜂湧而出的繪畫體製，畫論之整建具體表現在重形之宋畫與重意之元畫二者的對舉上，此中，文學上主張格調的後七子領袖王世貞，其重神品的意見，可說是宋畫在畫史呈現正統地位的最後一抹夕陽。至於屠隆的宋元畫對舉，終於導引出晚明文人的南北宗理論。

　　本章特別爲晚明四家所提的南北宗譜系，作了分類與統計的解析，在五大類的歸納統計結果如下：

1. 朝代方面：北宗畫家大致分佈在南宋，南宗畫家則多集中在五代（包括入北宋）與元朝。

2. 地域方面：不具明顯的差異。

3. 身分方面：北宗以貴族、畫工爲主；南宗則以官吏文人與在野布衣爲主。

4. 畫風方面：北宗畫家偏向工筆鉤勒，南宗畫家偏向自由揮灑的水墨淡染。

5. 山水素材方面：北宗畫家多作或具有仙山嚮往的金碧山水，或具有雄渾壯闊氣勢的北方山水景象；南宗畫家則多作江南隱居山水的董源傳統，或紀錄文人遊賞生活形態的湖山園林。

　　由前代文人畫抒情特質發展而來的南宗理論，便是董其昌逸品觀的畫學基礎。南宗理論中有關畫家身分、畫風取向與山水素材的選擇等，背後所關涉者，可視爲一個文化品味對立的問題。這個問題，表面上的現象，是元明兩代李郭畫風與董巨畫風在畫史上的消長，而兩種畫風消長的背後，則隱含了兩大畫風支持之集團勢力（宮廷貴族與仕野文人）其文化掌控力的興替。元代以歌功頌德政治理想爲表現意圖的李郭畫風，其支持者爲文化上原具有主宰力的宮廷貴族，這種主控權到了元末，則由從事避世遣興畫風的隱逸文人所取代。明朝畫史的狀況亦然，代表宮廷品味，具有雄悍強勢的院體與浙派畫風，在文人勢力興起後，亦拱手讓與具有文人雅逸品味的吳派畫風。當此文化局面在明代中期扭轉成形後，也代表文人品味眞正有效控制畫壇時機的到來，這股文化氛圍，堪稱爲董其昌逸品觀蘊育而成的溫床。以上便是本論文第參章「董其昌逸品觀之畫學背景」所探究的要論。

　　本論文第肆章「董其昌逸品觀之畫學特質」，直接探入逸品觀之核心。首先是從董其昌對前代逸品畫家的詮釋中，尋繹出逸品的三個特質：

1. 如張志和、王洽、董源、米芾、高克恭、倪瓚等畫家的畫作表現，均有脫略形象的「墨戲」性質。

2. 在面對傳統畫法時，這些逸品畫家均具有「逸」所蘊含的變革創新精神。如米芾將皴的功能減至最低，而以落茄點與微妙的墨調變化表現雲山，倪瓚則由荊關山石簡化成個人的折帶皴，皆擺脫了畫家習以爲

常的窠臼，爲畫史樹立了新的里程碑。

3. 逸品畫家個人多具有隱逸脫俗的生活情態，雖然逸品畫家無法歸納爲同類畫風，但創作主體的人品氣韻，大致具現於寄託隱逸理想的畫境上。

當文人畫放棄了形似的堅持之後，由同樣以表現藝術主體情意的詩論所啓發，詩與畫融通的歷程，以晚明爲最高峰，詩與畫同樣皆以營造縹渺天趣之境界爲最高旨歸。明末清初的詩學，由詩史的反省到以王漁洋爲代表的神韻詩主張，恰好與董其昌逸品畫的觀念接合。董的逸品畫與王的神韻詩，二者以蘇軾讚譽詩境畫境相通的王維爲接合的起點，王漁洋強調擘積重重的學習後，又要「不雕飾而工，不錘鑄而鍊」、「彌近自然，不由人力」的創作過程，與董其昌合而離之以求自我面貌的創作過程一致，而二者經由此一辯證的創作過程而欲達致的超然意境——色相俱空，平淡天眞，亦爲同調。董其昌逸品觀的畫學特質，透過與王漁洋神韻詩之創作過程與意境的融通對照後，更能清晰地掌握。

董其昌的畫論，隱隱然將自己視爲南宗「集其大成」之傳薪者，然而他又時時要「自出機軸」以超越古人，這種企圖強烈表現在他的繪畫實踐中。在本章末節的作品分析中，足資證明。他將米氏父子的墨點，結合上簡化了的倪瓚折帶皴，從事各種濃淡疏密的筆墨實驗，捕捉畫面上由墨點所產生的躍動感。此外，他努力營造的動勢，可由幾方面表現出來，例如他斜置了董源的三段疊架式與倪瓚水平的一河兩岸式，產生新變的構圖。又將黃公望交錯長條的披麻皴，簡化爲平行的直皴。並在王維的雪景圖中，悟出明暗虛實結組的手法，發展成幾何條塊的集合。董其昌或由樹身屈曲的姿態，或經由斜置的山脈走向，或由皴線與條塊的抽象虛實交替指引出觀畫的視線方向，運用這幾種手法表達畫中山水的動勢。此外，山體條塊結組重疊交錯所形成的稜線回環走勢，以及不作視點消失在無限遠方的處理，使得動勢在山水形構中，來回流貫、跳躍與振蕩。這種以特殊筆墨而作的動勢處理，深切表達了：書法性的筆墨遊戲，超越古人自出機杼的變革精神，以及在畫面上所構築自足私密的隱逸空間，這正是董其昌以實際的畫作呼應了逸品的理論。

本文的末章，乃放大視野，探討董其昌的逸品觀在明代文化演變至晚明時期所透顯出來的文化精神。首先鳥瞰明代文化精神的轉變。明初大一統立國政治，社會、經濟、學術等各方面呈現一元化價值觀。隨著政綱的廢弛，

明代中期逐漸轉向，到了晚明，形成文化價值的多元化現象。思想界有強調人人平等，百姓日用即是道的泰州學派平民化色彩，文學界有主張獨抒性靈的公安派，戲曲小說界有湯（顯祖）、馮（夢龍）等人主張新情色觀以掙脫道德教條的束縛，繪畫界則有正面性取角的肖像畫製作與許多不同姿態的人格類型等，在在表現出價值多元化的傾向。而傳統以來「士、農、工、商」四民階級的身分區隔，出現了上下相互流動的現象，在制約能力薄弱的晚明社會裡，隨著這股文化精神的高張，形成突破階級桎梏、生活規範與意識型態的新四民態勢，塑成晚明特有的社會結構。這種晚明文化的特質，在萬曆年間達到了高峰，包括董其昌在內的文人集團，受到陽明心學與達觀直捷禪學路徑所啓悟，以李贄為中心的文化圈，文學界的公安兄弟、戲曲界的湯顯祖、繪畫界的董其昌，在各自領域中所執的美學主張，皆於此文化圈中彼此形塑而成驅動晚明文化美學的主要動力。

　　瞭解了明代精神演變的軌跡，以及晚明特有的文化特質之後，董其昌逸品觀所主張者：學古而能變的「離合說」，綰合超然人品的「主淡說」，在此氛圍中，則具有透顯文化的深刻意義。董其昌經由大慧禪師的參禪體驗，提出那吒「拆骨還父、拆肉還母」之說，並引用楞嚴八還義等典故，闡釋「離合說」的創作過程，其精神義蘊，同於晚明文人主張返回「一念未生」、「父母未生前」的本心，力戡「一念已生」、「父母已生後」種種變化相的執著，這乃是晚明文人在禪學中普遍的體悟。此外，以深厚根柢為基礎具有平淡境界的作品，必須出於淡薄世利的人品，這種結合創作主體與藝術作品之「淡」的呼聲，乃是晚明文人在雜揉的多元化社會中，據以對治虛僞為眞、鄙俗為雅的價值混淆，以「平淡天眞」作為人品修養與藝術創作的終極境界，這是董其昌等文人所堅持的文化理想。

　　董其昌集理論、鑑賞與創作與一身，在藝術史上具有極為重要的地位，而他對傳統的價值判斷，必然關聯著晚明文化。本論文站在學界前輩豐碩的研究基礎上，結合了縱向藝術史與橫向文化史兩個角度，對其美學的核心觀念──「逸品」以及相關涉之各個不同面向，進行了深密的探研。董其昌為繪畫所提出的南宗逸品理論，在明末清初時期，一方面為四王（王時敏、王鑑、王翬、王原祁）、吳（歷）、惲（壽平）所繼承，被譽為清初六家的他們，鏨出董其昌離合說之「合」的一端，主張重建古法傳統，其畫法遂成為清代一朝的正宗。另一方面，從董其昌離合說之「離」的一端出發，講究以自我

面貌，獨創個人繪畫語言的八大山人與石濤，則成爲對抗正統之個人主義色彩濃厚的畫家。後董其昌時代，畫壇上由同一個理論源頭竟然發展出畫壇分歧的現象——兩股分別代表正統與超逸潮流的對抗，前者以宮廷畫院爲主力，後者盛行於在野文人，此中的理論轉折如何？不同畫風潮流之勢力升降，背後是否牽涉不同文化集團力量的運作？此文化集團支持某畫風所持的品味又是如何？清代畫壇以地域爲主導的畫派蜂湧而起的社會因素爲何？又如揚州八怪等放逸畫風大肆流行，與城市經濟的發達密不可分，在繪畫商品化的環境中，畫家如何在俗與雅二者間，尋求平衡點？這些畫論史與文化史方面的論題，在時間流程與空間布列中展示了傳統內部變化的複雜性與多樣性，筆者將以本論文的研究成果及已然開展的方向作爲基礎，進行延續性的研究，這是筆者未來的學術展望。

參考書目

一、古籍類

〔唐〕慧能,《六祖壇經》,金楓,1991。

〔明〕董其昌,《畫禪室隨筆》,（收於《藝林名著叢刊》第三種）,上海：世界,1935。

〔明〕王世貞,《藝苑巵言》,（收於《弇州山人四部稿》）,偉文,1965。

〔明〕董其昌,《容台集、容台別集、畫旨》,央圖,1968。

〔明〕達觀,《紫柏尊者全集、別集》,收於《卍續藏經》（續藏經委員會,1968）第126、127冊。

〔明〕李贄,《焚書》,河洛,1974。

〔明〕湯顯祖,《湯顯祖集》,洪氏,1975。

〔明〕李贄,《初潭集》,人文世界,1975。

〔明〕袁宏道,《袁中郎全集》,偉文,1976。

〔明〕袁中道,《珂雪齋前集》,偉文,1976。

〔明〕沈德符,《萬曆野獲編》,新興,1977。

〔清〕黃宗羲著、沈芝盈點校,《（新校標點）明儒學案》,華世,1987。

《（新校本）新唐書》,鼎文,1975。

《（新校本）明史》,鼎文,1975。

《筆記小說大觀十編》,新興,1960。

《叢書集成新編》,新文豐,1985。

二、畫論類

朱景玄,《唐朝名畫錄》,《文淵閣四庫全書》本,台灣商務,1983。

張彥遠，《歷代名畫記》，同上。

黃休復，《益州名畫錄》，同上。

劉道醇，《宋朝名畫評》，同上。

劉道醇，《五代名畫補遺》，同上。

郭熙，《林泉高致》，同上。

郭若虛，《圖畫見聞志》，同上。

不著撰人，《宣和畫譜》，同上。

董逌，《廣川畫跋》，同上。

米芾，《畫史》，同上。

米芾，《海嶽名言》，同上。

鄧椿，《畫繼》，同上。

湯垕，《畫鑑》，同上。

張丑，《清河書畫舫》，同上。

卞永譽，《式古堂書畫彙考》，同上。

周密，《雲煙過眼錄》，《美術叢書》本，藝文印書館，1975。

李開先，《中麓畫品》，同上。

王穉登，《吳郡丹青志》，同上。

唐寅，《六如居士畫譜》，同上。

何良俊，《四友齋畫論》，同上。

屠隆，《畫箋》，同上。

陳繼儒，《妮古錄》，同上。

陳繼儒，《書畫史》，同上。

沈顥，《畫塵》，同上。

笪重光，《畫筌》，同上。

龔賢，《畫訣》，同上。

釋道濟，《畫語錄》，同上。

王原祁，《雨窗漫錄》，同上。

王原祁，《麓台題畫稿》，同上。

王昱，《東莊論畫》，同上。

黃鉞，《二十四畫品》，同上。

黃賓虹、鄧實編，《美術叢書》，藝文印書館，1975。

陳高華，《元代畫家史料》，上海人民，1980。

余紹宋，《中國書畫書錄解題（上）（下）》，中華，1980。

華正人編，《歷代書法論文選》，華正，1984。

俞崑，《中國畫論類編（上）（下）》，華正，1984。

于安瀾，《畫論叢刊（上）（下）》，華正，1984。

雄獅版編委會編，《中國美術辭典》，雄獅，1993。

釋慈怡主編，《佛光大辭典》，佛光，1989。

三、畫史論著類

莊申，《中國畫史研究》，正中，1959。

徐復觀，《中國藝術精神》，學生，1973。

傅抱石，《中國美術年表》，鼎文，1979。

郭繼生編，《中國文化新論〈藝術篇〉——「美感與造形」》，聯經，1982。

中國書畫研究資料社編，《畫史叢書（全四冊）》，文史哲，1983。

鄭昶，《中國畫學全史》，中華，1987。

鈴木敬著，魏美月譯，《中國繪畫史（上）》，（圖版另本），故宮，1987。

沃夫林著，曾雅雲譯，《藝術史的原則》，雄獅，1987。

石守謙等著，《中國古代繪畫名品》，雄獅，1989。

鄭威，《董其昌年譜》，上海書畫，1989。

古原宏伸、張連合編，《文人畫與南北宗論文匯編》，上海書畫，1989。

郭繼生，《藝術史與藝術批評》，書林，1990。

俞劍華，《中國繪畫史（上）（下）》，商務，1991。

陳傳席，《六朝畫論研究》，學生，1991。

何懷碩主編，《近代中國美術論集－藝海鉤沈》（全六冊），藝術家，1991。

四、思想文化類

容肇祖，《明代思想史》，開明，1973。

容肇祖，《李卓吾評傳》，商務，1973。

呂凱，《湯顯祖南柯記考述》，嘉新水泥，1974。

段昌國等譯，《中國思想與制度論集》，聯經，1976。

牟宗三，《歷史哲學》，學生，1976。

黎傑，《魏晉南北朝史》，九思，1978。

黎傑，《明史》，九思，1978。

勞思光,《中國哲學史》,友聯,1980。

王煜,《明清思想家論集》,聯經,1981。

龔鵬程,《江西詩社宗派研究》,文史哲,1983。

廓士元,《魏晉南北朝研究論集》,文史哲,1984。

黃仁宇,《萬曆十五年》,食貨,1985。

傅衣凌,《明代江南市民經濟試探》,谷風,1986。

余英時,《中國近世宗教倫理與商人精神》,聯經,1987。

李焯然,《明史散論》,允晨,1987。

林其賢,《李卓吾事蹟繫年》,文津,1988。

豪澤爾著,居延安譯,《藝術社會學》,雅典,1988。

龔鵬程,《文化文學與美學》,時報,1988。

牟宗三,《才性與玄理》,學生,1989。

嵇文甫,《左派王學》,國文天地,1990。

陳捷先,《明清史》,三民,1990。

釋果祥,《紫柏大師研究—以生平為中心》,東初,1990。

陳學文,《明清社會經濟史研究》,稻禾,1991。

五、文學批評類

朱東潤,《中國文學批評史大綱》,開明,1947。

郭紹虞,《中國詩的神韻、格調與性靈說》,莊嚴,1982。

王進祥編,《中國美學史資料選編》,漢京,1983。

蔡英俊,《比興物色與情景交融》,大安,1986。

龔鵬程,《詩史本色與妙悟》,學生,1986。

周質平,《公安派的文學批評及其發展》,商務,1986。

曾祖蔭,《中國古代美學範疇》,丹青,1987。

郭紹虞,《中國文學批評史》,藍燈,1988。

曹淑娟,《晚明性靈小品研究》,文津,1988。

陳萬益,《晚明小品與明季文人生活》,大安,1988。

簡錦松,《明代文學批評研究—成化嘉靖中期篇》,學生,1989。

龔鵬程,《文學批評的視野》,大安,1990。

六、畫冊類

不著編人，《（新裝愛藏版）文人畫粹編》「中國篇」：1 王維，2 董源、巨然，
　　3 黃公望、倪瓚、王蒙、吳鎮，4 沈周、文徵明，5 涂渭、董其昌—等
　　五冊。日本中央公論社印行，1975。

古原宏伸、傅申編，《董其昌の書畫》「書畫編」，日本二玄社，1981。

中國美術全集編輯委員會編，《中國美術全集》「繪畫編」：1 原始社會南北朝
　　繪畫、2 隋唐五代繪畫、3 兩宋繪畫（上）、4 兩宋繪畫（下）、5 元代
　　繪畫、6 明代繪畫（上）、7 明代繪畫（中）、8 明代繪畫（下）、9 清代
　　繪畫（上）、10 清代繪畫（中）、11 清代繪畫（下），共計十一冊。錦
　　繡出版社印行，1989。

七、學位暨期刊論文類

（一）中　文

吳因明，〈晚明江南佛學風氣與文人畫〉，《新亞學術年刊》第 2 期，1960。

方聞，〈董其昌與正宗派繪畫理論〉，《故宮季刊》第 2 卷第 3 期，1968。

何惠鑑，〈李成略傳〉，《故宮季刊》第 5 卷第 3 期，1971。

佘城，〈唐棣其人其畫〉，《故宮季刊》8：2，1972。

饒宗頤，〈詞與畫——論藝術的換位問題〉，《故宮季刊》第 8 卷第 3 期，1972。

黃秀政，〈評介狄別瑞「晚明的個人主義與博愛主義思潮」〉，《食貨月刊》復
　　刊第 4 卷第 11 期，1974。

周志文，《泰州學派對晚明文學風氣的影響》，台大中研碩士論文，1977。

石守謙，《元代繪畫理論之研究》，台大史研碩士論文，1977。

周志文，《屠隆文學思想研究》，台大中研博士論文，1981。

石守謙，〈賦彩製形——傳統美學思想與藝術批評〉，收於《中國文化新論》
　　藝術篇，『美感與造形』冊，聯經，1982。

高友工，〈中國敘述傳統中的抒情境界〉，收於侯健編，《國外學者看中國文
　　學》，中央文物供應社，1982。

何惠鑑，〈元代文人畫序說〉，《新亞學術集刊》第 4 期，1983。

李慧淑，〈宋代畫風轉變之契機——徽宗美術教育成功的實例（上）、（下）〉，
　　《故宮學術季刊》1：4～2：1，1984。

周策縱，〈詩詞的當下美——論中國詩歌的抒情主流和自然境界〉，收於《古
　　典文學》第七集，學生，1985。

石守謙，〈浙派畫風與貴族品味〉，《東吳大學藝術史集刊》15 卷，1986。

簡錦松，〈論明代文學思潮中的學古與求真〉，收於《古典文學》第八集，1986。

鄭培凱，〈天地正義僅見於婦女－明清之際的情色意識與貞淫問題〉，《當代》

第 16、17 兩期，1987。

石守謙，〈嘉靖新政與文徵明畫風之轉變〉，《藝術學研究年報》第 2 期，1988。

嚴善錞，〈從「逸品」看文人畫運動〉，《朵雲》總第 18 期，上海，1988。

張穗芳，《馮夢龍「情史類略」情論研究》，文化中研碩論，1988。

黃明理，《晚明文人型態之研究》，師大國研碩士論文，1989。

徐泓，〈明代社會風氣的轉變——以江浙地區爲例〉，收入《第二屆國際漢學
　　會議論文集》〈明清與近代史組〉，中研院，1989。

龔鵬程，〈張懷瓘書論研究〉，《漢學研究》第 7 卷第 2 期，1989。

鈴木敬著，魏美月譯，〈中國繪畫史（中）「南宋繪畫」〉，連載於《故宮文物
　　月刊》第 77～103 期，1989～1991。

衣若芬，《鄭板橋題畫文學研究》，台大中研碩士論文，1990。

石守謙，「惟幹畫肉不畫骨」別解——兼論「感神通靈」觀在中國畫史上的沒
　　落，《藝術學研究年報》第 4 期，1990。

石守謙著，林麗江譯，〈錢選——元代最後的南宋畫家〉，《故宮文物月刊》第
　　8 卷第 12 期，1990。

錢鍾書，〈中國詩與中國畫〉，收於舒展編選《錢鍾書論學文選》第六卷，廣
　　東花城出版社，1990。

《朵雲》第 24 期，上海書畫出版社，1990。

石守謙，〈有關唐棣及元代李郭風格發展之若干問題〉，《藝術學研究年報》第
　　5 期，1991。

毛文芳，〈試論國畫手卷的美學意涵〉，《國立編譯館館刊》第 20 卷第 1 期，
　　1991。

李國安，〈明末肖像畫製作的兩個社會特徵〉，《藝術學》第 6 期，1991。

島田修二郎著，林保堯譯，〈逸品畫風〉，《藝術學》第 5 期，1991。

曾藍瑩，〈董其昌的書學理論與實踐——以吉林博物館藏「畫錦堂記」爲例〉，
　　《藝術學》第 6 期，1991。

鄭文惠，〈詩畫共通理論與文人文化之成長——以宋明二代之轉化歷程爲
　　例〉，《中華學苑》41 期，1991。

劉巧楣，〈晚明蘇州繪畫中的詩畫關係〉，《藝術學》第 6 期，1991。

毛文芳，〈魏晉玄學的方法論及其解析〉，《孔孟月刊》第 30 卷第 7 期，1992。

曾藍瑩，《董其昌書法中米芾風格之研究》，台大史研碩士論文，1992。

夏賢李，《金代書法中的蘇米傳統》，台大史研所中國藝術史組碩士論文，
　　1992。

盧玟楣，《晚明文人自覺意識及其實踐之研究》，淡江中研碩士論文，1992。

嵇若昕，〈從嘉定朱氏論明末清初工匠地位的提昇〉，《故宮學術季刊》第9卷
　　第3期，1992。

姜一涵，〈「對元代山水畫的一種新觀點」摘要〉。

八、西　文

Ho Wai-kam, "Tung Ch'i-Ch'ang's New Orthodoxy and the Southern School
　　Theory", in Artist and Art, Mass.: Princeton University Press, pp.113-129,
　　1975.

Cheng Pei-kai, "T'ang Hsien-tsu, Tung Ch'i-Ch'ang and the Search for Cultural
　　Aesthetics in the Late Ming", in "Proceeding of the Tung Chi'-Ch'ang
　　International Symposium", pp.2.1-2.12, April, 1992.

Shih Shou-chien, "Tung Ch'i-Ch'ang's "Wan-luan Thatched Hall" and the Innovation
　　of His Painting Style", in "Proceeding of the Tung Chi'-Ch'ang International
　　Symposium", pp.13.1-13.28, April, 1992.

"Proceedings of the Tung Ch'i-Ch'ang International Symposium", Editor: Wai-ching
　　Ho, Coeditor: Wai-kam Ho, Hin-cheung Lovell, The Nelson-Atkins Museum
　　of Art Kansas city, Missouri, 1992.

附錄一　民國以來畫史「南北宗」研究文獻類編

※說明：

筆者僅就所知，將民國以來畫史「南北宗」之相關研究文獻依不同議題導向試別爲七類，依次爲：一、作者問題；二、南北分宗之標準問題；三、王維問題；四、以哲學或文化之觀點詮釋；五、結合文學理論以詮釋；六、以美學觀點詮釋；七、以晚明文人之南北分宗說作爲理解中國畫派風格的依據。

本類編之相關論著及內容摘述，係參酌以下幾種研究文獻撰製而成，幾種研究文獻依出版年次順序排列如後。

一、俞劍華著《中國繪畫史》，台灣商務印書館，1937。

二、莊申著《中國畫史研究》，台北正中書局，1959。

三、徐復觀著《中國藝術精神》，台灣學生書局，1973。

四、方聞著〈董其昌與正宗派繪畫理論〉，《故宮季刊》第 2 卷第 3 期，1968。

五、Ho Wai-kam（何惠鑑），"Tung Ch'i-Ch'ang's New Orthodoxy and the Southern School Theory"（董其昌的新正統與南宗理論），in Artist and Art, Mass.: Princeton University Press, pp.113-129, 1975.

六、張連、古原宏伸合編《南北宗論文匯編》，上海書畫出版社，1968。

七、何懷碩主編《近代中國美術論集：藝海鉤沈》，台北藝術家出版社，1991。

八、其他散見之各種專著。

一、作者問題

【引　言】

　　在本世紀初，中國、日本以及西方的許多學者，在寫有關南北宗的論著時，無可避免地總要觸碰到「畫說」作者的問題。有的主張爲莫是龍首創，有的主張是董其昌所提出，有的折衷說是由莫與董等同時代文人所倡的相同理念。歷來聚訟紛紜，見解始終無法統一。直到美國學者傅申（Fu Shen）在'72年提出一篇考證論據極爲詳實的論文——〈畫說作者問題研究〉，之後，南北宗理論的推出者爲董其昌的說法，幾可說已成定論。

作　者	主張	論　著　名　稱	年度	出　　處
滕　固	主張莫是龍首創者	1. 唐宋繪畫史 2. 關於院體畫和文人畫之史的考察	'31	《輔仁學誌》2:2
俞劍華		中國山水畫的南北宗論	'63	上海人民美術出版社
童書業		1. 中國山水畫南北分宗說辨僞 2. 中國山水畫南北分宗說新考	'36	《考古社刊》第 4 期 《齊魯學刊》第 2 期
〔日〕 吉澤忠		南畫與文人畫	'42 '43	日本《國華》雜誌第 622 號～第 626 號
蘇東天		董其昌的"文人之畫"		《朵雲》第 8 集
張　連		南北宗論芻議	'89	《文人畫與南北宗論文匯編》，上海書畫出版社
張思珂	主張董其昌首創者	論畫家之南北二宗	'36	《金陵學報》6:2
鄭秉珊		山水畫"南北宗"的創說及其影響	'57	《美術研究》'57 年第 3 期
徐復觀		環繞南北宗的諸問題	'66	《中國藝術精神》，台北
〔美〕 Wai-kam Ho 何惠鑑		Tung Ch'i-Ch'ang's New Orthodoxy and the Southern School Theory 董其昌的新正統觀念及其南宗理論	'75	Princeton University Press
〔美〕 Fu Shen 傅　申		A Study of the Authorship of the "HUA SHUO" : a Summary 畫說作者問題研究	'72	《中國畫國際討論會記錄匯編》，台北

啓　功	1. 山水畫南北宗說考 ※本文認爲南北宗說乃莫是龍、董其昌與陳繼儒三人所共同倡導，毋需執以爲莫氏所創。	'39	《輔仁學誌》7：1、2 合期
	2. 山水畫南北宗說辨 ※本文推翻前說，以新得證據證爲董其昌所創。	'81	《啓功叢稿》，北京中華書局

二、南北分宗之標準問題

【引　言】

　　民國初年以來，由於科學方法所帶動的疑古風氣與考證熱潮，使得披靡有清一代的南北宗說，受到藝術史學者空前而強烈的批判。他們所發表的論著內容上或許詳略不一，但立場均相當一致，他們幾乎異口同聲的指責南北宗說爲僞畫史，乃是由董其昌等文人所任意捏造的事實。他們的辯駁方式，有的從畫史文獻上找出此說空穴來風的反證，有的針對畫家的畫法與風格進行仔細推敲，對於分宗的依據標準，他們的論點大致如下：

1. 明以前絕無南王北李對立之說，此乃晚明人之創說。
2. 以士大夫文人與畫院畫工身份別宗，於系譜的訂定上頗爲牽強，而揚南抑北，實存有門戶謬見。
3. 以畫法——著色與水墨或鉤斫與渲淡來區分南北宗，亦時見矛盾之處。
4. 以畫家地域或作畫體裁爲標準以別宗，亦無法爲其圓說。
5. 禪與畫之分宗無必然的關係。
6. 諸家授受與畫風演變的問題，錯綜複雜，盡納入二宗脈系傳承，過於簡化，駁斥的論點已如上述。甚且有學者自行創說，如童書業重定南北派山水，而莊申爲畫史別爲李、院、唐宋與元明四大派，張思珂則重新定義南北宗。

　　以這類方式研究南北宗學說者，自民國初年以來，幾乎成爲一種標準模式。此中以徐復觀與蘇瑩輝兩人的觀點較爲奇特（詳下）。

作　者	論　著　名　稱	年度	出　　處
滕　固	關於院體畫和文人畫之史的考察	'31	《輔仁學誌》2：2
王鈞初	中國美術的演變	'34	北平文心書業社
葉季英	中國山水畫之南北宗	'34	《民族》2：9

張思珂	論畫家之南北二宗	’36	《金陵學報》6:2
童書業	1. 中國山水畫南北分宗說辨偽 2. 中國山水畫南北分宗說新考	’36	《考古社刊》第 4 期 《齊魯學刊》第 2 期
俞劍華	1. 中國繪畫史 2. 中國山水畫的南北宗論	’37 ’63	上海商務印書館
啓 功	1. 山水畫南北宗說考 2. 山水畫南北宗說辨	’39 ’81	《輔仁學誌》7:1、2 合期 《啓功叢稿》，北京中 華書局
莊 申	論中國山水繪畫的南北分宗	’59	《中國畫史研究》，台 北
徐復觀	環繞南北宗的諸問題 ※對分宗說諸批評的反批評，爲董的理論 　作精細的辨解。	’66	《中國藝術精神》，台 北
蘇瑩輝	略論河西發現的墓室壁畫與石窟寺壁畫的 畫藝傳承 ※舉英山隋代壁畫，既有北宗的重彩人 　物，亦有接近淺絳的南宗山水畫與落茄 　點的水墨畫樹法。此皆早於唐代，以此 　否定了自唐代山水畫始有南北分宗的說 　法。而河西十六國墓室與石窟寺的壁 　畫，填補了晉末到北朝的畫史空白。	’81	《故宮季刊》16:2
伍蠡甫	董其昌論	’80	《中華文史論叢》第 2 輯
林樹中	董其昌的繪畫與南北宗論		《朵雲》第 8 集
郭雲生	且說南北宗論與張衛和同志商榷	’81	《河南師大學報》’81 年
謝稚柳	董其昌所謂的“文人畫”與“南北宗”	’83	《中國畫研究》第 4 期

三、王維問題

作　者	論　著　名　稱	年度	出　　處
童書業	中國山水畫南北分宗說新考 ※參見「王維畫法的眞相及其地位的升降」一節	’66	《齊魯學刊》 第 2 期
徐復觀	環繞南北宗的諸問題 ※參見「王維在畫史中的地位問題」一節，觀點 　不同於莊、童二人。	’66	《中國藝術精 神》，台北
莊　申	王維在山水畫史中地位演變的分析	’36	《新亞學報》 7：2，香港

四、以哲學或文化之觀點詮釋

【引　言】

　　除了以畫史的考據來明辨南北宗說之外，亦有部份學者嘗試以哲學或文化的立場，爲此說找出其之所以成立的思想文化背景，其中以美國學者何惠鑑（Wai-kam Ho）之論文最具啓發性。大陸學者俞劍華與劉汝醴等人，以唯物史觀階級對立的立場詮釋，爲特種政權下的必然產物。

作　者	論　著　名　稱	年度	出　　處
〔日〕 田中豐藏	南畫新論 ※偏重以禪的分宗來理解南北畫派的意境，亦以中國南北地域形成的不同文化概念來解釋此說的思想背景。此外，認爲畫派分爲對立的南與北兩股相對的思維方式，實爲世界任何一個民族文化史上均可發現的思想潮流。	'12 '13	日本《國華》雜誌第 262 號～第 281 號
啓　功	山水畫南北宗說辨 ※南北宗與禪的借喻關係	'81	《啓功叢稿》，北京中華書局
鄭秉珊	山水畫"南北宗"的創說及其影響 ※言南北宗爲畫學中的心學，並以禪史喻畫史，以禪境論畫境。	'57	《美術研究》'57 年第 3 期
〔日〕神田喜一郎	董其昌書論的基礎 ※以董的佛禪修養以及晚明心學的背景闡述董的書論，其書論與畫論在美學的本質上，相當一致。	'61	日本《書道全集》第 21 卷，平凡社出版
俞劍華	中國山水畫的南北宗論 ※批董爲封建地主，豪紳惡霸的作風，以唯物觀點解釋南北宗的興起乃階級鬥爭的結果。	'63	上海人民美術出版社
錢鍾書	中國詩與中國畫 ※以南北地域所形成之不同文化概念詮釋南北宗的語境。	'90	《錢鍾書論學文選》第六卷，廣東花城出版社
〔美〕 William Cohn 柯　恩	Chinesse Painting 中國畫 ※地域風格上的差異均爲次要，而以職業、業餘來理解興起的背景，可知當時以繪畫爲職業的趨勢開始明顯，這一趨勢與資產階級的興起同時出現，但他們卻因而受到文人的反對，因爲繪畫乃是文人所欲探索的文化領域。	'78	Hacker Art Books,

〔美〕 方　聞	董其昌：一超直入如來地 ※略舉晚明思想與董其昌理論詮說作對比，特別舉出與李贄、袁氏弟說法的差異，董並不如他們對古法的排斥，然而董卻的確受到他們心靈說——李贄的童心說——的啓發而採用了直覺方法以反對晚明繪畫中陳腐的傳統。		Image of the Mind《心印》
〔美〕 Wai-kam Ho 何惠鑑	Tung Ch'i-Ch'ang's New Orthodoxy and the Southern School Theory ※以晚明泰州學派爲其思想背景，並以相關的法與遇，異與同，合與離，正與變等辯證性思維詮譯董的理論。	'75	Princeton University Press
〔美〕 James Cahill 高居翰	Tung Ch'i-Ch'ang's "Southern and Northern Schools" in the History and Theory of Painting : a Reconsideration 繪畫史和繪畫理論中董其昌的"南北宗論"再思考 ※南北宗說，與其說是禪宗，不如說是新儒家學說中之泰州學派才是其重要的思想背景。	'83 之後	
劉汝醴	南北宗繪畫的美學對立 ※與俞劍華同，皆以唯物觀點解釋該說，略爲不同者，北宗是統治階級的上層貴族，南宗是士大夫官吏的中層，此說恰是此二階級之世界觀與美學觀的對立。	'82	《藝苑》'82 年第 4 期
〔法〕 Nicole Vandier-Nicolas 尼高爾	Peinture chinoise et tradition lettree 中國畫和文人傳統 ※以禪宗修養頓、漸悟不同的工夫理解董的南北分派畫論，表現在審美上，「北」爲工筆、重彩、形式；「南」爲憑直覺、瞬間抓住事物，後者乃文人於詩歌繪畫變革上運用的本質。		Expression d'une civi-lisation, Seuil
〔蘇〕 阿爾巴拓夫	論中國古代藝術 ※以董的南北宗來理解中國繪畫。此外認爲北宗充滿儒家思想的理性精神，南宗存在著道家思想的超脫精神。	'48	
〔義〕 R.H.Van Gulik	Chinese Pictorial Art　中國畫藝術 ※以爲董、陳、莫等評論家，將古代畫家納入不同的畫派裡，此分類是人爲的，而其評價繪畫的標準，爲一套神祕的觀念——新儒學和莊子哲學的混合物。	'58	as Viewed by the Conn-isseure,Istituto Ital- iano Per II Medio ed Estremo Oriente,Roma

五、結合文學理論以詮釋

【引　言】

　　明代的文學與繪畫等文藝理論，均值蓬勃鼎盛時期，文學與繪畫雖別為兩種不同的藝術類型，然而處在整個文化氛圍中，解決不同類型的藝術問題所運用的思考模式，可能相去不遠。故有學者嘗試從文學理論的角度切入，以詮釋南北宗等繪畫理論。

作　者	論　著　名　稱	年度	出　　處
胡　蠻	中國美術史 ※當時文學上的復古風氣影響及於畫壇，南北宗的理論即是一股繪畫的復古潮流。	'51	上海新文藝出版社
〔日〕神田喜一郎	董其昌書論的基礎 ※董生活的年代中，文學領域發起的一場以袁中郎為中心的公安派文學運動，對董等文人的理念，應具有關鍵性影響。	'61	日本《書道全集》第21卷，平凡社出版
〔美〕Wai-kam Ho 何惠鑑	Tung Ch'i-Ch'ang's New Orthodoxy and the Southern School Theory ※以文學領域中復古思潮所運用的方法論，來理解董等文人離合與守變的辯證思維，例如舉當時人對八股時文的論辯立場，其背後所呈顯的意義作為詮解的方便，觀點甚具啟發性。	'75	Princeton University Press
錢鍾書	中國詩與中國畫 ※該文以討論神韻詩與南宗畫彼此的相關性為主，其間時以神韻詩論理解南宗畫境。	'90	《錢鍾書論學文選》第六卷，廣東花城出版社

六、以美學觀點詮釋

【引　言】

　　二十世紀以來，美學由哲學的領域中脫離出來，成為探討藝術本質與形式的一種邏輯思維。前者屬於理論層，對藝術的形成、本質與原理作形而上的思考。後者屬於實踐層，對各種不同門類的藝術其形式與風格作後設性的反省。近代學者持此新的學科方法，去面對許多古老的命題，嘗試為舊學說找到新的詮釋出路來。董其昌的南北宗說，就在這種研究風氣下，再度被賦予新義。

作　者	論　著　名　稱	年度	出　　　處
〔日〕 吉澤忠	南畫與文人畫 ※對從莫是龍到沈顥的南宗文人畫論之發展進行探討。莫與陳（繼儒）根據風格作爲分類基礎，提出王李的系譜，但這種分類法必然會產生繪畫表面樣式與畫家身分彼此的矛盾，解決途徑則是董其昌以畫家身分分類的文人畫論，其爲莫學說中牽強附會的觀點提供理論基礎。此外，董說以浙派與南宗對立的模糊概念，到沈顥，則將此對立意識推到了極點。	'42 '43	日本《國華》雜誌第622 號～第 626 號
鄧以蟄	南北宗論綱 ※南北宗說是一哲學上之見解與主張，分宗別派乃針對藝術的價值而言，與畫中技巧實無相干。南宗畫的內涵，以圖象表現氣韻，是以心爲主的心畫（心感於物而動，物亦爲之動，故氣韻生動出於心，並爲人品的表現），北宗爲以形爲主的目畫。	'83	《美術史論》'83 年第 1 期
鄭秉珊	山水畫"南北宗"的創說及其影響 ※南北宗說所顯示對古代畫家的褒與貶，其實就是反映了董其昌個人的畫學淵源。	'57	《美術研究》'57 年第 3 期
徐復觀	環繞南北宗的諸問題 ※以莊學與禪學詮釋董以「淡」爲中心的美學觀。又對南北宗說譜系的擇定安排有細密的詮說，該文對與此相關的延伸問題，有極精闢的探討	'66	《中國藝術精神》，台北
〔美〕 Wai-kam Ho 何惠鑑	Tung Ch'i-Ch'ang's New Orthodoxy and the Southern School Theory ※南北宗說爲晚明藝術新正統的建立。	'75	Princeton University Press
〔美〕 Osvald Siren 西　蘭	1. The Chinese on the Art of Painting 中國人論繪畫藝術 ※晚明學者對畫史乃採用解釋而非分析的方法，亦即其主要論點並非通過風格分析而形成，是作一些哲學的、或歷史的估測。 2. A History of Later Chinese Painting 中國晚期畫史	'78	Schocken Books of New York and Hong Kong Un-iversity Press of Hong Kong

	※對董其昌、陳繼儒等文人的畫論，給予深入的美學剖析。		
〔美〕 James Cahill 高居翰	Tung Ch'i-Ch'ang's "Southern and Northern Schools" in the History and Theory of Painting: a Reconsideration ※南北宗與禪學中的頓、漸悟兩宗之間，乃類比關係，並非以之作為美學基礎。亦即並非以禪學內容直接展現在畫面的視覺效果上，而是兩種不同修道方式內向、外向與南北畫派在實踐過程上的類比。此宗派說雖不符合史實，但理論本身恰恰超越了單純的歷史，乃是應畫家、收藏家與評論家們的需要而生。	'83 年以後	
高木森	大綜合主義的承與變 ※董看出畫壇到了需要變的時刻，因為： 1. 明代浙派、院派與士大夫審美觀背道而馳，士人須歸回正軌 2. 吳派、浙派相抗衡，吳派雖取得優勢，仍必要在理論上有所建樹。因此順應時代，確立了新的思想模式。	'86	《故宮文物月刊》4:5
郭　因	中國繪畫美學史稿 ※將董的理論落實到繪畫表現上，冠以「表現主義、形式主義與師古主義」的思想體系，並以董自己的繪畫實踐來證明其重師古的論點，而主「師法自然」不過是逢場作戲罷了。	'81	人民美術出版社
葛　路	中國古代繪畫理論發展史 ※主張董為「中國古代最先，也是唯一有系統研究山水畫流派的人」。莫、董、陳、沈的見解，為文人畫思潮的反映，他們乃「藝術流派探討的先行者」。	'82	上海人民美術出版社
〔日〕 古原宏伸	南北二派論說 ※南宗理論主要在對宋元古畫的理解中，「擷取和合成各畫派技法形式之長」。董將畫家最顯明的表現型式提取出來，並不斷給予變革性的見解，為繪畫史的傳統，作了進一步的發掘和再創造。	'84	日本奈良大學《文化財學報》第 5 集

	※以由產生、興盛而逐漸完備的藝術規律來說明，當山水畫不同流派在某種程度上發展成熟時，必有人會給予理論上的總結。因此南北宗說乃董等文人應時而生的理論，可視爲山水畫發展的必然結果。		
陳傳席	中國畫之韻 ※董的分宗，並不在水墨、青綠、寫意、工筆之分，亦不爲標榜門戶對立，而是發現中國畫有兩種不同的指導思想和藝術風格：宮廷和士大夫的不同審美情趣。簡言之，南北宗論是以尙"韻"爲主旨，此同於其尙韻的書論，"韻"乃指相對於剛勁的柔性之美。		《朵雲》第 10 集
陳振濂	"觀念先行"的歷史傳統與中國畫理論崛起的新空間 ※南北宗的價值，在予把孕育了數百年的文人畫意識從理論上進行了整理總結，並通過南宗地位的確立，在一個歷史時期內闡揚推廣，從而造成了明清文人畫大盛的恢宏局面。		《朵雲》第 11 集
張　連	南北宗論芻議 ※明代是中國繪畫流派意識、觀念和理論爆發的時代，莫、董的南北宗論，注重於挖掘中國畫筆墨形式的底蘊，主張以形式風格爲標準，劃分山水流派，可說是中國最早以形式角度研究美術史的藝術理論。	'89	《文人畫與南北宗論文匯編》，上海書畫出版社
〔德〕Hugo Munsterberg 雨　果	The Landscape Painting of China and Japan 中國與日本的山水畫 ※中國大多數評論家，對分類法有特殊的喜愛，如「浙」、「吳」之分，類似的情況在西方如：古典主義和浪漫主義，或是浪漫主義和現實主義的劃分。這些概念若爲純觀念，可能有意義，若是用到特定的畫家身上，難免要模糊不清了。		Charles E. Tuttle Com-pany
〔蘇〕扎瓦茨卡亞	古代中國繪畫的美學問題 ※明朝畫論最重要的部分，無疑是關於繪畫藝術的各種表現方法問題，而南	'75	

	北宗乃是一系列有關理解繪畫體裁與建立正統派特點的理論。	
〔美〕 方　聞	董其昌與正宗派繪畫理論 ※南宗形成，並不僅僅是黨派之爭，攻擊敵對的浙派與職業畫家而已，其所代表的深層意義，在樹立一個源遠流長的正統性，繪畫創作上的理想，乃要集古人各家之大成。	'68	《故宮季刊》2:3

七、以晚明文人之南北分宗說作爲理解中國畫派風格的依據

【引　言】

　　僅管有疑古的考據學者對董其昌學說批爲僞畫史而大加撻伐，然仍有大批的研究者，尤其是民初遺有清代正統畫風的繪畫耆宿，以及較早期的外國藝術史家，皆秉著董其昌的南北分宗論理解中國的繪畫，他們並不特別認眞考慮宗派傳承的實質涵義，或是譜系安排妥當與否的問題。不管是依技法、或墨彩、或畫境、或地域，大致上，他們同意中國畫可簡明區分爲對立的兩派，並且以此說作爲視董其昌爲古代畫法集大成者的理論基礎。

作　者	論　著　名　稱	年度	出　　處
〔日〕 瀧精一	論中國畫的南北二宗 ※以南北宗的理論理解兩種中國畫風的特色。	'6	日本《國華》雜誌第 169 號
黃賓虹	〈論中國藝術之將來〉等相關文章 ※所論皆以董分宗說的觀點來陳述中國畫風的特色與演變情形。	'34	這些相關論文約於民國 23 年左右發表。
潘天壽	中國繪畫史 ※以莫是龍、董其昌之說，簡述中國畫史分南北二系的畫風狀況。	'83	上海人民美術出版社
劉海粟	國畫源流概述 ※簡述南北宗的不同特質－－北宗寓變化于嚴整，筆實神凝，氣韻渾厚。南宗漸脫跡象，筆意瀟灑，氣韻雅逸。	'39	《中國歷代書畫展覽會目錄》
林風眠	重新估定中國畫的價值。北宗流行於黃河流域，地多平整，畫材較少，多構思于一定的方法格式中。南宗流行於揚子江流域，山水秀媚，自然界提供豐富材料，故多變化。	'29	《國立藝術院月刊》第 7 期

傅抱石	中國繪畫變遷史綱 ※以士人畫（即文人畫，南宗畫）與作家畫（即工匠畫，北宗畫）之分派衡諸畫史，並簡易歸納此二派的風格特色。	'31	上海南京書店
王鈞初	中國美術的演變 ※北宗爲繁茂富麗的青綠山水，爲工匠所尙。南宗爲灑落淡遠的破墨山水，開文人畫先聲。	'34	北平文心書業社
〔日〕 青木正兒	南北畫派論 ※以南北宗爲討論起點，對畫派發祥地與風格繼承作綜合探討。	'42	日本《中國文學藝術考》弘文堂
〔美〕 Michael Sullivan 沙利文	The Arts of China 中國之美術 ※董醉心於形式的完美，對以往各種風格進行創造性發揮，首先吸收了杜瓊於十五世紀的觀點，創立了南北派畫風分野的理論，確立了文人畫的優位。此說雖嫌武斷且不精確，卻反映了明朝文人墨客業餘畫家們，堅守儒家道德不媚俗的處境。		University of Califor- nia Press
〔美〕 Peter C.Swann 斯 旺	Chinese Painting 中國繪畫 ※南北宗僅指山水畫而言，爲彼此對立的樣式——北重色彩、物形細部；南重水墨、氣氛柔和。董乃極端復古又兼具革新精神者，他重整了早期山水畫的一些基本原則，使之成爲不朽的法則。		Universe Books, Inc, New York and Editions Pierre Tisne Paris
〔美〕 方 聞	董其昌：一超直入如來地 ※從繪畫的理論和實踐來看，作爲鑒賞家的董和作爲畫家的董是不可分開的，其所創見關乎正統畫派風格系統的畫論，應視爲畫法的一種綜合，並非歷史的主觀武斷。		Image of the Mind《心印》
〔英〕 Soame Jenyns 索 默	A Background to Chinese Painting 中國畫的背景 ※爲南北兩派畫風作形式介紹，北派粗獷、堅實、稜角分明；南派典雅、用筆快速、寓意深刻。一個畫家並不固定爲何派，且經常交替使用兩派畫法。	'35	Sidgwick & Jackson, LTD.

〔英〕 Mary Tregear 瑪　麗	Chinese Art 中國藝術 ※南派畫風富有詩意，爲頓悟的畫，北派畫風淺薄，具裝飾性，該理論表露了文人逸士對矯飾浮華藝術的不以爲然。	'80	Thames and Hudson, 1980
〔法〕 Rene Grousset 勒　內	La Chine et son art 中國及其藝術 ※以董其昌所謂的著色、水墨來理解中國南北兩派畫風特色。		Editions d'Histoire etd' Art, Paris.
〔法〕 Daisy Goldschmidt 戴　西	L'Art Chinois 中國藝術 ※以線條、色彩的形式特質來理解中國畫。	'31	Librairie Garnier Fre-res, 1931
〔德〕 Otto Fischer 奧　托	Chinesische landschafts Malerei 中國山水畫 ※來自北方爲冷靜、寫實和嚴謹，來自南方則充滿著欲望、激情和想像力。這兩種觀念與表現手法上的差異，頗像我國（德國）傳統中古典派與浪漫派創作原則的區別。	'21	Kurt Wolff Verlag, Mun- chen,1921
〔羅〕 Ion Frunzetti and Nina Stanculescu 依　翁	Classical Chinese Painting 傳統中國畫 ※以南北宗的概念來認識中國畫，北派：裝飾性、輪廓線條清晰、色彩鮮明、描繪入細；南派：勁爽的筆跡、迢遠空氣朦朧流動的形色、如書法般的功力、以單色山水聯想現實世界。	'79	Meridiane Publishing house, 1979

附錄二　1989 年董其昌國際學術會議論題分類表〔註1〕

分　類	作者姓名	論　文　題　目	出　　處
畫論與美學的角度	葛路克地	董其昌的藝術思想及其南北宗論	《朵雲》第 23 期
	王琪森	董其昌南北宗說新考及新論	（同上）
	丁羲元	南北宗新論	（同上）
	侗　慶	論董其昌的南北分宗說	（同上）
	陳振濂	從技法原則到詩化境界——論董其昌南北宗論的矛盾	（同上）
	古原宏伸	晚明的畫評	（同上）
	（待查）	董其昌南北宗論在繪畫史學上的失誤	《朵雲》第 24 期
	（待查）	南北宗論的基本精神	（同上）
	王克文	山水畫師承、畫系與南北分宗	（同上）
	邵　琦	南北宗論的語境展示	（同上）
	張　連	文人畫與南宗山水畫異同論	（同上）
	黃　專	董其昌、李日華繪畫思想比較	（同上）
	舒士俊	畫禪與詩禪——論董其昌與傳統文學觀念的關聯	（同上）

〔註 1〕　第一次學術會議於 1989 年 9 月在上海松江博物館（即董其昌華亭的故鄉）召開，與會學者所宣讀的論文，由主辦單位——上海書畫出版社——選錄登載於《朵雲》第 23、24 期。配合此次會議還出版了兩本論著，其一爲鄭戍編著《董其昌年譜》（上海書畫出版社，1989），其二爲張連與古原宏伸合編《文人畫與南北宗論文匯編》（出版資料同上）。本表參自《朵雲》該兩期目錄與部分論文内容粗略歸類而製成。

歷史與文化的角度	盧輔聖	中國繪畫史上的後現代——論董其昌的文化學意義	《朵雲》第 23 期
	阮　璞	對董其昌在中國繪畫史上的意義之再認識	（同上）
	邵　宏嚴善錞	董其昌在晚明文化運動中的立場	（同上）
	高居翰著洪再新譯	對過去的認可	（同上）
	鄭　為	談董其昌	（同上）
	黎　魯	董其昌和史官文化	《朵雲》第 24 期
	徐建融	論董其昌的超越	（同上）
	（待查）	中國繪畫史上的但丁	（同上）
	劉綱紀	董其昌在中國繪畫史上的地位	（同上）
畫　蹟	張子寧	董其昌〈唐宋元畫冊〉	《朵雲》第 24 期
	吳納孫	董其昌與明末清初之山水畫	（同上）
社會學的角度	李慧聞著陳瑩芳譯	董其昌政治交游與藝術活動的關係	《朵雲》第 23 期

附錄三　1992 年董其昌國際學術會議論題分類表〔註1〕

作者（任職機構）	論 著 名 稱
第一類　觀念意識與文化	
杜維明（哈佛大學）	創造力轉換中內在的根源——董其昌美學內省的探索
鄭培凱（Pace 大學）	湯顯祖、董其昌與晚明文化美學的研究
單國強（北京故宮）	晚明畫史上兩大傳統的歸併趨勢
John Hay（加州大學）	十七世紀初期中國的主體、自然與描繪

〔註 1〕1. 第二次學術會議於 1992 年 4 月，在美國堪薩斯城舉行，會議論文結集爲：
"Proceedings of the Tung Ch'i-Ch'ang International Symposium"（Editor: Wai-ching Ho, Coeditor: Wai-kam Ho, Hin-cheung Lovell, The Nelson-Atkins Museum of Art Kansas City, Missouri, 1992）此次並有許多董其昌稀見畫蹟配合展出。
2. 該會議共有五項議題，「觀念意識與文化」單元，著重董其昌所處晚明的大時空與其個人美學建樹的探討。「鑑賞與批評」單元，有董其昌對宋畫的鑑賞及其畫史理論的妥當性提出探討，也旁及於董的好友陳繼儒的鑑賞，學者均對他們的藝術批評與鑑賞有所整理，以期了解其美學的根基。「理論與實踐」、「繼承與轉變」、「書法與傳統」等三個單元，多從畫蹟或書蹟出發，或是將作品與理論互相印證，或作形式上細密的分析，以掌握董其昌風格轉變的契機。亦有對與董密切相關文人之畫作的探討，或對十七世紀繪畫風格的巨觀統整，更有以董其昌的書畫爲出發點而作的延續性研究。
3. 本表的五個分類，乃根據大會議程預先排定的分組議題而來，論文題目已由筆者迻譯爲中文。另關於與會學者大名，若爲筆者所悉，則迻用中文姓名，餘則保留英文姓名。
4. 本表所據以參製之結集論文，乃該會議爲宣讀時所初印，筆者由台大藝研所所長石守謙教授處商借而得，資料極爲珍貴，在此特向石教授誌謝。

第二類　理論與實踐	
盧輔聖（上海書畫出版社）	繪畫心意到物象的轉接——過程即目的：透過筆墨的自我實現
薛永年（北京）	謝朝華與啓夕秀——董其昌的書法理論與實踐
Roderick Whitfield（倫敦大學）	如詩的山水畫：〈煙江疊嶂〉
第三類　鑑賞與批評	
Kohara Hironobu（Nara 大學）	董其昌：晚期藝評家的評價
任道斌（浙江杭州）	作爲藝評家與鑑賞家的陳繼儒
Wang Shiqing（北京社科院）	董其昌和 Yu-ch'ing（？）齋室
Richard Barnhart（耶魯大學）	董其昌對宋畫的鑑賞與畫史理論的妥切性——一個預先的研究
第四類　繼承與轉變	
Mayching Kao（香港中文大學）	顧正誼和莫是龍的繪畫
石守謙（台灣大學、中研院）	董其昌的〈婉孌草堂〉及其畫風的革新
Junghee Han（Hong-ik 大學）	董其昌在韓國的傳承
楊伯達（北京故宮）	董其昌與清代院畫
Dawn Ho Delbanco（哥倫比亞大學）	董其昌自然主義的傳承
單國霖（上海博物館）	董其昌〈煙霧八景〉冊及其早期畫風的研究
Richard Vinograd（史丹佛大學）	十七世紀繪畫的視覺幻象與修正
第五類　書法與傳統	
Yang Xin（北京故宮）	「字須熟後生」——董其昌書學理論第一義
傅申（美國弗利爾美術館）	董其昌與明代書法
朱惠良（台北故宮）	自由摹帖的研究——董其昌之後書法發展的一個觀點
啓功（北京大學）	董其昌的書蹟鑑賞——以〈Hsi-hungt'ang（？）帖〉爲例

附圖索引